譯註 禮記集說大全
經解·哀公問

編　陳澔(元)

附　正義·訓纂·集解

譯註 禮記集說大全
經解 · 哀公問

編　陳澔〔元〕

附　正義 · 訓纂 · 集解

鄭秉燮 譯

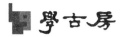

學古房

역자서문

『예기』「경해(經解)」편과 「애공문(哀公問)」편을 세상에 내놓는다. 이전까지는 각 편마다 출판을 하였지만 『예기』 후반부에 속한 편들은 그 분량이 적어서, 양장본으로 편집할 수 없는 한계가 있다. 따라서 이후 출판되는 서적들은 분량에 따라 2편 혹은 3~4편 정도가 하나의 책으로 출판될 예정이다.

「경해」편은 유가에서 교과목으로 강조했던 육경(六經)에 대해 풀이한 문헌이다. 그러나 단순히 문헌의 특성을 기술한 것은 아니며, 육경을 통한 교화에 초점이 맞춰져 있고, 결론에서는 국가를 다스리기 위해서는 예(禮)가 가장 급선무임을 강조한다. 「경해」편의 흥미로운 점은 천자에 대한 언급을 하면서도 패왕(覇王)에 대한 내용이 기술되어 있다는 점이다. 이것은 분명 순자학파의 영향에 따른 것인데, 후대의 유학자들은 패왕을 거론했다는 이유로, 이 문헌의 출처를 의심하고 그 내용에 대해서도 크게 거론하지 않았다.

「애공문」편은 애공과 공자의 문답 형식으로 기술된 문헌이다. 첫 부분에서는 애공이 예(禮)를 왜 중시하느냐고 질문을 했고, 공자의 답변이 끝나자 재차 정치에 대해 질문을 했는데, 공자의 답변 속에 나타난 결론은 예를 통해 정치를 시행해야 한다는 것이다. 이러한 점을 봤을 때 예치(禮治)를 주장했던 순자학파에서 나온 문헌이라고 판단할 수 있지만, 그 내용상에 있어서는 수신(修身)에 해당하는 성신(成身)이라는 개념이 강조된다. 즉 군왕 본인이 도덕적으로 완성되어야만 예를 통해 국가를 통치할 수 있다는 뜻이다. 이것은 맹자의 사상과도 일맥상통한다. 따라서 이 문헌은 순자 이후 전국말기의 혼란기를 거치면서 유가에서 맹자계열 및 순자계열의 사상을 종합하여 내놓은 결과물이라고 판단할 수 있다.

따라서 이 두 문헌은 고대 유가의 정치사상을 연구하는데 있어서 매우 중요한 문헌이라고 판단할 수 있다.

매번 번역을 할 때마다 이전보다 더 잘해보자고 다짐을 하는데, 오역을 피할 수 없는 내 자신이 매우 부끄럽고, 이 책을 접하게 될 독자분들께도 죄송스럽다. 오역으로 인해 잘못된 지식을 전달할 가능성도 있지만, 유가사상을 연구하는데 있어서 조금이라도 보탬이 되었으면 하는 바람이다. 본 역서에 나온 오역은 전적으로 역자의 실력 부족으로 생긴 잘못이다. 오역과 역자의 부족함에 대해 일갈을 해주실 분들이 있다면, bbaja@nate.com 으로 연락을 주시거나 출판사에 제 연락처를 문의하셔서 가르침을 주신다면, 부족한 실력이지만 가르침을 받도록 최선을 다할 것이다.

역자는 성균관 대학교에서 유교철학(儒教哲學)을 전공했으며, 예악학(禮樂學) 전공으로 박사논문을 작성했다. 역자가 처음 『예기』를 접한 것은 경서연구회(經書硏究會)의 오경강독을 통해서이다. 이 모임을 만들어 후배들에게 경전에 대한 이해를 넓혀주신 임옥균 선생님, 경서연구회 역대 회장님인 김동민, 원용준, 김종석, 길훈섭 선배님께도 감사를 드리고, 현재 함께 경서연구회를 하고 있는 김회숙, 손정민, 김아랑, 임용균, 김현태, 하나 회원님께도 감사를 드린다. 끝으로 「경해」·「애공문」편을 출판할 수 있도록 허락해주신 학고방의 하운근 사장님께도 감사를 전한다.

일러두기 ≫

1. 본 책은 역주서(譯註書)로써, 『예기집설대전(禮記集說大全)』의 「경해(經解)」편과 「애공문(哀公問)」편을 완역하고, 자세한 주석을 첨부했다. 송대(宋代) 이전의 주석을 포함하고자 하여, 『예기정의(禮記正義)』를 함께 수록하였다. 그리고 송대 이후의 주석인 청대(淸代)의 주석을 포함하고자 하여 『예기훈찬(禮記訓纂)』과 『예기집해(禮記集解)』를 함께 수록하였다.

2. 『예기』 경문(經文)의 경우, 의역으로만 번역하면 문장을 번역한 방식을 확인하기 어렵고, 보충 설명 없이 직역으로만 번역하면 내용을 이해하기 힘들다. 따라서 경문에 한하여 직역과 의역을 함께 수록하였다. 나머지 주석들에 대해서는 의역을 위주로 번역하였다.

3. 『예기』 경문에 대한 해석은 진호의 『예기집설』 주석에 근거하였다. 경문 해석에 있어서, 『예기정의』, 『예기훈찬』, 『예기집해』마다 이견(異見)이 많다. 『예기집섭대전』의 소주(小註) 또한 진호의 주장과 이견을 보이는 곳이 있고, 소주 사이에도 이견이 많다. 따라서 『예기』 경문 해석의 표준은 진호의 『예기집설』 주석에 근거했으며, 진호가 설명하지 않은 부분들은 『대전』의 소주를 참고하였다. 또한 경문 해석에 있어서 『예기정의』, 『예기훈찬』, 『예기집해』에 나타나는 이견들은 특별한 경우를 제외하고는 각각의 문장을 읽어보면, 경문에 대한 이견을 알 수 있기 때문에, 이러한 경우에는 주석처리를 하지 않았다.

4. 본 역서가 저본으로 삼은 책은 다음과 같다.
   - 『禮記』, 서울 : 保景文化社, 초판 1984 (5판 1995)
   - 『禮記正義』1~4(전4권, 『十三經注疏 整理本』12~15), 北京 : 北京大學出版社, 초판 2000
   - 朱彬 撰, 『禮記訓纂』 上·下(전2권), 北京 : 中華書局, 초판 1996 (2쇄 1998)
   - 孫希旦 撰, 『禮記集解』 上·中·下(전3권), 北京 : 中華書局, 초판 1989 (4쇄 2007)

5. 본 책은 『예기』의 경문, 진호의 『집설』, 호광 등이 찬정한 『대전』의 세주, 정현의 주, 육덕명의 『경전석문』, 공영달의 소, 주빈(朱彬)의 『훈찬』, 손희단(孫希旦)의 『집해』 순으로 번역하였다.

6. 본래 『예기』 「경해」편과 「애공문」편은 목차가 없으며, 내용 구분에 있어서도 학자들마다 의견차이가 있다. 또한 내용의 연관성으로 인하여, 장과 절을 나누기가 애매한 부분이 많다. 본 책의 목차는 역자가 임의대로 나눈 것이며, 세세하게 분절하여, 독자들이 관련내용들을 찾아보기 쉽게 하였다.

7. 본 책의 뒷부분에는 《經解·哀公問 人名 및 用語 辭典》을 수록하였다. 본문에 처음으로 등장하는 용어 및 인명에 대해서는 주석처리를 하였다. 이후에 같은 용어가 등장할 때마다 동일한 주석처리를 할 수 없어서, 뒷부분에 사전으로 수록한 것이다. 가나다순으로 기록하여, 번역문을 읽는 도중 앞부분에서 설명했던 고유명사나 인명 등에 대해서 쉽게 찾아볼 수 있도록 하였다.

【588d】

天子者, 與天地參, 故德配天地.

【588d】 등과 같이 【 】 안에 숫자가 기입되어 있는 것은 『예기』의 '경문'을 뜻한다. '588'는 보경문화사(保景文化社)판본의 페이지를 말한다. 'd'는 d단에 기록되어 있다는 표시이다. 밑의 그림은 보경문화사판본의 한 페이지 단락을 구분한 표시이다.

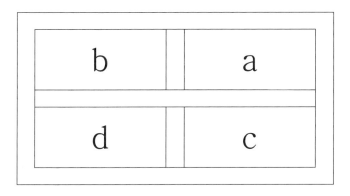

◆ 集說 鸞·和, 皆鈴也, 鸞在衡, 和在軾前.

"集說"로 표시된 것은 진호(陳澔)의 『예기집설(禮記集說)』 주석을 뜻한다.

◆ 大全 長樂陳氏曰: 與天地參, 言其體敵也.

"大全"로 표시된 것은 호광(胡廣) 등이 찬정(撰定)한 『예기집설대전』의 세주(細註)를 뜻한다.

◆ 鄭注 道, 猶言也. 環佩, 佩環·佩玉也, 所以爲行節也.

鄭注 "로 표시된 것은 『예기정의(禮記正義)』에 수록된 정현(鄭玄)의 주(注)를 뜻한다.

◆ **釋文** 淑, 常六反. 忒, 吐得反.

"**釋文**"으로 표시된 것은 『예기정의』에 수록된 육덕명(陸德明)의 『경전석문(經典釋文)』을 뜻한다. 『경전석문』의 내용은 글자들의 음을 설명하고, 간략한 풀이를 한 것인데, 육덕명 당시의 음가로 기록이 되었기 때문에, 현재의 음과는 맞지 않는 부분이 많다. 단순히 참고만 하기 바란다.

◆ **孔疏** ●"天子"至"不成". ○正義曰: 此一節盛明天子霸王, 唯有禮爲霸王之器, 言禮之重也.

"**孔疏**"로 표시된 것은 『예기정의』에 수록된 공영달(孔穎達)의 소(疏)를 뜻한다. 공영달의 주석은 경문과 정현의 주에 대해서 세분화하여 기록되어 있다. 따라서 '●'으로 표시된 부분은 공영달이 경문에 대해 주석을 한 부분이고, '◎'으로 표시된 부분은 정현의 주에 대해 주석을 한 부분이다. 한편 '○'으로 표시된 부분은 공영달의 주석 부분이다.

◆ **訓纂** 說文: 鑾, 人君乘車四馬鑣八鑾, 鈴象鸞鳥聲, 和則敬也.

"**訓纂**"으로 표시된 것은 『예기훈찬(禮記訓纂)』에 수록된 주석이다. 『예기훈찬』 또한 기존 주석들을 종합한 책이므로, 『예기집설대전』 및 『예기정의』와 중복되는 부분은 생략하였다.

◆ **集解** 吳氏澄曰: 聖者, 生知之智, 無所不通者也.

"**集解**"로 표시된 것은 『예기집해(禮記集解)』에 수록된 주석이다. 『예기집해』 또한 기존 주석들을 종합한 책이므로, 『예기집설대전』 및 『예기정의』와 중복되는 부분은 생략하였다.

◆ 원문 및 번역문 중 '▼'로 표시된 부분은 한글로 표기할 수 없는 한자를 기록한 부분이다. 예를 들어 '▼(㘩/皿)'의 경우 맹(盟)자의 이체자인데, '明'자 대신 '㘩'자가 들어간 한자를 프로그램상 삽입할 수가 없어서, '▼(㘩/皿)'으로 표시한 것이다. 즉 '▼(A/B)'의 형식으로 기록된 경우, A에 해당하는 글자가 한 글자의 상단 부분에 해당하고, B에 해당하는 글자가 한 글자의 하단 부분에 해당한다는 표시이다. 또한 '▼(A+B)'의 형식으로 기록된 경우, A에 해당하는 글자가 한 글자의 좌측 부분에 해당하고, B에 해당하는 글자가 한 글자의 우측 부분에 해당한다는 표시이다. 또한 '▼((A-B)/C)'의 형식으로 기록된 경우, A에 해당하는 글자에서 B 부분을 뺀 글자가 한 글자의 상단 부분에 해당하고, C에 해당하는 글자가 한 글자의 하단 부분에 해당한다는 표시이다.

목차

그림목차

경문목차

經
解

【587c】

經解 第二十六 / 「경해」 제26편

大全 嚴陵方氏曰: 經者, 緯之對. 經有一定之體, 故爲常. 緯則錯綜往來, 故爲變. 聖人之言, 道之常也. 諸子百家之言, 道之變也. 故聖人之言, 特謂之 經焉.

번역 엄릉방씨1)가 말하길, '경(經)'은 위(緯)와 대비된다. 경(經)에는 고 정된 본체가 있기 때문에 항상됨이 된다. 위(緯)는 교차하며 왕래하기 때문 에 변화됨이 된다. 성인의 말은 도의 항상됨이다. 제자백가의 말은 도의 변화됨이다. 그러므로 성인의 말에 대해서는 특별히 '경(經)'이라고 부른 것이다.

孔疏 陸曰: 鄭云經解者, 以其記六藝政教得失. 解, 音佳買反, 徐胡賣反, 一音蟹.

번역 육덕명2)이 말하길, 정현3)은 '경해(經解)'는 육예(六藝)4)에 따른

---

1) 엄릉방씨(嚴陵方氏, ?~?) : =방각(方慤)·방씨(方氏)·방성부(方性夫). 송대(宋
代)의 유학자이다. 이름은 각(慤)이다. 자(字)는 성부(性夫)이다. 『예기집해
(禮記集解)』를 지었고, 『예기집설대전(禮記集說大全)』에는 그의 주장이 많이
인용되고 있다.
2) 육덕명(陸德明, A.D.550~A.D.630) : =육원랑(陸元朗). 당대(唐代)의 경학자
이다. 이름은 원랑(元朗)이고, 자(字)는 덕명(德明)이다. 훈고학에 뛰어났으
며, 『경전석문(經典釋文)』 등을 남겼다.
3) 정현(鄭玄, A.D.127~A.D.200) : =정강성(鄭康成)·정씨(鄭氏). 한대(漢代)의
유학자이다. 자(字)는 강성(康成)이다. 『주역(周易)』, 『상서(尙書)』, 『모시(毛
詩)』, 『주례(周禮)』, 『의례(儀禮)』, 『예기(禮記)』, 『논어(論語)』, 『효경(孝經)』
등에 주석을 하였다.
4) 육예(六藝)는 기본적으로 갖춰야 하는 여섯 가지 과목을 뜻한다. 여섯 가지
과목은 예(禮), 음악[樂], 활쏘기[射], 수레몰기[御], 글쓰기[書], 셈하기[數]이
며, 구체적으로 말하자면 오례(五禮), 육악(六樂), 오사(五射), 오어(五馭: =五
御), 육서(六書), 구수(九數)를 가리킨다.

정치와 교화의 득실을 기록했기 때문이다. '解'자의 음은 '隹(추)'자와 '買 (매)'자의 반절음이며, 서음(徐音)은 '胡(호)'자와 '賣(매)'자의 반절음이고, 다른 음은 '蟹(해)'이다.

孔疏 正義曰: 按鄭目錄云: "名曰經解者, 以其記六藝[5]政教之得失也, 此 於別錄屬通論."

번역 『정의』[6]에서 말하길, 정현의『목록』[7]을 살펴보면, "편명을 '경해 (經解)'라고 지은 것은 육예(六藝)에 따른 정치와 교화의 득실을 기록했기 때문이다. 「경해」편을『별록』[8]에서는 '통론(通論)' 항목에 포함시켰다."라 고 했다.

訓纂 正義: 皇氏云, "解者, 分析之名. 此篇分析六經體教不同, 故名曰經 解. 六經, 其教雖異, 以禮爲本, 故記者錄入於禮."

번역 『정의』에서 말하길, 황간[9]은 "'해(解)'자는 분석한다는 명칭이다.

---

5) '예(藝)'자에 대하여.『십삼경주소(十三經注疏)』북경대 출판본에서는 "'예'자 는 본래 '의(義)'자로 기록되어 있었는데,『예기훈찬(禮記訓纂)』의 기록에 따 라 글자를 고쳤다."라고 했다.

6) 『정의(正義)』는『예기정의(禮記正義)』또는『예기주소(禮記注疏)』를 뜻한다. 당(唐)나라 때에는 태종(太宗)이 공영달(孔穎達) 등을 시켜서『오경정의(五 經正義)』를 편찬하였는데, 이때『예기정의』에는 정현(鄭玄)의 주(注)와 공영 달의 소(疏)가 수록되었다. 송대(宋代)에는『오경정의』와 다른 경전(經典)에 대한 주석서를 포함한『십삼경주소(十三經注疏)』가 편찬되어,『예기주소』라 는 명칭이 되었다.

7) 『목록(目錄)』은 정현이 찬술했다고 전해지는『삼례목록(三禮目錄)』을 가리 킨다.『십삼경주소(十三經注疏)』에서 인용되고 있지만, 이 책은『수서(隋書)』 가 편찬될 당시에 이미 일실되어 존재하지 않았다.『수서』「경적지(經籍志)」 편에는 "三禮目錄一卷, 鄭玄撰, 梁有陶弘景注一卷, 亡."이라는 기록이 있다.

8) 『별록(別錄)』은 후한(後漢) 때 유향(劉向)이 찬(撰)했다고 전해지는 책이다. 현재는 일실되어 존재하지 않으며,『한서(漢書)』「예문지(藝文志)」편을 통해 서 대략적인 내용만을 추측해볼 수 있다.

9) 황간(皇侃, A.D.488~A.D.545) : =황씨(皇氏). 남조(南朝) 때 양(梁)나라의 경 학자이다.『주례(周禮)』,『의례(儀禮)』,『예기(禮記)』등에 해박하여,『상복문

「경해」편은 육경(六經)10)의 본체와 가르침이 다르다는 사실을 분석하였기 때문에, '경해(經解)'라고 편명을 정했다. 육경은 가르침이 비록 다르지만 예(禮)를 근본으로 삼고 있다. 그렇기 때문에 『예기』를 기록한 자는 이 기록을 『예』에 포함시킨 것이다."라고 했다.

集解 此篇凡爲三段: 首論六經敎人之得失, 次言天子之德, 終言禮之正國, 其義各不相蒙, 蓋記者雜採衆篇而錄之者也.

번역 「경해」편은 총 3단락으로 구분된다. 첫 번째 단락에서는 육경(六經)으로 사람을 가르치는 득실을 논의하였고, 그 다음으로 천자의 덕을 언급하였으며, 끝으로 예(禮)가 나라를 바르게 한다고 언급했는데, 그 의미가 각각 연결되지 않는다. 아마도 『예기』를 기록한 자가 여러 문헌들 중에서 채집하여 수록했을 것이다.

集解 古者學校以詩 · 書 · 禮 · 樂爲四術. 易掌於大卜, 第爲卜 · 筮之書, 然春秋時, 學士大夫多能言其義者. 春秋者, 列國之史, 非獨魯有之. 晉國語 "司馬侯曰'羊舌肸習於春秋', 乃使叔嚮傅太子彪." 楚國語"莊王使士亹傅太子箴", "問於申叔時, 叔時曰'敎之春秋, 而爲之聳善而抑惡焉, 以戒勸其心.'" 是易與春秋亦先王之所以敎人者也. 蓋四術盡人皆敎, 而易則義理精微, 非天資之高者不足以語此; 春秋藏於史官, 非世胄之貴或亦莫得而盡見也. 孔氏贊周易, 刪詩 · 書, 定禮 · 樂, 脩春秋, 因擧六者而言其敎之得失, 然其時猶未有經之名. 孔子沒後, 七十子之徒尊孔子之所刪定者, 名之爲經, 因謂孔子所語六者之敎爲經解爾.

번역 고대의 학교에서는 『시』·『서』·『예』·『악』을 네 가지 교과목으

구의소(喪服文句義疏)』, 『예기의소(禮記義疏)』, 『예기강소(禮記講疏)』 등을 지었지만, 현재는 전해지지 않는다. 그 일부가 마국한(馬國翰)의 『옥함산방 집일서(玉函山房輯佚書)』에 수록되어 있다.

10) 육경(六經)은 『역(易)』, 『서(書)』, 『시(詩)』, 『예(禮)』, 『악(樂)』, 『춘추(春秋)』를 가리킨다.

로 삼았다. 『역』은 대복(大卜)[11]이 담당했고, 거북점과 시초점을 치는 문서로 취급하였다. 그런데 춘추시대에는 학사와 대부들이 대부분 그 의미를 언급하였다. 『춘추』는 제후국들의 역사이니, 노(魯)나라에만 있었던 것은 아니다. 『국어』「진어(晉語)」편에서는 "사마후는 '양설힐은『춘추』를 익혔습니다.'라고 하여 곧 숙향(叔嚮: =羊舌肸)을 태자 표의 스승으로 삼았다."[12]라고 했고, 『국어』「초어(楚語)」편에서는 "장왕은 사미로 하여금 태자 잠의 스승으로 삼았다."[13]라고 했으며, "신숙시에게 묻자, 신숙시는 '『춘추』를 가르치는 것은 그것이 선을 권면하고 악을 억누르기 때문이니, 이를 통해 마음을 경계합니다.'"[14]라고 했다. 이것은『역』과『춘추』또한 선왕이 사람들을 가르쳤던 수단이었음을 나타낸다. 무릇 네 가지 학과목에 대해서는 모든 사람들이 배우게 되지만,『역』은 그 의리가 정미하여 뛰어난 자질을 가지고 있지 않다면 이것을 말해주기에 부족하며,『춘추』는 사관이 보관하고 있어서 세자나 태자처럼 존귀한 자가 아니라면 또한 이 책을 구해 볼 수 없다. 공자는『주역』을 찬술하고,『시』와『서』를 산정하였으며,『예』와『악』을 확정하고,『춘추』를 다듬었다. 이를 통해 이러한 여섯 가지 문헌들을 제시하여 교화의 득실을 말한 것이지만, 그 당시에는 아직까지 경(經)이라는 명칭이 없었다. 공자가 죽은 이후 칠십 여명의 제자들이 공자가 산정했던 문헌을 존숭하여 '경(經)'이라는 명칭을 붙였으니, 이에 따라 공자가 언급한 여섯 가지 가르침에 대해서 '경해(經解)'라고 부른 것일 뿐이다.

---

11) 대복(大卜)은 거북점과 시초점을 치는 관부를 담당했던 관리이다. 『주례』의 체제에 따르면 하대부(下大夫) 2명이 담당했다.

12) 『국어(國語)』「진어칠(晉語七)」: 公曰, "孰能?" 對曰, "羊舌肸習於春秋", 乃召叔向使傅太子彪.

13) 『국어(國語)』「초어상(楚語上)」: 莊王使士亹傅太子箴, 辭曰, "臣不才, 無能益焉."

14) 『국어(國語)』「초어상(楚語上)」: 問於申叔時, 叔時曰, "敎之春秋, 而爲之聳善而抑惡焉, 以戒勸其心."

• 제 1절 •

육경(六經)과 교화

【587d~588a】

孔子曰, "入其國, 其教可知也. 其爲人也, 溫柔敦厚, 詩教也; 疏通知遠, 書教也; 廣博易良, 樂教也; 絜靜精微, 易教也; 恭儉莊敬, 禮教也; 屬辭比事, 春秋教也. 故詩之失愚, 書之失誣, 樂之失奢, 易之失賊, 禮之失煩, 春秋之失亂. 其爲人也, 溫柔敦厚而不愚, 則深於詩者也; 疏通知遠而不誣, 則深於書者也; 廣博易良而不奢, 則深於樂者也; 絜靜精微而不賊, 則深於易者也; 恭儉莊敬而不煩, 則深於禮者也; 屬辭比事而不亂, 則深於春秋者也."

직역 孔子가 曰, "그 國에 入하면, 그 教를 可히 知라. 그 人이 爲함이 溫柔하고 敦厚함은 詩의 教이며; 疏通하고 知遠함은 書의 教이고; 廣博하고 易良함은 樂의 教이며; 絜靜하고 精微함은 易의 教이고; 恭儉하고 莊敬함은 禮의 教이며; 屬辭하고 比事함은 春秋의 教이다. 故로 詩의 失은 愚이고, 書의 失은 誣이며, 樂의 失은 奢이고, 易의 失은 賊이며, 禮의 失은 煩이고 春秋의 失은 亂이다. 그 人이 爲함이, 溫柔하고 敦厚하되 不愚하면, 詩에 深한 者이고; 疏通하고 知遠하되 不誣하면, 書에 深한 者이며; 廣博하고 易良하되 不奢하면, 樂에 深한 者이고; 絜靜하고 精微하되 不賊하면, 易에 深한 者이며; 恭儉하고 莊敬하되 不煩하면, 禮에 深한 者이고; 屬辭하고 比事하되 不亂하면, 春秋에 深한 者이다."

의역 공자는 "그 나라에 들어서게 되면, 그 나라에서 시행된 가르침을 알 수 있다. 그 나라의 사람들이 온화하고 부드러우며 돈독하고 두텁다면 『시』의 가르침이 시행된 것이다. 소통하고 앎이 깊다면 『서』의 가르침이 시행된 것이다. 광대하

고 넓으며 평이하고 선량하다면 『악』의 가르침이 시행된 것이다. 청결하고 정미하
다면 『역』의 가르침이 시행된 것이다. 공손하고 검소하며 장엄하고 공경하다면
『예』의 가르침이 시행된 것이다. 말을 연결하여 비유를 든다면 『춘추』의 가르침이
시행된 것이다. 그러므로 『시』의 가르침을 잘못 터득하면 어리석게 되고, 『서』의
가르침을 잘못 터득하면 속이게 되며, 『악』의 가르침을 잘못 터득하면 사치를 부리
고, 『역』의 가르침을 잘못 터득하면 무너트리게 되며, 『예』의 가르침을 잘못 터득
하면 번잡하게 되고, 『춘추』의 가르침을 잘못 터득하면 문란하게 된다. 따라서 그
사람됨이 온화하고 부드러우며 돈독하고 두터우면서도 어리석지 않다면, 『시』에
조예가 깊은 자이다. 소통하고 앎이 깊으면서도 속이지 않는다면 『서』에 조예가
깊은 자이다. 광대하고 넓으며 평이하고 선량하면서도 사치를 부리지 않는다면 『악』
에 조예가 깊은 자이다. 청결하고 정미하면서도 법도를 무너트리지 않는다면 『역』
에 조예가 깊은 자이다. 공손하고 검소하며 장엄하고 공경하면서도 번잡하지 않다
면 『예』에 조예가 깊은 자이다. 말을 연결하여 비유를 들면서도 문란하지 않다면
『춘추』에 조예가 깊은 자이다."라고 했다.

구분	본래의 가르침	범할 수 있는 잘못
『시』	온유돈후(溫柔敦厚)	우(愚)
『서』	소통지원(疏通知遠)	무(誣)
『악』	광박이량(廣博易良)	사(奢)
『역』	혈정정미(絜靜精微)	적(賊)
『예』	공검장경(恭儉莊敬)	번(煩)
『춘추』	속사비사(屬辭比事)	난(亂)

集說 方氏曰: 六經之教善矣, 然務溫柔敦厚而溺其志, 則失於自用矣, 故
詩之失愚; 務疏通知遠而趨於事, 則失於無實矣, 故書之失誣; 務廣博易良而
徇其情, 則失於好大矣, 故樂之失奢; 務絜靜精微而蔽於道, 則失於毀則矣, 故
易之失賊; 務恭儉莊敬而亡其體, 則失於過當矣, 故禮之失煩; 務屬辭比事而
作其法, 則失於犯上矣, 故春秋之失亂. 夫六經之教, 先王所以載道也, 其教豈
有失哉? 由其所得有淺深之異耳.

번역 방씨가 말하길, 육경(六經)의 가르침은 좋은데, 온화하고 부드러우며 돈독하고 두터움에 힘쓰지만 그 뜻에 함몰된다면 자기 마음대로 하는 잘못을 범한다. 그렇기 때문에『시』의 잘못은 어리석음이 된다. 소통하고 앎이 깊어지는데 힘쓰지만 일만을 쫓는다면 실질이 없는 잘못을 범한다. 그렇기 때문에『서』의 잘못은 속임이 된다. 광대하고 넓으며 평이하고 선량함에 힘쓰지만 정감에만 따른다면 크게 부풀리기만 좋아하는 잘못을 범한다. 그렇기 때문에『악』의 잘못은 사치가 된다. 청결하고 정미함에 힘쓰지만 도에 어둡게 되면 법칙을 무너트리는 잘못을 범한다. 그렇기 때문에『역』의 잘못은 그르침이 된다. 공손하고 검소하며 장엄하고 공경함에 힘쓰지만 본체를 잃으면 마땅함에 지나친 잘못을 범한다. 그렇기 때문에『예』의 잘못은 번잡함이 된다. 말을 연결하고 비유를 드는 것에 힘쓰지만 법칙을 지어내면 윗사람을 침범하는 잘못을 범한다. 그렇기 때문에『춘추』의 잘못은 문란함이 된다. 육경의 가르침은 선왕이 도를 적재하는 것인데, 그 가르침에 어찌 이러한 잘못이 있겠는가? 그것을 터득하는 자에게 있어 얕고 깊은 차이가 있는 데에서 비롯된 것일 뿐이다.

集說 應氏曰: 淳厚者未必深察情僞, 故失之愚; 通達者未必篤確誠實, 故失之誣; 寬厚者未必嚴立繩檢, 故失之奢; 沈潛思索, 多自耗蠹, 且或害道, 故失之賊; 品節未明, 德性未定, 無以飾貌正行[1], 故失之煩; 弄筆褒貶, 易紊是非, 且或召亂, 故失之亂. 惟得之深, 則養之固, 有以見天地之純全. 古人之大體, 而安有所謂失哉?

번역 응씨[2]가 말하길, 돈독하고 두터운 자는 실정과 허위에 대해서 반드시 깊이 살피는 것은 아니기 때문에 어리석은 잘못에 빠지게 된다. 소통

---

1) '품절(品節)'로부터 '정행(正行)'까지에 대하여. 『대전(大全)』에는 14글자가 궐문으로 표시되어 있으나, 『사고전서(四庫全書)』의 기록에 따라 글자를 보충하였다.

2) 금화응씨(金華應氏, ?~?) : =응용(應鏞)·응씨(應氏)·응자화(應子和). 이름은 용(鏞)이다. 자(字)는 자화(子和)이다. 『예기찬의(禮記纂義)』를 지었다.

하고 두루 통한 자는 진실에 대해 반드시 독실하게 확신하는 것은 아니기 때문에 속이는 잘못에 빠지게 된다. 관대하고 두터운 자는 규제에 대해 반드시 엄격히 지키는 것은 아니기 때문에 사치하는 잘못에 빠지게 된다. 깊이 침잠하여 사색하는 자들은 제 스스로 기력을 소진하는 일이 많고 또한 간혹 도를 해치기 때문에 그르치는 잘못에 빠지게 된다. 등차에 따른 절제가 분명하지 않고 덕성이 확정되지 않다면 격식에 맞게 꾸며서 올바르게 행동할 수 없기 때문에 번잡한 잘못에 빠지게 된다. 글에 멋을 부려서 기리거나 깎아내리는 자들은 옳고 그름을 바꾸거나 문란하게 하고 또한 간혹 혼란을 초래하기 때문에 문란하게 되는 잘못에 빠지게 된다. 오직 터득한 것이 깊어야만 배양하는 것도 확고하여 천지의 완전함을 볼 수 있다. 이것이 고대인들이 터득한 큰 바탕인데, 어찌 잘못이라는 것이 있었겠는가?

集說 石梁王氏曰: 孔子時, 春秋之筆削者未出. 又曰: 加我數年, 卒以學易, 性與天道, 不可得聞, 豈遽以此教人哉? 所以教者, 多言詩·書·禮·樂, 且有愚誣奢賊煩亂之失, 豈詩·書·樂·易·禮·春秋使之然哉? 此決非孔子之言.

번역 석량왕씨3)가 말하길, 공자 당시에 『춘추』의 필법이라는 것은 아직 나타나지 않았다. 또 말하길, 공자는 "나에게 몇 년의 수명을 빌려주어 마침내 『역』을 배우게 한다면"4)이라고 했고, 공자가 본성과 천도를 말한 것을 들어보지 못했다고 했는데,5) 어떻게 갑작스럽게 이것을 통해 사람들을 가르쳤다고 할 수 있는가? 이른바 가르침이라는 것은 대체로 『시』·『서』·『예』·『악』을 뜻하는데, 어리석음·속임·사치·그르침·번잡함·문란함 등의 잘못이 생기는 것이 어찌 『시』·『서』·『악』·『역』·『예』·『춘추』가 그처럼 만든 것이겠는가? 이것은 결코 공자의 말이 아니다.

---

3) 석량왕씨(石梁王氏, ?~?) : 자세한 이력이 남아 있지 않다.
4) 『논어』「술이(述而)」: 子曰, "加我數年, 五十以學易, 可以無大過矣."
5) 『논어』「공야장(公冶長)」: 子貢曰, "夫子之文章, 可得而聞也, 夫子之言性與天道, 不可得而聞也."

大全 馬氏曰: 先王一道德, 以同天下之俗, 而國不異教者, 省方觀民, 而不易其宜故也. 是故入其國, 其教可知也. 其教可知者, 知其所以爲教之不同也.

번역 마씨[6]가 말하길, 선왕은 도덕을 한결같이 하여 천하의 풍속을 동일하게 하고,[7] 나라마다 가르침을 달리하지 않게 하는 것은 그 지역을 살피고 백성들을 살펴서[8] 마땅함을 바꾸지 않기 때문이다. 이러한 까닭으로 그 나라에 들어서면 가르침의 시행을 알 수 있다. 가르침의 시행을 알 수 있다는 것은 가르침을 시행하는 것이 다르게 되는 이유를 안다는 뜻이다.

大全 石林葉氏曰: 教者, 上所以勉下, 經者, 所以助成其教也. 詩之規刺嘉美, 要使人歸於善而已, 仁之事也, 故其教則溫柔敦厚. 書之紀述治亂, 要使人考古驗今而已, 智之事也, 故其教則疏通知遠. 樂能和同天人之際, 其教也, 動蕩血脉, 流通精神, 故廣博易良. 易能順性命之理, 其教也, 吉凶與民同患, 而退藏於密, 故絜靜精微. 禮節民心, 其教也, 使人飾貌, 以正其行, 故恭儉莊敬. 春秋言約而意隱, 其教也, 使人美不過實, 貶不損美, 故屬辭比事. 蓋詩書以政教之本而爲序, 樂與易以道德之妙而爲序, 禮與春秋以治人修身而爲序. 六者之失, 蓋不深窮其理故也. 易曰, 唯深也, 故能通天下之志.

번역 석림섭씨[9]가 말하길, 가르침이라는 것은 윗사람이 아랫사람들을 힘쓰게 하는 방법이고, 경전은 가르침을 돕고 완성하는 수단이다. 『시』에서 풍자를 하고 칭송을 하는 것은 사람들로 하여금 선으로 귀의하도록 하는 것일 뿐이니, 인(仁)에 해당하는 일이다. 그렇기 때문에 그 가르침은 온

---

6) 마희맹(馬睎孟, ?~?) : =마씨(馬氏)·마언순(馬彦醇). 자(字)는 언순(彦醇)이다. 『예기해(禮記解)』를 찬술했다.

7) 『예기』「왕제(王制)」【166d】: 司徒修六禮, 以節民性, 明七教, 以興民德, 齊八政, 以防淫, <u>一道德, 以同俗</u>, 養耆老, 以致孝, 恤孤獨, 以逮不足, 上賢, 以崇德, 簡不肖, 以絀惡.

8) 『역』「관괘(觀卦)」: 象曰, 風行地上, 觀, 先王以, <u>省方觀民</u>, 設教.

9) 석림섭씨(石林葉氏, ?~A.D.1148) : =섭몽득(葉夢得)·섭소온(葉少蘊). 남송(南宋) 때의 유학자이다. 자(字)는 소온(少蘊)이고, 호(號)는 몽득(夢得)이다. 박학다식했다고 전해지며, 『춘추(春秋)』에 대한 조예가 깊었다.

화하고 부드러우며 돈독하고 두텁게 된다. 『서』에서 잘 다스려짐과 혼란함을 기술하는 것은 사람들로 하여금 옛것을 살펴서 현재에 증험하도록 하는 것일 뿐이니, 지(智)에 해당하는 일이다. 그렇기 때문에 그 가르침은 소통하고 앎이 깊어지는 것이다. 『악』은 하늘과 사람의 사이를 조화롭게 합치시킬 수 있으니, 그 가르침은 혈맥을 움직이게 만들고 정신을 소통하게 만든다. 그렇기 때문에 광대하고 넓으며 평이하고 선량하게 된다. 『역』은 성명의 이치를 따를 수 있게 하니,[10] 그 가르침은 길흉에 백성들과 근심을 함께 하고, 성인은 은밀한 곳에 물러나 숨는다.[11] 그렇기 때문에 청결하고 정미하게 된다. 『예』는 백성들의 마음을 절제하니,[12] 그 가르침은 사람들로 하여금 외모를 꾸미게 하여 행실을 올바르게 한다. 그렇기 때문에 공손하고 검소하며 장엄하고 공경하게 된다. 『춘추』는 말이 요약되어 있고 뜻이 은미하니, 그 가르침은 사람들로 하여금 칭송이 실상을 벗어나지 않게끔 하고, 폄하가 아름다움을 해치지 않도록 한다. 그렇기 때문에 말을 연결하고 비유를 들게 된다. 『시』와 『서』는 정치와 교화의 근본으로 질서를 정하고, 『악』과 『역』은 도덕의 오묘한 이치로 질서를 정하며, 『예』와 『춘추』는 사람을 다스리고 자신을 수양하는 것으로 질서를 정한다. 여섯 가지 잘못들은 그 이치를 깊이 연구하지 못했기 때문이다. 『역』에서는 "깊기 때문에 천하의 뜻에 통할 수 있다."[13]라고 했다.

鄭注 觀其風俗, 則知其所以敎. 屬, 猶合也. 春秋多記諸侯朝聘·會同, 有相接之辭, 罪辯之事. 失, 謂不能節其敎者也. 詩敦厚, 近愚. 書知遠, 近誣. 易

---

10) 『역』「설괘전(說卦傳)」 : 昔者聖人之作易也, 將以順性命之理.
11) 『역』「계사상(繫辭上)」 : 聖人以此洗心, <u>退藏於密, 吉凶與民同患</u>, 神以知來, 如以藏往. 其孰能與此哉?
12) 『예기』「악기(樂記)」【460c】 : 是故先王之制禮樂, 人爲之節. 衰麻哭泣, 所以節喪紀也. 鐘鼓干戚, 所以和安樂也. 昏姻冠筓, 所以別男女也. 射鄕食饗, 所以正交接也. <u>禮節民心</u>, 樂和民聲, 政以行之, 刑以防之. 禮樂刑政, 四達而不悖, 則王道備矣.
13) 『역』「계사상(繫辭上)」 : <u>唯深也, 故能通天下之志</u>, 唯幾也, 故能成天下之務, 唯神也, 故不疾而速, 不行而至.

精微, 愛惡相攻, 遠近相取, 則不能容人, 近於傷害. 春秋習戰爭之事, 近亂. 言深者, 旣能以敎, 又防其失.

번역 그 나라의 풍속을 살펴보면, 가르침을 시행하는 방법을 알 수 있다. '속(屬)'자는 "합한다[合]."는 뜻이다. 『춘추』는 대부분 제후들이 조빙(朝聘)14)을 하고 회동(會同)15)하는 일들을 기록하여, 서로 교류할 때의 말들과 죄를 변별하는 일들을 포함하고 있다. '실(失)'자는 가르침을 조절할 수 없다는 뜻이다. 『시』의 가르침은 돈후하여 어리석음에 가깝다. 『서』의 가르침은 앎이 심원하여 속임에 가깝다. 『역』의 가르침은 정미한데, 친애함과 미워함이 서로 공박하고 멀고 가까움이 서로를 취하게 된다면, 남을 포용할 수 없어서 해를 입히는데 가깝게 된다. 『춘추』의 가르침은 전쟁의 일들을 익히는 것이니, 혼란함에 가깝다. 깊다고 말했다면 이미 가르침대로 따를 수 있고 또 잘못을 방지할 수 있다.

釋文 易良, 以豉反, 下"易良"同. 屬音燭, 注及下同. 比, 毗志反, 下同. 朝聘, 直遙反, 篇內同. 近愚, 附近之近, 下除"遠近"一字並同. 惡, 烏路反. 爭,

14) 조빙(朝聘)은 본래 제후가 주기적으로 천자를 찾아뵙는 것을 뜻한다. 고대에는 제후가 천자에 대해서 매년 1번씩 소빙(小聘)을 했고, 3년에 1번씩 대빙(大聘)을 했으며, 5년에 1번씩 조(朝)를 했다. '소빙'은 제후가 직접 찾아가지 않았고, 대부(大夫)를 대신 파견하였으며, '대빙' 때에는 경(卿)을 파견하였다. '조'에서만 제후가 직접 찾아갔는데, 이것을 합쳐서 '조빙'이라고 부른다. 춘추시대(春秋時代) 때에는 진(晉)나라 문공(文公)과 같은 패주(霸主)에게 '조빙'을 하기도 하였다. 『예기』「왕제(王制)」편에는 "諸侯之於天子也, 比年一小聘, 三年一大聘, 五年一朝."라는 기록이 있고, 이에 대한 정현의 주에서는 "比年, 每歲也. 小聘, 使大夫, 大聘, 使卿, 朝, 則君自行. 然此大聘與朝, 晉文霸時所制也."라고 풀이했다. 후대에는 서로 찾아가서 만나보는 것을 '조빙'이라고 범칭하기도 했다.

15) 회동(會同)은 제후들이 천자를 찾아뵙는 예법을 통칭하는 용어이다. 또한 각 계절마다 정기적으로 찾아뵙는 것을 회(會)라고 부르고, 제후들이 대규모로 찾아뵙는 것을 동(同)이라고 불러서, 구분을 짓기도 한다. 각종 회견 등을 가리키는 용어로도 사용된다. 『시』「소아(小雅)・거공(車攻)」편에는 "赤芾金潟, 會同有繹."이라는 기록이 있는데, 이에 대한 모전(毛傳)에서는 "時見曰會, 殷見曰同. 繹, 陳也."라고 풀이했다.

爭鬪之爭, 下文同.

번역 '易良'에서의 '易'자는 '以(이)'자와 '豉(시)'자의 반절음이며, 아래 문장에 나오는 '易良'에서의 '易'자도 그 음이 이와 같다. '屬'자의 음은 '燭(촉)'이며, 정현의 주 및 아래문장에 나오는 글자도 그 음이 이와 같다. '比'자는 '毗(비)'자와 '志(지)'자의 반절음이며, 아래문장에 나오는 글자도 그 음이 이와 같다. '朝聘'에서의 '朝'자는 '直(직)'자와 '遙(요)'자의 반절음이며, 이곳 「경해」편에 나오는 이 글자는 그 음이 모두 이와 같다. '近愚'에서의 '近'자는 '부근(附近)'이라고 할 때의 '近'자이며, 아래문장에 나오는 '遠近'에서의 '近'자를 제외하면 나머지 글자들은 그 음이 모두 이와 같다. '惡'자는 '烏(오)'자와 '路(로)'자의 반절음이다. '爭'자는 '쟁투(爭鬪)'라고 할 때의 '爭'자이며, 아래문장에 나오는 글자도 그 음이 이와 같다.

孔疏 ●"孔子"至"者也". ○正義曰: 經解一篇總是孔子之言, 記者錄之以爲經解者, 皇氏云: "解者分析之名, 此篇分析六經體敎不同, 故名曰經解也. 六經其敎雖異, 總以禮爲本, 故記者錄入於禮."

번역 ●經文: "孔子"~"者也". ○「경해」편은 대체로 공자의 말에 해당하는데, 『예기』를 기록한 자는 이러한 말들을 기록하여 '경해(經解)'라는 편명을 정했다. 그 이유에 대해서 황간은 "'해(解)'자는 분석한다는 명칭인데, 「경해」편은 육경(六經)의 본체와 가르침이 다르다는 사실을 분석하였기 때문에, '경해(經解)'라고 편명을 정했다. 육경(六經)은 가르침이 비록 다르지만, 총괄적으로 예(禮)를 근본으로 삼고 있다. 그렇기 때문에 『예기』를 기록한 자는 이 기록을 『예』에 포함시킨 것이다."라고 했다.

孔疏 ●"孔子曰: 入其國, 其敎可知也"者, 言人君以六經之道, 各隨其民敎之, 民從上敎, 各從六經之性觀民風俗, 則知其敎, 故云"其敎可知也".

번역 ●經文: "孔子曰: 入其國, 其敎可知也". ○군주는 육경(六經)의 도를 통해서 각각 그들의 백성에 따라 가르치고, 백성들은 위정자의 교화를 따르니, 각각 육경의 성질에 따라 백성들의 풍속을 살펴본다면, 그 가르침에 대해서 알 수 있다. 그렇기 때문에 "가르침을 알 수 있다."라고 했다.

孔疏 ●"溫柔敦厚, 詩敎也"者, 溫, 謂顔色溫潤; 柔, 謂情性和柔. 詩依違諷諫不指切事情, 故云"溫柔敦厚", 是詩敎也.

번역 ●經文: "溫柔敦厚, 詩敎也". ○'온(溫)'자는 안색이 온화하고 부드럽다는 뜻이며, '유(柔)'자는 성정이 조화롭고 유순하다는 뜻이다. 『시』는 확정하지 않고 풍간(諷諫)16)을 하며 사안의 실정을 직접적으로 가리키지 않는다. 그렇기 때문에 "온화하고 유순하며 돈덕하고 두텁다."라고 한 것이니, 이것은 『시』의 가르침이다.

孔疏 ●"疏通知遠, 書敎也"者, 書錄帝王言誥, 擧其大綱, 事非繁密, 是疏通上知帝皇之世, 是知遠也.

번역 ●經文: "疏通知遠, 書敎也". ○『서』는 제왕의 말과 가르침을 기록하고 있는데, 커다란 강령을 제시하여 그 사안은 번잡하고 긴밀하지 않으니, 두루 소통하여 위로는 삼황(三皇)17)과 오제(五帝)18) 때까지도 알 수

---

16) 풍간(諷諫)은 은유적으로 표현하여 간언을 하는 방법이다.
17) 삼황(三皇)은 전설시대에 존재했다고 전해지는 세 명의 제왕을 뜻한다. 그러나 세 명이 누구였는지에 대해서는 이설(異說)이 많다. 첫 번째 주장은 복희(伏羲), 신농(神農), 황제(黃帝)를 '삼황'으로 보는 견해이다. 『장자(莊子)』「천운(天運)」편에는 "余語汝三皇五帝之治天下."라는 기록이 있는데, 이에 대한 성현영(成玄英)의 주에서는 "三皇者, 伏羲·神農·黃帝也."라고 풀이했다. 두 번째 주장은 복희(伏羲), 신농(神農), 여왜(女媧)로 보는 견해이다. 『여씨춘추(呂氏春秋)』「용중(用衆)」편에는 "此三皇五帝之所以大立功名也."라는 기록이 있는데, 이에 대한 고유(高誘)의 주에서는 "三皇, 伏羲·神農·女媧也."라고 풀이했다. 세 번째 주장은 복희(伏羲), 신농(神農), 수인(燧人)으로 보는 견해이다. 『백호통(白虎通)』「호(號)」편에는 "三皇者, 何謂也? 謂伏羲·神農·燧人也."라는 기록이 있다. 네 번째 주장은 복희(伏羲), 신농(神農), 축융(祝融)으로 보는 견해이다. 『백호통』「호」편에는 "禮曰, 伏羲·神農·祝融, 三皇也."라는 기록이 있다. 다섯 번째 주장은 천황(天皇), 지황(地皇), 태황(泰皇)으로 보는 견해이다. 『사기(史記)』「진시황본기(秦始皇本紀)」편에는 "古有天皇, 有地皇,

있다. 이것이 앎이 심원하다는 뜻이다.

孔疏 ●"廣博易良, 樂敎也"者, 樂以和通爲體, 無所不用, 是廣博簡易良善, 使人從化, 是易良.

번역 ●經文: "廣博易良, 樂敎也". ○『악』은 조화롭고 소통함을 본체로 삼으며, 이것을 사용하지 않는 것이 없으니, 바로 광대하고 넓으며 간이하고 선량함을 통해서 사람들로 하여금 그에 따라 변화하도록 하니, 이것이 평이하고 선량하게 된다는 뜻이다.

孔疏 ●"絜靜精微, 易敎也"者, 易之於人, 正則獲吉, 邪則獲凶, 不爲淫濫, 是絜靜. 窮理盡性, 言入秋毫, 是精微.

번역 ●經文: "絜靜精微, 易敎也". ○『역』은 사람에 대해서 그가 바르다

有泰皇. 泰皇最貴."라는 기록이 있다. 여섯 번째 주장은 천황(天皇), 지황(地皇), 인황(人皇)으로 보는 견해이다. 『예문유취(藝文類聚)』에서는 『춘추위(春秋緯)』를 인용하며, "天皇, 地皇, 人皇, 兄弟九人, 分九州, 長天下也."라고 기록하였다.

18) 오제(五帝)는 전설시대에 존재했다고 전해지는 다섯 명의 제왕(帝王)을 뜻한다. 그러나 다섯 명이 누구였는지에 대해서는 이설(異說)이 많다. 첫 번째 주장은 황제(黃帝: =軒轅), 전욱(顓頊: =高陽), 제곡(帝嚳: =高辛), 당요(唐堯), 우순(虞舜)으로 보는 견해이다. 『사기정의(史記正義)』「오제본기(五帝本紀)」편에는 "太史公依世本·大戴禮, 以黃帝·顓頊·帝嚳·唐堯·虞舜爲五帝. 譙周·應劭·宋均皆同."이라는 기록이 있고, 『백호통(白虎通)』「호(號)」편에도 "五帝者, 何謂也? 禮曰, 黃帝·顓頊·帝嚳·帝堯·帝舜也."라는 기록이 있다. 두 번째 주장은 태호(太昊: =伏羲), 염제(炎帝: =神農), 황제(黃帝), 소호(少昊: =摯), 전욱(顓頊)으로 보는 견해이다. 이 주장은 『예기』「월령(月令)」편에 나타난 각 계절별 수호신들의 내용을 종합한 것이다. 세 번째 주장은 소호(少昊), 전욱(顓頊), 고신(高辛), 당요(唐堯), 우순(虞舜)으로 보는 견해이다. 『서서(書序)』에는 "少昊·顓頊·高辛·唐·虞之書, 謂之五典, 言常道也."라는 기록이 있다. 또 『제왕세기(帝王世紀)』에는 "伏羲·神農·黃帝爲三皇, 少昊·高陽·高辛·唐·虞爲五帝."라는 기록이 있다. 네 번째 주장은 복희(伏羲), 신농(神農), 황제(黃帝), 당요(唐堯), 우순(虞舜)으로 보는 견해이다. 이 주장은 『역』「계사하(繫辭下)」편의 내용에 근거한 주장이다.

면 길함을 얻게 하고 삿되다면 흉함을 얻게 하여 탐하거나 넘치도록 만들
지 않으니, 이것은 청결하다는 뜻이다. 이치를 탐구하여 본성을 다하는데
말이 매우 작은 틈으로 들어가니, 이것이 정미하다는 뜻이다.

孔疏 ●"恭儉莊敬, 禮敎也"者, 禮以恭遜·節儉·齊莊敬愼爲本, 若人能恭
敬節儉, 是禮之敎也.

번역 ●經文: "恭儉莊敬, 禮敎也". ○『예』는 공손함·검약함·장엄함·공경
함·신중함 등을 근본으로 삼는데, 만약 사람이 공손하고 공경하며 검약할
수 있다면, 이것은 『예』의 가르침이 된다.

孔疏 ●"屬辭比事, 春秋敎也"者, 屬, 合也; 比, 近也. 春秋聚合·會同之辭,
是屬辭, 比次褒貶之事, 是比事也. 凡人君行此等六經之敎, 以化於下. 在下染
習其敎, 還有六經之性, 故云詩敎書敎之等.

번역 ●經文: "屬辭比事, 春秋敎也". ○'속(屬)'자는 "합한다[合]."는 뜻
이며, '비(比)'자는 "비슷하다[近]."는 뜻이다. 『춘추』는 모이고 회동할 때의
말을 기록하고 있으니, 이것은 말을 합하는 것에 해당하며, 기리고 폄하하
는 일들을 순서에 따라 차례대로 서술하니, 이것은 그 사안을 비견하는 것
에 해당한다. 무릇 군주는 이러한 육경(六經)의 가르침을 시행하여, 이를
통해 백성들을 교화한다. 그리고 백성들은 그 가르침에 물들게 되어, 육경
의 성질을 지니게 된다. 그렇기 때문에 『시』의 가르침, 『서』의 가르침 등이
라고 말한 것이다.

孔疏 ●"故詩之失愚"者, 詩主敦厚, 若不節之, 則失在於愚.

번역 ●經文: "故詩之失愚". ○『시』는 돈독하고 두텁게 하는 것을 위주
로 하니, 만약 조절하지 못한다면 그 잘못은 어리석음에 빠진다.

孔疏　●"書之失誣"者, 書廣知久遠, 若不節制, 則失在於誣.

번역　●經文: "書之失誣". ○『서』는 앎을 넓히고 심원하게 하는데, 만약 절제하지 못한다면 그 잘못은 속임에 빠진다.

孔疏　●"樂之失奢"者, 樂主廣博和易, 若不節制, 則失在於奢.

번역　●經文: "樂之失奢". ○『악』은 광대하고 넓게 하며 조화롭고 평이하게 만드는 것을 위주로 하는데, 만약 절제하지 못한다면 그 잘못은 사치를 하는데 빠진다.

孔疏　●"易之失賊"者, 易主絜靜嚴正, 遠近相取, 愛惡相攻, 若不節制, 則失在於賊害.

번역　●經文: "易之失賊". ○『역』은 청결하게 하며 엄정하게 하는 것을 위주로 하는데, 멀고 가까운 것이 서로를 취하고 친애함과 미워함이 서로 공박을 하여, 만약 절제를 하지 못한다면 그 잘못은 그르치고 해를 끼치는 데 빠진다.

孔疏　●"禮之失煩"者, 禮主文物, 恭儉莊敬, 若不能節制, 則失在於煩苛.

번역　●經文: "禮之失煩". ○『예』는 문물들을 위주로 하고, 공손하고 검약하며 장엄하고 공경하게 하는데, 만약 절제를 할 수 없다면 그 잘못은 번거롭고 까다롭게 하는데 빠진다.

孔疏　●"春秋之失亂"者, 春秋習戰爭之事, 若不能節制, 失在於亂. 此皆謂人君用之敎下, 不能可否相濟·節制合宜, 所以致失也.

번역　●經文: "春秋之失亂". ○『춘추』는 전쟁의 사안들을 익히는 것인데, 만약 절제를 할 수 없으면 그 잘못은 혼란하게 하는데 빠진다. 이러한 것들은 모두 군주가 이것을 통해서 백성들을 가르치는데, 가부를 조절하고 합당함을 절제할 수 없는 것이 잘못을 범하게 하는 이유라는 뜻이다.

孔疏 ●"其爲人也溫柔敦厚而不愚, 則深於詩者也", 此一經以詩化民, 雖用敦厚, 能以義節之. 欲使民雖敦厚, 不至于愚, 則是在上深達於詩之義理, 能以詩教民也. 故云"深於詩者"也. 以下諸經, 義皆放此.

번역 ●經文: "其爲人也溫柔敦厚而不愚, 則深於詩者也". ○이곳 경문은 『시』를 통해서 백성들을 교화하는데, 비록 돈후함을 사용하더라도 의(義)로써 절제할 수 있어야 한다는 뜻이다. 만약 백성들로 하여금 비록 돈후하지만 어리석은 지경에 이르지 않도록 하려고 한다면, 이것은 위정자가 『시』의 의리에 대해서 깊이 통달해야만 『시』를 통해서 백성들을 가르칠 수 있다는 뜻이다. 그렇기 때문에 "『시』에 조예가 깊은 자이다."라고 말했다. 그 아래에 기술된 경전들에 대한 뜻 또한 모두 이와 같다.

孔疏 ◎注云"易精"至"之事". ○正義曰: "易精微"者, 易理微密, 相責褊切, 不能含容. 云"愛惡相攻"者, 謂易卦六爻, 或陰爻乘陽, 或陽爻據陰, 近而不得, 是愛惡相攻也. 云"遠近相取"者, 謂彼此有應, 是遠近相取也. 或遠而無應, 近而不相得, 是遠近不相取也. 云"則不能容人, 近於傷害"者, 若意合則雖遠必相愛, 若意離雖近必相惡, 是不能容人不與己同, 浪被傷害, 是失於賊害也. 云"春秋習戰爭之事"者, 以春秋記諸侯相侵伐, 又有鬪爭之辭. 若僖二十八年, 晉人執衛侯歸之于京師; 昭十三年平丘之會, 子産爭丞19)之類是也. 故前注云春秋記罪辯之事也. 然詩爲樂章, 詩·樂是一, 而敎別者, 若以聲音·干戚以教人, 是樂教也; 若以詩辭美刺·諷喩以敎人, 是詩教也. 此爲政以敎民, 故有六經. 若敎國子弟於庠序之內, 則唯用四術. 故王制云"春秋敎以禮·樂, 冬夏敎

---

19) '승(丞)'자에 대하여.『십삼경주소(十三經注疏)』북경대 출판본에서는 "『민본(閩本)』·『감본(監本)』·『모본(毛本)』에는 동일하게 기록되어 있다. 완원(阮元)의 『교감기(校勘記)』에서는 '혜동(惠棟)의 『교송본(校宋本)』에는 승(承)자로 기록하고 있는데,『좌전(左傳)』의 기록과 부합된다.'"라고 했다.

以詩·書", 是也. 此六經者, 惟論人君施化, 能以此敎民, 民得從之, 未能行之
至極也. 若盛明之君, 爲民之父母者, 則能恩惠下極於民, 則詩有好惡之情, 禮
有政治之體, 樂有諧和性情, 皆能與民至極, 民同上情, 故孔子閒居云"志之所
至, 詩亦至焉. 詩之所至, 禮亦至焉. 禮之所至, 樂亦至焉", 是也. 其書·易·春
秋, 非是恩情相感·與民至極者, 故孔子閑居無書·易及春秋也.

번역　◎鄭注: "易精"~"之事". ○정현이 "『역』의 가르침은 정미하다."라
고 했는데, 『역』의 이치는 은미하고 비밀스러우며 서로 문책함이 좁고 간
절하여 포용할 수 없다. 정현이 "친애함과 미워함이 서로 공박한다."라고
했는데, 『역』의 괘는 육효로 이루어져 있고, 어떤 경우에는 음효가 양효를
올라타고, 어떤 경우에는 양효가 음효에 의지하여, 가까이하지만 서로를
얻을 수 없으니, 이것이 친애함과 미워함이 서로 공박한다는 뜻이다. 정현
이 "멀고 가까움이 서로를 취하게 된다."라고 했는데, 음효와 양효에는 호
응함이 있으니, 이것이 멀고 가까움이 서로 취한다는 뜻이다. 혹여 멀리
떨어져 있지만 호응함이 없고, 또 가까이 있지만 서로를 얻을 수 없다면,
이것은 멀고 가까움이 서로 취하지 않는 경우이다. 정현이 "남을 포용할
수 없어서 해를 입히는데 가깝게 된다."라고 했는데, 만약 뜻이 부합하면
비록 멀리 떨어져 있더라도 반드시 서로를 친애하게 되지만, 뜻이 서로 떨
어지게 되면 비록 가까이 있더라도 반드시 서로를 미워하게 된다. 이것은
상대를 포용할 수 없고 자신과 함께 하도록 할 수 없어서 방종하여 피해를
입히는 것이니, 해를 입히는 잘못에 빠진 것이다. 정현이 "『춘추』의 가르침
은 전쟁의 일들을 익히는 것이다."라고 했는데, 『춘추』는 제후들이 서로를
침략하고 정벌하는 일들을 기록하고 또 서로 다투며 오가는 말들을 포함하
고 있다. 예를 들어 희공(僖公) 28년에 진(晉)나라는 위(衛)나라 후작을 붙
잡아서 주나라의 경사(京師)[20]로 보냈고,[21] 소공(昭公) 13년에는 평구 땅

---

20) 경사(京師)는 그 나라의 수도를 뜻한다. 『시』「대아(大雅)·공유(公劉)」편에는
　　"京師之野, 于時處處."라는 기록이 있고, 이에 대해 마서신(馬瑞辰)의 『통석
　　(通釋)』에서는 오두남(吳斗南)의 주석을 인용해서, "京者, 地名. 師者, 都邑之
　　稱. 如洛邑, 亦稱洛師之類."라고 풀이했다. 즉 '경(京)'자는 단순한 지명이었
　　고, '사(師)'자가 수도를 뜻하는 단어였다. 이후에는 '경사'라는 단어를 그 나

에서 회합을 가졌는데, 자산이 희생물을 받드는 것에 대해 다뤘던 부류가
여기에 해당한다.[22] 그러므로 앞의 주에서는『춘추』가 죄를 변별하는 일들
을 기록한다고 말한 것이다. 그런데『시』는『악』의 가사가 되어『시』와『악』
은 한 가지 부류가 되는데도, 가르침에 있어서는 구별을 하였다. 만약 음악
과 방패나 도끼 등의 무용도구로 사람들을 가르친다면, 이것은『악』의 가
르침이 된다. 만약『시』의 가사에 나오는 칭송과 풍자, 풍간을 통한 비유
등으로 사람들을 가르친다면, 이것은『시』의 가르침이 된다. 이러한 것들
은 정치를 시행하여 백성들을 교화하는 것이다. 그렇기 때문에 육경의 가
르침이 있게 된다. 만약 학교 안에서 국가의 주요 자제들을 가르친다면,
오직 사술(四術)만 사용하게 된다. 그렇기 때문에『예기』「왕제(王制)」편에
서는 "봄과 가을에는『예』와『악』으로 가르치고, 겨울과 여름에는『시』와
『서』로 가르친다."[23]라고 한 것이다. 여기에서 말한 육경(六經)은 오직 군
주가 교화를 베푸는 것에 대해서만 논의한 것이니, 이를 통해 백성들을 가
르쳐서 백성들이 그에 따를 수 있더라도 아직까지 행실을 지극히 할 수는
없다. 만약 성현의 덕을 갖춘 군주가 백성들의 부모가 되어, 은혜를 아래로
베풀어 백성들에게 지극히 미칠 수 있다면,『시』에는 좋고 싫어함의 정감
이 있고,『예』에는 정치의 본체가 있으며,『악』에는 성정을 조화롭게 함이
있는데, 이 모두를 백성들과 함께 지극히 하여, 백성들이 위정자와 함께
정감을 합치도록 만든다. 그렇기 때문에『예기』「공자한거(孔子閒居)」편에
서는 "뜻이 이른 것은『시』또한 이르고,『시』가 이른 것은『예』또한 이르
며,『예』가 이른 것은『악』또한 이른다."[24]라고 한 것이다.『서』·『역』·『춘

라의 수도를 가리키는 용어로 사용하였다.
21)『춘추좌씨전』「희공(僖公) 28년」: 衛侯與元咺訟, 甯武子爲輔, 鍼莊子爲坐, 士
榮爲大士. 衛侯不勝. 殺士榮, 刖鍼莊子, 謂甯兪忠而免之. 執衛侯, 歸之于京師,
寘諸深室. 甯子職納橐饘焉. 元咺歸于衛, 立公子瑕.
22) 이 일화는『춘추좌씨전』「소공(昭公) 13년」기사에 자세히 기록되어 있다.
23)『예기』「왕제(王制)」【168b】: 樂正, 崇四術, 立四敎, 順先王詩書禮樂, 以造士.
春秋, 敎以禮樂, 冬夏, 敎以詩書.
24)『예기』「공자한거(孔子閒居)」【605b~c】: 子夏曰, "民之父母, 旣得而聞之矣,
敢問何謂五至." 孔子曰, "志之所至, 詩亦至焉. 詩之所至, 禮亦至焉. 禮之所至, 樂
亦至焉. 樂之所至, 哀亦至焉. 哀樂相生. 是故正明目而視之不可得而見也. 傾耳

추』는 은정에 따라 서로 감응하거나 백성들과 함께 지극히 하는 것은 아니다. 그렇기 때문에 「공자한거」편에는 『서』·『역』·『춘추』에 대한 언급이 없다.

訓纂 趙氏良澍曰: 安上全下, 莫善于禮. 而虞其煩者, 蓋世俗迂拘之禮, 非先王中正之禮也. 禮減而進, 亦勝而離. 繁文縟節, 而內外不孚于一, 則玉帛非所以言禮, 卑己尊人, 而彼此不得其安, 則足恭非所以爲禮. 故曰, 禮之失煩.

번역 조량주[25]가 말하길, 윗사람을 편안히 하고 아랫사람을 온전히 해주는 것에는 『예』보다 좋은 것이 없다. 그러나 번잡함을 염려했던 것은 세속의 우활하고 구속시키는 예법 때문이니, 이것은 선왕이 만든 알맞고 바른 예법이 아니다. 예법은 줄이되 나아가며[26] 또 지나치면 떠나게 된다.[27] 형식과 법칙을 번잡하게 하여 내적인 면과 외적인 면이 동일하게 합쳐지지 않는다면, 옥이나 비단 등은 예법을 뜻하는 것이 아니게 된다. 그리고 자신을 낮추고 상대를 존경해야 하는데 서로가 편안하지 못하다면, 지나친 공손함은 예법을 시행하는 것이 아니게 된다. 그렇기 때문에 "『예』의 잘못은 번잡함이다."라고 했다.

集解 溫柔, 以辭氣言; 敦厚, 以性情言. 疏通, 謂通達於政事; 知遠, 言能遠知帝王之事也. 廣博, 言其理之無不包; 易良, 言其情之無不順. 洗心藏密, 故

而聽之, 不可得而聞也, 志氣塞乎天地. 此之謂五至."

25) 조량주(趙良澍, ?~?) : 청(淸)나라 때의 학자이다. 저서로는 『독예기(讀禮記)』가 있다.

26) 『예기』「악기(樂記)」【486c】 : 樂也者, 動於內者也. 禮也者, 動於外者也. 故禮主其減, 樂主其盈. 禮減而進, 以進爲文; 樂盈而反, 以反爲文. 禮減而不進則銷, 樂盈而不反則放, 故禮有報而樂有反. 禮得其報則樂, 樂得其反則安. 禮之報, 樂之反, 其義一也.

27) 『예기』「악기(樂記)」【461a】 : 樂者爲同, 禮者爲異. 同則相親, 異則相敬. 樂勝則流, 禮勝則離. 合情飾貌者, 禮樂之事也. 禮義立, 則貴賤等矣. 樂文同, 則上下和矣. 好惡著, 則賢不肖別矣. 刑禁暴, 爵擧賢, 則政均矣. 仁以愛之, 義以正之, 如此則民治行矣.

絜靜; 探賾索隱, 故精微. 屬辭者, 連屬其辭, 以月繫年, 以日繫月, 以事繫日也. 比事者, 比次列國之事而書之也. 失, 謂不善學者之失也. 蔽於溫柔·敦厚而不知通變, 故至於愚. 蔽於疏通·知遠而不知闕疑, 故至於誣. 蔽於廣博·易良而不知所反, 故至於奢. 蔽於絜靜·精微而入於隱怪, 故失之賊. 賊, 害也, 謂害於正理也. 蔽於恭儉·莊敬而失其所安, 故至於煩. 蔽於屬辭·比事而妄爲襃貶, 故至於亂.

번역 온화함과 유순함은 말을 기준으로 한 말이고, 돈독함과 두터움은 성정을 기준으로 한 말이다. '소통(疏通)'은 정사에 달통한다는 뜻이고, '지원(知遠)'은 멀리 오제(五帝)와 삼왕(三王)[28]에 대한 일까지도 알 수 있다는 뜻이다. '광박(廣博)'은 이치에 포함되지 않은 것이 없음을 뜻하고, '이량(易良)'은 정감에 따르지 않는 것이 없음을 뜻한다. 마음을 씻어내어 은밀한 곳에 물러나 숨기 때문에[29] 청결하고 고요하며, 잡다한 것을 뽑아내고 은미한 것을 찾아내기 때문에[30] 정미하다. '속사(屬辭)'는 말을 연결한다는 뜻으로, 달을 한 해에 연결하고 날을 달에 연결하며 그 사안을 날에 연결한다는 의미이다. '비사(比事)'는 제후국에서 발생한 사안들을 차례대로 나열해서 기록한다는 뜻이다. '실(失)'자는 제대로 배우지 못한 자가 범하는 잘못을 뜻한다. 온화하고 유순하며 돈독하고 두터운 것에만 빠져서 소통과 변화를 알지 못하기 때문에 어리석은 지경에 이른다. 달통하고 상고시대의

---

28) 삼왕(三王)은 하(夏), 은(殷), 주(周) 삼대(三代)의 왕을 뜻한다. 『춘추곡량전』 「은공(隱公) 8年」편에는 "盟詛不及三王."이라는 기록이 있고, 이에 대한 범녕(範寧)의 주에서는 '삼왕'을 하나라의 우(禹), 은나라의 탕(湯), 주나라의 무왕(武王)을 지칭한다고 풀이했다. 그리고 『맹자』「고자하(告子下)」편에는 "五霸者, 三王之罪人也."이라는 기록이 있고, 이에 대한 조기(趙岐)의 주에서는 '삼왕'을 범녕의 주장과 달리, 주나라의 무왕 대신 문왕(文王)을 지칭한다고 풀이했다.
29) 『역』「계사상(繫辭上)」: 是故, 著之德, 圓而神, 卦之德, 方以知, 六爻之義, 易以貢, 聖人, 以此洗心, 退藏於密, 吉凶, 與民同患, 神以知來, 知以藏往, 其孰能與於此哉. 古之聰明叡知神武而不殺者夫.
30) 『역』「계사상(繫辭上)」: 是故法象, 莫大乎天地, 變通, 莫大乎四時, 縣象著明, 莫大乎日月, 崇高, 莫大乎富貴, 備物致用, 立成器, 以爲天下利, 莫大乎聖人, 探賾索隱, 鉤深致遠, 以定天下之吉凶, 成天下之亹亹者, 莫大乎蓍龜.

일까지 아는 것에만 빠져서 의문점을 알지 못하기 때문에 속이는 지경에
이른다. 광대하고 넓게 하며 평이하고 선량하게 하는 것에만 빠져서 되돌
아올 줄 모르기 때문에 사치하는 지경에 이른다. 청결하고 고요하며 정미
한 것에만 빠져서 은밀하고 괴이한 것에 매몰되기 때문에 적(賊)의 잘못을
범한다. '적(賊)'자는 "해를 입히다[害]."는 뜻이니, 올바른 도리에 해를 끼
친다는 의미이다. 공손하고 검약하며 장엄하고 공경한 것에만 빠져서 편안
히 여길 것을 놓치기 때문에 번잡한 지경에 이른다. 말을 연결하고 사안들
을 차례대로 나열하는 것에만 빠져서 망령되게 기리고 폄하하기 때문에
문란한 지경에 이른다.

集解 深, 謂學之而能深知其義也. 深知其義, 則有得而無失矣.

번역 '심(深)'자는 배워서 그 의미를 깊이 알 수 있다는 뜻이다. 그 의미
를 깊이 안다면 터득함이 있고 잘못은 없게 된다.

참고 원문비교

예기대전 · 경해(經解) 孔子曰, "入其國, 其敎可知也. 其爲人也, 溫柔敦厚,
詩敎也; 疏通知遠, 書敎也; 廣博易良, 樂敎也; 絜靜精微, 易敎也; 恭儉莊敬,
禮敎也; 屬辭比事, 春秋敎也. 故詩之失愚, 書之失誣, 樂之失奢, 易之失賊, 禮
之失煩, 春秋之失亂. 其爲人也, 溫柔敦厚而不愚, 則深於詩者也; 疏通知遠而
不誣, 則深於書者也; 廣博易良而不奢, 則深於樂者也; 絜靜精微而不賊, 則深
於易者也; 恭儉莊敬而不煩, 則深於禮者也; 屬辭比事而不亂, 則深於春秋者
也."

공자가어 · 문옥(問玉) 孔子曰, "入其國, 其敎可知也. 其爲人也, 溫柔敦厚,
詩敎也; 疏通知遠, 書敎也; 廣博易良, 樂敎也; 潔靜精微, 易敎也; 恭儉莊敬,
禮敎也; 屬辭比事, 春秋敎也. 故詩之失愚①, 書之失誣②, 樂之失奢, 易之失

賊③, 禮之失煩, 春秋之失亂④. 其爲人也, 溫柔敦厚而不愚, 則深於詩者矣; 疏通知遠而不誣, 則深於書者矣; 廣博易良而不奢, 則深於樂者矣; 潔靜精微而不賊, 則深於易者矣; 恭儉莊敬而不煩, 則深於禮者矣; 屬辭比事而不亂, 則深於春秋者矣."

王注-① 敦厚之失.

번역 너무 돈독하고 두터운 데에서 발생한 잘못이다.

王注-② 知遠之失.

번역 너무 앎이 깊은 데에서 발생한 잘못이다.

王注-③ 精微之失

번역 너무 정미한 데에서 발생한 잘못이다.

王注-④ 屬辭比事之失

번역 너무 말만 연결하고 비유만 드는 데에서 발생한 잘못이다.

구 분	각 문헌의 육경(六經) 배열 순서					
	1번	2번	3번	4번	5번	6번
『예기』「경해」	『시』	『서』	『악』	『역』	『예』	『춘추』
『장자』「천운」[31]	『시』	『서』	『예』	『악』	『역』	『춘추』
『장자』「천하」[32]	『시』	『서』	『예』	『악』	『역』	『춘추』
『순자』「권학」[33]	『예』	『악』	『시』	『서』	『춘추』	
『순자』「유효」[34]	『시』	『서』	『예』	『악』	『춘추』	
『순자』「영욕」[35]	『시』	『서』	『예』	『악』		
『회남자』「태족」[36]	『역』	『서』	『악』	『시』	『예』	『춘추』
『사기』「골계열전」[37]	『예』	『악』	『서』	『시』	『역』	『춘추』
『사기』「유림열전」[38]	『시』	『서』	『예	『역』	『춘추』	
『한서』「예문지」[39]	『역』	『서』	『시』	『예』	『악』	『춘추』

---

31) 『장자(莊子)』「천운(天運)」: 孔子謂老聃曰, "丘治詩書禮樂易春秋六經, 自以爲久矣, 孰知其故矣."

32) 『장자(莊子)』「천하(天下)」: 詩以道志, 書以道事, 禮以道行, 樂以道和, 易以道陰陽, 春秋以道名分.

33) 『순자(荀子)』「권학(勸學)」: 禮·樂法而不說, 詩·書故而不切, 春秋約而不速.

34) 『순자(荀子)』「유효(儒效)」: 詩言是其志也; 書言是其事也; 禮言是其行也; 樂言是其和也; 春秋言是其微也.

35) 『순자(荀子)』「영욕(榮辱)」: 況夫先王之道, 仁義之統, 詩·書·禮·樂之分乎.

36) 『회남자(淮南子)』「태족(泰族)」: 故易之失也卦, 書之失也敷, 樂之失也淫, 詩之失也辟, 禮之失也責, 春秋之失也刺.

37) 『사기(史記)』「골계열전(滑稽列傳)」: 孔子曰, 六蓺於治一也. 禮以節人, 樂以發和, 書以道事, 詩以達意, 易以神化, 春秋以義.

38) 『사기(史記)』「유림열전(儒林列傳)」: 自是之後, 言詩於魯則申培公, 齊則轅固生, 於燕則韓太傅. 言尚書自濟南伏生. 言禮自魯高堂生. 言易自菑川田生. 言春秋於齊魯自胡毋生, 於趙自董仲舒.

39) 『한서(漢書)』「예문지(藝文志)」: 易經十二篇, 施·孟·梁丘三家. 易傳周氏二篇. …… 凡易十三家, 二百九十四篇. …… 尙書古文經四十六卷. …… 凡書九家, 四百一十二篇. …… 詩經二十八卷, 魯·齊·韓三家. 凡詩六家, 四百一十六卷. …… 禮古經五十六卷. …… 凡禮十三家, 五百五十五篇. …… 樂記二十三篇 …… 凡樂六家, 百六十五篇. …… 春秋古經十二篇, 經十一卷. …… 凡春秋二十三家, 九百四十八篇.

천자의 덕과 정치

【588d】

> 天子者, 與天地參, 故德配天地, 兼利萬物, 與日月並明, 明照四海而不遺微小. 其在朝廷, 則道仁聖禮義之序; 燕處, 則聽雅頌之音; 行步, 則有環佩之聲; 升車, 則有鸞和之音. 居處有禮, 進退有度, 百官得其宜, 萬事得其序. 詩云, "淑人君子, 其儀不忒, 其儀不忒, 正是四國", 此之謂也.

직역 天子者는 天地와 與하여 參이라, 故러 德은 天地에 配하고, 萬物을 兼하여 利하며, 日月과 與하여 並히 明하여, 明이 四海를 照하되 微小를 不遺한다. 그 朝廷에 在하면, 仁聖禮義의 序를 道하고; 燕處하면, 雅頌의 音을 聽하며; 行步하면, 環佩의 聲이 有하고; 車에 升하면, 鸞和의 音이 有한다. 居處에 禮가 有하고, 進退에 度가 有하니, 百官이 그 宜를 得하고, 萬事가 그 序를 得한다. 詩에서 云, "淑人인 君子여, 그 儀가 不忒하니, 그 儀가 不忒하여, 是四國을 正이라", 此를 謂함이다.

의역 천자는 천지와 더불어 참여하는 자이다. 그렇기 때문에 그의 덕은 천지에 짝하고, 만물을 모두 이롭게 하며, 해 및 달과 더불어서 함께 밝으니, 그의 밝음은 사해를 비춰주되 미물이라도 빠트리지 않는다. 그가 조정에 있게 되면 인함과 성스러움, 예(禮)와 의(義)의 질서를 말하고, 한가롭게 머물 때라면 아(雅)와 송(頌)의 음악을 들으며, 걸어 다닐 때에는 차고 있던 패옥의 소리가 들리고, 수레에 타게 되면 방울소리가 들린다. 따라서 그가 거처할 때에는 예가 있고 나아가고 물러남에는 법도가 있으니, 모든 관리들이 그것을 보고 합당함을 얻고, 모든 일들이 질서를 얻는다. 『시』에서 "선한 군자여, 그의 위엄스러운 행동이 어긋나지 않았으니, 위엄스러운 행동이 어긋나지 않아서 사방의 나라들을 바르게 하는구나."라고 했으니,

바로 이러한 뜻을 나타낸다.

集說 鸞·和, 皆鈴也, 鸞在衡, 和在軾前. 詩, 曹風鳲鳩篇.

번역 '난(鸞)'과 '화(和)'는 모두 방울이니, 난은 수레의 형(衡)에 달고, 화는 수레의 식(軾) 앞에 단다. 시는『시』「조풍(曹風)·시구(鳲鳩)」편이다.1)

集說 石梁王氏曰: 此段最粹.

번역 석량왕씨가 말하길, 이 단락이 「경해」편의 핵심이다.

大全 長樂陳氏曰: 與天地參, 言其體敵也. 德配天地, 言其道同也. 兼利萬物, 言其化溥也. 與日月並明, 明照四海, 而不遺微小, 言其政術也. 又樂書曰, 天子在朝廷之上, 由仁聖禮義之序, 在閨門之內, 聽雅頌之音, 行步於堂, 有環佩之聲, 升車於道, 有鸞和之音, 確乎鄭衛不能入也.

번역 장락진씨2)가 말하길, "천지와 더불어 참여한다."는 말은 그의 본체가 천지의 본체와 대등함을 뜻한다. "덕이 천지와 짝한다."는 말은 그 도가 천지의 도와 같음을 뜻한다. "만물을 모두 이롭게 한다."는 말은 그의 교화가 펼쳐진다는 뜻이다. "해 및 달과 더불어서 함께 밝으니, 그의 밝음은 사해를 비춰주되 미물이라도 빠트리지 않는다."는 말은 그가 시행하는 정책을 뜻한다. 또한『악서』에서는 "천자가 조정의 자리에 있을 때 인자함과 성스러움, 예(禮)와 의(義)의 질서에 따르고, 집안에 있을 때에는 아(雅)와 송(頌)의 음악을 들으며, 당상(堂上)에서 걸어 다닐 때에는 허리에 차고 있

---

1)『시』「조풍(曹風)·시구(鳲鳩)」: 鳲鳩在桑, 其子在棘. 淑人君子, 其儀不忒. 其儀不忒, 正是四國.

2) 진상도(陳祥道, A.D.1159 ~ A.D.1223): =장락진씨(長樂陳氏)·진씨(陳氏)·진용지(陳用之). 북송대(北宋代)의 유학자이다. 자(字)는 용지(用之)이다. 장락(長樂) 지역 출신으로, 1067년에 과거에 급제하여 태상박사(太常博士) 등을 지냈다. 왕안석(王安石)의 제자로, 그의 학문을 전파하는데 공헌하였다. 저서에는『예서(禮書)』,『논어전해(論語全解)』등이 있다.

는 패옥의 소리가 들리고, 도로에서 수레에 타고 있을 때에는 방울소리가 들리니, 정(鄭)나라나 위(衛)나라의 음악처럼 간사한 음악이 들어올 수 없게 된다."라고 했다.

大全 馬氏曰: 朝廷者, 論道有爲之所在, 故道仁聖禮義之序. 燕處者, 燕息無爲之所在, 故聽雅頌之音. 心中斯須, 不和不樂, 則鄙詐之心入之矣, 故行步有環佩之聲, 以節之, 升車有鸞和之音, 以和之. 外貌斯須, 不莊不敬, 則易慢之心入之矣, 故居處則有禮, 進退則有度. 自與天地參, 推而詳之, 至於居處有禮, 進退有度, 其所以治己之道盡矣. 然而君爲之則臣行之, 上好之則下從之, 是故百官之貴賤, 各得其宜, 萬事之先後, 各得其序. 傳曰, 言思可道, 行思可樂. 德義可尊, 作事可法. 容止可觀, 進退可度. 以臨其民, 是以其民畏而愛之, 則而象之, 其意同.

번역 마씨가 말하길, 조정은 도를 논의하며 국가의 중대사를 시행하는 장소이다. 그렇기 때문에 인자함과 성스러움, 예(禮)와 의(義)의 질서를 말한다. 한가롭게 거처하는 곳은 휴식을 취하며 국가의 중대사를 시행하지 않는 장소이다. 그렇기 때문에 아(雅)와 송(頌)의 음악을 듣는다. 마음은 다스려야 하는데 조화롭지 못하고 즐겁지 않다면, 비루하고 거짓된 마음이 침입하게 된다. 그렇기 때문에 걸어 다닐 때에는 허리에 차고 있는 패옥의 소리가 들려서 이를 통해 조절하고, 수레에 탔을 때에는 난(鸞)과 화(和)의 방울소리가 들려서 이를 통해 조화롭게 한다. 외모는 꾸며야 하는데 장엄하지 못하고 공경스럽지 못하다면, 안이하고 태만한 마음이 침입하게 된다. 그렇기 때문에 거처할 때에는 예(禮)가 있고 나아가고 물러날 때에는 법도가 있다. "천지와 더불어서 참여한다."는 말로부터 미루어 상세히 기술하여 "거처함에 예(禮)가 있고, 나아가고 물러남에 법도가 있다."고 하는 데에 이르렀는데, 이것은 자신을 다스리는 도를 다하는 방법이다. 그러므로 군자가 이처럼 시행하면 신하도 본받아서 따르고, 위정자가 이것을 좋아하면 백성들도 그에 따른다. 이러한 까닭으로 귀천에 상관없이 모든 관리들이 각각 그 합당함을 얻게 되고, 선후에 상관없이 모든 일들이 각각 그 질서를 얻게 된다. 『효경』에서는 "말을 할 때에는 먼저 자신이 말한 것이 말할 만한 것인지를 생각하고, 행동을 할 때에는 먼저 사람들을 즐겁게 할 수 있는지를 생각한다. 본인의 덕과 의를 존숭할 만하게 하고, 일을 시행할 때에는 본받을 만하게 한다. 용모와 행동거지가 귀감이 될 만하게 하고, 나아가고 물러섬이 법도가 될 만해야 한다. 이로써 백성을 대한다면, 백성들은 그를 외경하면서도 사랑하게 되며, 그를 법도로 삼으면서도 본받게 되는 것이다."3)라고 했는데, 그 의미가 이곳의 내용과 동일하다.

鄭注 道, 猶言也. 環佩, 佩環·佩玉也, 所以爲行節也. 玉藻曰: "進則揖之, 退則揚之. 然後玉鏘鳴也." 環取其無窮止, 玉則比德焉. 孔子佩象環五寸. 人君之環, 其制未聞也. 鸞·和, 皆鈴也, 所以爲車行節也. 韓詩內傳曰: "鸞在衡, 和在軾前. 升車則馬動, 馬動則鸞鳴, 鸞鳴則和應." 居處, 朝廷與燕也. 進退, 行步與升車也.

번역 '도(道)'자는 "말하다[言]."는 뜻이다. '환패(環佩)'는 허리에 차는 패환(佩環)과 패옥(佩玉)을 뜻하니, 행동을 조절하기 위한 도구이다. 『예기』「옥조(玉藻)」편에서는 "앞으로 나아가게 되면 읍(揖)을 하듯이 몸을 조금 숙이고, 물러나게 되면 몸을 조금 펴게 되니, 이처럼 한 뒤에라야 패옥의 소리가 청아하게 울린다."4)라고 했다. '환(環)'은 둥글게 생겨서 끝나지 않는다는 뜻을 취한 것이고, '옥(玉)'은 덕을 비견하는 것이다.5) 공자는 상아

---

3) 『효경』「성치장(聖治章)」: 君子則不然, <u>言思可道, 行思可樂. 德義可尊, 作事可法. 容止可觀, 進退可度. 以臨其民, 是以其民畏而愛之, 則而象之.</u> 故能成其德敎, 而行其政令.

4) 『예기』「옥조(玉藻)」【388a~b】: 趨以采齊, 行以肆夏, 周還中規, 折還中矩, <u>進則揖之, 退則揚之, 然後玉鏘鳴也.</u> 故君子在車, 則聞鸞和之聲, 行則鳴佩玉, 是以非辟之心無自入也.

5) 『예기』「옥조(玉藻)」【389a】: 凡帶必有佩玉, 唯喪否. 佩玉有衝牙, 君子無故, 玉不去身, 君子<u>於玉比德焉</u>. / 『예기』「빙의(聘義)」【719b】: 子貢問於孔子曰: "敢問君子貴玉而賤碈者何也? 爲玉之寡而碈之多與?" 孔子曰: "非爲碈之多故賤之也, 玉之寡故貴之也. 夫昔者君子<u>比德於玉焉</u>: 溫潤而澤, 仁也; 縝密以栗, 知也; 廉而不劌, 義也; 垂之如隊, 禮也; 叩之其聲淸越以長, 其終詘然, 樂也; 瑕不掩瑜, 瑜不掩瑕, 忠也; 孚尹旁達, 信也; 氣如白虹, 天也; 精神見于山川, 地

를 5촌(寸)의 너비로 만든 둥근 환(環)을 찼다.6) 군주가 차는 환(環)에 대해
서는 그 제도를 들어보지 못했다. '난(鸞)'과 '화(和)'는 모두 방울이니, 수레
의 움직임을 조절하기 위한 것이다. 『한시내전』7)에서는 "난은 수레의 형
(衡)에 있고, 화는 수레의 식(軾) 앞에 있다. 수레에 타게 되면 말이 움직이
고, 말이 움직이게 되면 난이 울리며, 난이 울리면 화가 호응하여 울린다."
라고 했다. '거처(居處)'는 조정에 있을 때와 한가롭게 거처할 때를 뜻한다.
'진퇴(進退)'는 걸어 다닐 때와 수레에 탔을 때를 뜻한다.

釋文　淑, 常六反. 忒, 吐得反. 鎗, 七羊反, 本又作鏘. 鈴音零. 軾音式. 應,
應對之應.

번역　'淑'자는 '常(상)'자와 '六(륙)'자의 반절음이다. '忒'자는 '吐(토)'자
와 '得(득)'자의 반절음이다. '鎗'자는 '七(칠)'자와 '羊(양)'자의 반절음이며,
판본에 따라서는 또한 '鏘'자로도 기록한다. '鈴'자의 음은 '零(령)'이다. '軾'
자의 음은 '式(식)'이다. '應'자는 '응대(應對)'라고 할 때의 '應'자이다.

孔疏　●"天子"至"不成". ○正義曰: 此一節盛明天子霸王, 唯有禮爲霸王
之器, 言禮之重也.

번역　●經文: "天子"~"不成". ○이곳 문단은 천자와 패왕만이 오직 예
를 갖춰 패왕의 그릇이 될 수 있다는 뜻을 융성하게 나타내고 있으니, 예
(禮)의 중대성을 의미한다.

孔疏　●"與天地參"者, 天覆地載, 生養萬物, 天子亦能覆載生養之功, 與天

也; 圭璋特達, 德也; 天下莫不貴者, 道也. 詩云: '言念君子, 溫其如玉.' 故君子
貴之也."
6) 『예기』「옥조(玉藻)」【389b】: 孔子佩象環五寸, 而綦組綬.
7) 『한시내전(韓詩內傳)』은 한(漢)나라 때 한영(韓嬰)이 지은 책이다. 한영은 내
전(內傳) 4권과 외전(外傳) 6권을 지었는데, 내전은 산일되어 없어졌고, 외전
만이 남아 있다. 이것을 『한시외전(韓詩外傳)』이라고 부른다.

地相參齊等, 故云“與天地參”.

번역 ●經文: “與天地參”. ○하늘은 덮어주고 땅은 실어주어 만물을 낳고 기르는데, 천자 또한 덮어주고 실어주며 낳고 기르는 공덕을 발휘하여, 천지와 함께 서로 관여하여 동등하게 할 수 있다. 그렇기 때문에 “천지와 더불어 참여한다.”라고 했다.

孔疏 ●“詩云: 淑人君子, 其儀不忒, 其儀不忒, 正是四國”者, 此詩·曹風·鳲鳩之篇, 刺上下不均平之詩, 言善人君子用心均平, 其威儀不有差忒, 以其不差, 故能正此四方之國.

번역 ●經文: “詩云: 淑人君子, 其儀不忒, 其儀不忒, 正是四國”. ○이것은 『시』「조풍(曹風)·시구(鳲鳩)」편이니, 상하계층이 균평하지 못함을 풍자한 시이다. 즉 선한 군자만이 마음을 발휘하여 균평하게 할 수 있고, 그의 위엄스러운 행동거지에 어그러짐이 없으며, 이처럼 어그러짐이 없기 때문에 사방의 나라들을 올바르게 할 수 있다는 의미이다.

孔疏 ●“此之謂也”者, 言詩之所云, 正當此聖人有禮之謂也.

번역 ●經文: “此之謂也”. ○『시』에서 언급한 내용은 바로 성인이 예(禮)를 갖췄다는 뜻에 해당한다는 의미이다.

孔疏 ◎注云“韓詩”至“軾前”. ○正義曰: 此鸞和所在, 謂朝祀所乘之車, 若田獵之車則鸞在鑣也. 故詩·秦風云“輶車鸞鑣”, 箋云“置鸞於鑣, 異於乘車”. 是乘車鸞在衡也. 然鄭於商頌箋云“在軾曰和, 在鑣曰鸞”, 彼亦乘車, 鸞在鑣, 與秦詩箋不同者, 鄭於秦詩已解, 故於商頌略而不言, 或可以經無正文, 鄭爲兩說.

번역 ◎鄭注: “韓詩”～“軾前”. ○난(鸞)과 화(和)가 달려 있는 것은 조회와 제사 때 타는 수레를 뜻하니, 사냥에 사용하는 수레라면, 난(鸞)은 말의 고삐에 달게 된다. 그러므로『시』「진풍(秦風)」에서는 "가벼운 수레에 방울 달린 재갈이여."[8]라고 말한 것이고, 전문(箋文)에서는 "말의 재갈에 난을 다니, 승거(乘車)[9]와 구별하기 위해서이다."라고 한 것이다. 이 말은 승거에 다는 난은 수레의 형(衡)에 달려 있었음을 나타낸다. 그런데『시』「상송(商頌)」편에 대한 정현의 전문에서는 "수레의 식(軾)에 달려 있는 방울을 화(和)라고 부르고, 말의 고삐에 달려 있는 방울을 난(鸞)이라고 부른다."[10]라고 했는데, 「상송」편에서 말한 수레 또한 승거임에도 난이 말의 고삐에 달려 있다고 하여, 「진풍」편의 전문과 차이를 보인다. 그 이유는 정현은 「진풍」편에서 이미 풀이를 했기 때문에 「상송」편에서는 생략하여 언급하지 않은 것이거나 그것이 아니면 경문 중 그와 관련된 정확한 기록이 없었기 때문에 정현이 이처럼 두 가지 주장을 하게 된 것이다.

訓纂 說文: 鸞, 人君乘車四馬鑣八鸞, 鈴象鸞鳥聲, 和則敬也.

번역『설문』[11]에서 말하길, '난(鸞)'은 군주가 네 마리의 말이 끄는 수레에 탈 때 말의 재갈에 다는 8개의 방울이니, 그 방울은 난조라는 새의 소리를 본뜬 것이며, 화(和)는 공경함을 뜻한다.

訓纂 續漢書輿服志注引許愼曰: "八鸞鎗鎗", 則一馬二鸞也. 又曰: "輶車鸞鑣", 知非衡也.

번역『속한서』「여복지(輿服志)」편의 주에서는 허신[12]의 주장을 인용

---

8)『시』「진풍(秦風)·사철(駟驖)」: 遊于北園, 四馬旣閑. 輶車鸞鑣, 載獫歇驕.
9) 승거(乘車)는 바퀴가 6척(尺) 6촌(寸)의 크기인 수레를 뜻하니, 군왕에게 있어서는 옥로(玉路)·금로(金路)·상로(象路)에 해당한다. '옥로'는 옥으로 장식한 수레를 뜻한다. '금로'는 금으로 장식한 수레를 뜻한다. '상로'는 상아로 장식한 수레를 뜻한다.
10) 이 문장은『시』「소아(小雅)·요소(蓼蕭)」편의 "旣見君子, 儵革忡忡. 和鸞雝雝, 萬福攸同."이라는 기록에 대한 전문(傳文)이다.
11)『설문해자(說文解字)』는 후한(後漢) 때의 학자인 허신(許愼)이 찬(撰)했다고 전해지는 자서(字書)이다.『설문(說文)』이라고도 칭해진다. A.D.100년경에 완성되었다고 전해진다. 글자의 형태, 뜻, 음운(音韻)을 수록하고 있다.

하여 "8개의 방울이 창창히 울리는구나."[13]라고 했으니, 1마리의 말에는 2개의 방울을 다는 것이다. 또 말하길, "가벼운 수레에 방울달린 재갈이여." 라고 했으니, 방울은 수레의 형(衡)에 달았던 것이 아님을 알 수 있다.

訓纂 左傳正義云: 案考工記, "輪崇·車廣·衡長, 參如一", 則衡之所容, 唯兩服馬耳. 詩辭每言"八鸞", 當謂馬有二鸞, 鸞若在衡, 衡唯兩馬, 安得置八鸞乎? 以此知鸞必在鑣.

번역 『좌전정의』에서 말하길, 『고공기』[14]를 살펴보면, "바퀴의 높이, 수레의 너비, 형(衡)의 길이에 있어서, 세 가지는 동일하게 한다."[15]라고 했으니, 형(衡)의 길이가 수용할 수 있는 폭은 오직 4마리의 말 중 가운데에 있는 2마리의 복마(服馬)에 해당할 뿐이다. 『시』에서는 매번 '팔란(八鸞)'이라고 했으니, 이것은 마땅히 말에 2개의 방울을 단다는 것을 뜻하며, 방울을 만약 수레의 형(衡)에 달았다면 형(衡)은 오직 2마리의 말만 연결하게 되는데, 어떻게 8개의 방울을 달 수 있겠는가? 그러므로 이러한 기록을 통해서 난(鸞)이 분명 말의 재갈에 달려 있었다는 사실을 알 수 있다.

---

12) 허신(許愼, A.D.30~A.D.124) : =허숙중(許叔重). 후한(後漢) 때의 학자이다. 자(字)는 숙중(叔重)이다. 『설문해자(說文解字)』의 저자로 널리 알려져 있으며, 다른 저서로는 『오경이의(五經異義)』가 있으나 산일되었다. 『오경이의』는 송대(宋代) 때 다시 편찬되었으나 진위를 따지기 힘들다.

13) 『시』「소아(小雅)·채기(采芑)」: 薄言采芑, 于彼新田, 于此中鄉. 方叔涖止, 其車三千, 旂旐央央. 方叔率止, 約軝錯衡, 八鸞瑲瑲. 服其命服, 朱芾斯皇, 有瑲葱珩.

14) 『고공기(考工記)』는 『동관고공기(冬官考工記)』라고도 부른다. 공인(工人)들에 대한 공예기술(工藝技術) 서적이다. 작자는 미상이다. 강영(江永)은 『고공기』의 작자를 제(齊)나라 사람으로 추정하였고, 곽말약(郭沫若)은 춘추시대(春秋時代) 말기에 제나라에서 제작된 관서(官書)와 관련이 깊다고 추정하였다. 『주례(周禮)』는 천관(天官), 지관(地官), 춘관(春官), 하관(夏官), 추관(秋官), 동관(冬官) 등 육관(六官)의 체제로 구성되어 있는데, 그 중 '동관'에 대한 기록이 누락되어 있어서, 한(漢)나라 무제(武帝) 때, 『고공기』를 가지고 누락된 부분을 보충하게 되었다. 그렇기 때문에 『고공기』를 또한 『동관고공기』라고도 부르는 것이다. 각종 공인들의 직책과 직무들이 기록되어 있다.

15) 『주례』「동관고공기(冬官考工記)·여인(輿人)」: 輿人爲車, 輪崇·車廣·衡長, 參如一, 謂之參稱.

集解 吳氏澄曰: 聖者, 生知之智, 無所不通者也. 序, 謂言之有次第也.

번역 오징[16]이 말하길, '성(聖)'은 태어나면서부터 이치를 알고 있는 지혜로운 자이니, 달통하지 않은 것이 없다. '서(序)'는 말에 순서가 있다는 뜻이다.

集解 愚謂: 天子之所以德配天地, 明並日月, 非求之於遠也, 亦惟自其一身正之, 使外無非禮之動, 而內無非僻之干而已, 故引詩言"其儀不忒, 正是四國"者以明之.

번역 내가 생각하기에, 천자가 그 덕을 천지에 짝하고 밝음을 해 및 달과 함께 하는 방법은 멀리에서 구하는 것이 아니니, 이 또한 자신을 바르게 하여, 외적으로 비례의 행동이 없도록 하고, 내적으로 사악함이 간여하지 못하도록 하는 것일 뿐이다. 그렇기 때문에 『시』에서 "그의 위엄스러운 행동이 어긋나지 않아서 사방의 나라들을 바르게 하는구나."라고 했던 말을 인용해서 그 사실을 나타낸 것이다.

참고 『시』「조풍(曹風)·시구(鳲鳩)」

鳲鳩在桑, (시구재상) : 시구새가 뽕나무에 있으니,
其子七兮. (기자칠혜) : 그 자식이 일곱이로다.
淑人君子, (숙인군자) : 선한 군자여,
其儀一兮. (기의일혜) : 그 위엄스러운 행동거지가 한결같구나.
其儀一兮, (기의일혜) : 그 위엄스러운 행동거지가 한결같으니,
心如結兮. (심여결혜) : 마음을 씀이 맺혀있듯 굳건하구나.
鳲鳩在桑, (시구재상) : 시구새가 뽕나무에 있으니,
其子在梅. (기자재매) : 그 자식이 날아올라 매화나무에 있구나.

---

16) 오징(吳澄, A.D.1249~A.D.1333) : =임천오씨(臨川吳氏)·오유청(吳幼淸)·초려오씨(草廬吳氏). 송원대(宋元代)의 유학자이다. 이름은 징(澄)이다. 자(字)는 유청(幼淸)이다. 저서로 『예기해(禮記解)』가 있다.

淑人君子, (숙인군자) : 선한 군자여,
其帶伊絲. (기대이사) : 그 대대(大帶)[17]는 흰색의 실로 만들고 잡색을 섞
　　　　　　　　　　어 장식을 했구나.
其帶伊絲, (기대이사) : 그 대대(大帶)는 흰색의 실로 만들고 잡색을 섞어
　　　　　　　　　　장식을 했는데,
其弁伊騏. (기변이기) : 그 피변(皮弁)[18]의 장식은 옥으로 만들었구나.

鳲鳩在桑, (시구재상) : 시구새가 뽕나무에 있으니,
其子在棘. (기자재극) : 그 자식이 날아올라 가시나무에 있구나.
淑人君子, (숙인군자) : 선한 군자여,
其儀不忒. (기의불특) : 그 위엄스러운 행동이 어긋나지 않는구나.
其儀不忒, (기의불특) : 그 위엄스러운 행동이 어긋나지 않으니,
正是四國. (정시사국) : 사방의 나라들을 바르게 하는구나.

鳲鳩在桑, (시구재상) : 시구새가 뽕나무에 있으니,
其子在榛. (기자재진) : 그 자식이 날아올라 개암나무에 있구나.
淑人君子, (숙인군자) : 선한 군자여,
正是國人. (정시국인) : 사방의 나라들을 바르게 하는구나.
正是國人, (정시국인) : 사방의 나라들을 바르게 하니,
胡不萬年. (호불만년) : 어찌 만년을 누리지 않겠는가.

毛序 鳲鳩, 刺不壹也, 在位無君子, 用心之不壹也.

---

17) 대대(大帶)는 예복(禮服)에 사용하는 허리띠이다. 허리띠에는 혁대(革帶)와
'대대'가 있는데, 혁대는 가죽으로 만들어서 패옥 등을 차는 것이며, '대대'는
혁대 위에 흰 비단이나 누인 명주 등으로 만든 띠를 뜻한다. 대부(大夫) 이상
의 계급은 흰 비단으로 만들었으며, 폭을 4촌(寸)으로 만들었고, 사(士)는 누
인 명주로 만들었으며, 폭은 2촌으로 만들었다. 『예기』「옥조(玉藻)」편에는
"大夫大帶四寸."이라는 기록이 있고, 이에 대한 정현의 주에서는 "大夫以上
以素, 皆廣四寸, 士以練, 廣二寸."이라고 풀이했다.
18) 피변(皮弁)은 고대에 사용되었던 관(冠)의 한 종류이다. 백색 사슴의 가죽으
로 만든 모자이다. 한편 관(冠)에 따른 의복까지 포함한 의미로 사용되기도
한다. 『주례』「하관(夏官)·변사(弁師)」편에는 "王之皮弁, 會五采玉璂, 象邸, 玉
笄."라는 기록이 있다.

모서 「시구」편은 한결같지 않음을 풍자한 시이니, 지위에 있는 자들 중 군자가 없어서 마음을 쓰는 것이 한결같지 않기 때문이다.

그림 2-1 수레의 식(軾)

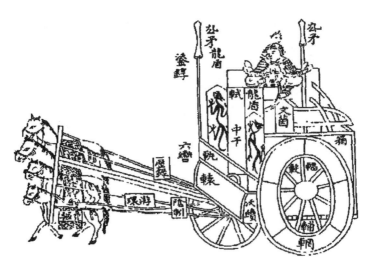

※ 출처: 『육경도(六經圖)』 3권

그림 2-2 수레의 형(衡)

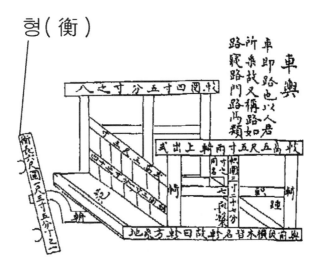

형(衡)

※ 출처: 『삼례도(三禮圖)』 2권

● 그림 2-3   패옥(佩玉)

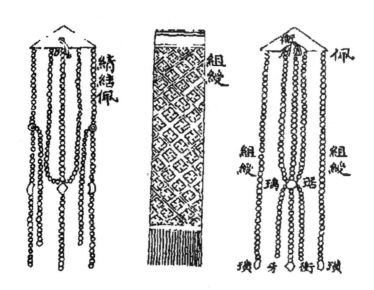

※ 출처: 『가산도서(家山圖書)』

그림 2-4 원(瑗)과 환(環)

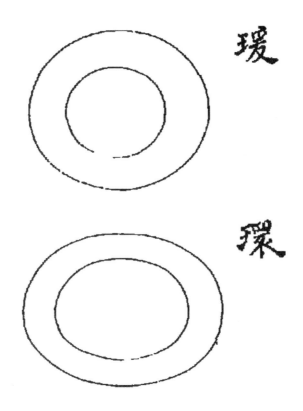

◎ 『주례도설』에는 원(瑗)과 환(環)의 설명이 뒤바뀌어 있다.

※ 출처: 『주례도설(周禮圖說)』 하권

그림 2-5 옥로(玉路)

玉輅

常 維 祭 服 人 節
  王 祀 袞 與 服
  之 朝 冕 王 氏
  太 覲   同 六

※ 출처:『삼례도집주(三禮圖集注)』9권

그림 2-6 후대 천자의 옥로(玉路)

玉輅

※ **출처:**『삼재도회(三才圖會)』「기용(器用)」 5권

그림 2-7 후대 천자의 금로(金路)

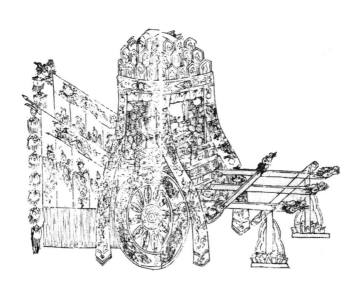

※ 출처:『삼재도회(三才圖會)』「기용(器用)」 5권

그림 2-8 후대 천자의 상로(象路)

※ **출처:** 『삼재도회(三才圖會)』「기용(器用)」5권

• 제3절 •

패왕(霸王)과 의(義) · 신(信) · 화(和) · 인(仁)

【589a~b】

> 發號出令而民說, 謂之和; 上下相親, 謂之仁; 民不求其所欲
> 而得之, 謂之信; 除去天地之害, 謂之義. 義與信, 和與仁,
> 霸王之器也. 有治民之意而無其器, 則不成.

직역 號를 發하고 令을 出하여 民이 說하면, 和라 謂하고; 上下가 相히 親하면, 仁이라 謂하며; 民이 그 欲한 所를 不求라도 得하면, 信이라 謂하고; 天地의 害를 除去하면, 義라 謂한다. 義와 信, 和와 仁은 霸王의 器이다. 民을 治하는 意가 有하더라도 그 器가 無라면, 不成한다.

의역 호령하고 명령을 내렸는데 백성들이 기뻐한다면 이것을 화(和)라고 부른다. 상하계층이 서로 친애하는 것을 인(仁)이라고 부른다. 백성들이 하고자 하는 것을 바라지 않더라도 얻게 되면 이것을 신(信)이라고 부른다. 천지의 해악을 제거하면 의(義)라고 부른다. 의(義) · 신(信) · 화(和) · 인(仁)은 패왕의 도구이다. 백성들을 다스리려는 뜻이 있더라도, 그 도구가 없다면 완성되지 않는다.

集說 馮氏曰: 論義 · 信 · 和 · 仁之道, 而以王霸並言之, 豈孔子之言?

번역 풍씨[1]가 말하길, 의(義) · 신(信) · 화(和) · 인(仁)의 도를 논하면서 패왕을 함께 언급했으니, 어찌 공자의 말이겠는가?

大全 馬氏曰: 號令之出, 適當人心, 而可否有以相濟, 和之至也. 親親者,

---

1) 양헌풍씨(亮軒馮氏, ?~?) : =풍씨(馮氏). 자세한 행적이 남아 있지 않다.

仁之始, 上下相親者, 仁之終. 上下之勢尊卑異宜, 而有以相親者, 以其上有恩以恤下, 下有力以衛上, 歡然有恩以相愛, 故謂之仁. 有餘則賂之, 不足則求之, 相滋以濕, 相濡以沫, 而以爲信, 皆信之末也. 至於民不求其所欲, 安其居, 樂其俗, 至於老死而不相往來, 則信之極也. 不求其所欲而得之者, 有以興其利也. 有以興其利, 而其害不可以不去, 則又卒之以除去天地之害, 謂之義. 孟子曰, 驅虎豹犀象而遠之, 而天下大悅. 周官鳥獸之害人者, 莫不有職, 凡以此而已.

번역 마씨가 말하길, 내놓은 호령과 명령이 사람들의 마음에 합당하여 가능하다고 여기는 쪽과 그렇지 않다고 여기는 쪽이 서로 도울 수 있는 것이 화(和)의 지극함이다. 부모를 친애하는 것은 인(仁)의 시작이며, 상하계층이 서로 친애하는 것은 인(仁)의 끝이다. 상하계층은 세력과 신분에 있어서 마땅함을 달리하지만 서로 친애할 수 있는 것은 위정자가 은혜를 베풀어서 백성들을 구휼하고, 백성들은 힘을 발휘하여 위정자를 보호하여, 기뻐하며 은혜를 베풀어서 서로 친애하기 때문에 인(仁)이라고 부른다. 풍부하면 나눠주고 부족하면 구하는데, 마치 물기를 통해 서로 윤택하게 해주고 적셔주는 것과 같음을 신(信)이라고 여기지만, 이 모두는 신(信) 중에서도 말단에 해당한다. 백성들이 바라는 것을 구하지 않는 경지에 도달하게 되면, 거처를 편안히 여기고 풍속을 즐거워하게 되며, 늙어 죽더라도 서로 왕래하지 않는 경지2)에 도달하게 되면 신(信) 중에서도 지극함에 해당한다. "바라는 것을 구하지 않아도 얻는다."는 말은 이로움을 번창시킬 수 있기 때문이다. 이로움을 번창시킬 수 있더라도 해악은 제거하지 않을 수 없으니, 또한 천지의 해악을 제거하는 것을 의(義)라고 부른다고 마무리를 지은 것이다. 『맹자』에서 "호랑이·범·코뿔소·코끼리를 멀리 쫓아내니 천하의 백성들이 크게 기뻐하였다."3)라고 했고, 『주례』에 사람에게 해를 끼치는 조수들에 대해 모두 담당하는 직무가 있는 것은 이러한 이유 때문

---

2) 『노자(老子)』「80장」: 隣國相望, 鷄犬之聲相聞, 民至老死不相往來.
3) 『맹자』「등문공하(滕文公下)」: 及紂之身, 天下又大亂. 周公相武王誅紂, 伐奄三年討其君, 驅飛廉於海隅而戮之, 滅國者五十, 驅虎·豹·犀·象而遠之, 天下大悅.

이다.

大全 臨川吳氏曰: 和仁信義, 皆謂施於有政, 如器之可操執. 苟徒有治民之意, 而無此器, 則是雖有不忍人之心, 而無不忍人之政也. 不成, 謂不完成也. 然四者之器, 又須有禮, 故雖有政, 必有禮以齊之, 故下文遂推說禮之功用. 霸者, 諸侯之長, 王者, 天子之稱. 此篇第一節言諸侯之教, 第二節言天子之德, 故於此總言之, 而曰霸王之器.

번역 임천오씨가 말하길, 화(和)·인(仁)·신(信)·의(義)는 모두 정치를 통해서 베풀어지는데, 이것은 마치 잡을 수 있는 기물과 같다. 만약 백성들을 다스리려는 뜻만 있고 이러한 기물이 없다면, 이것은 비록 남을 차마 해치지 못하는 마음이 있더라도, 차마 남을 해치지 못하는 정치가 없는 경우이다. '불성(不成)'은 완성하지 못한다는 뜻이다. 그런데 이러한 네 가지 기물들은 또한 예(禮)가 있어야만 한다. 그렇기 때문에 비록 정치를 시행하더라도 반드시 예를 통해 다듬어야 한다. 그러므로 아래문장에서는 결국 예의 효과와 쓰임에 대해서 폭넓게 설명하고 있는 것이다. '패(霸)'는 제후들의 수장이다. '왕(王)'은 천자에 대한 칭호이다. 「경해」편의 첫 문단에서는 제후가 시행하는 가르침을 언급했고, 두 번째 문단에서는 천자의 덕을 언급했기 때문에, 이곳에서 총괄적으로 말하여, '패자와 제왕의 기물'이라고 했다.

鄭注 器, 謂所操以作事者也. 義·信·和·仁, 皆存乎禮.

번역 '기(器)'는 잡고서 일을 시행하는 것을 뜻한다. 의(義)·신(信)·화(和)·인(仁)은 모두 예(禮)에 보존되어 있다.

釋文 說音悅. 去, 羌呂反, 下同. 王, 徐于況反. 操, 七刀反.

번역 '說'자의 음은 '悅(열)'이다. '去'자는 '羌(강)'자와 '呂(려)'자의 반절음이며, 아래문장에 나오는 글자도 그 음이 이와 같다. '王'자의 서음(徐音)

은 '于(우)'자와 '況(황)'자의 반절음이다. '操'자는 '七(칠)'자와 '刀(도)'자의 반절음이다.

孔疏 ●"民不求其所欲而得之, 謂之信"者, 謂明君在上, 賙贍於下, 民不須營求所欲之物, 自然得之, 是在上信實, 恩能覆養故也. 猶若尙書傳稱"民擊壤而歌, 鑿井而飮, 耕田而食, 帝有何力", 是不求其所欲也. 天不言而四時行, 是信若四時, 故云"謂之信"也.

번역 ●經文: "民不求其所欲而得之, 謂之信". ○현명한 군주가 위정자의 자리에 있어서 백성들을 구휼하면, 백성들은 바라던 사물을 애써서 찾지 않아도 자연히 얻게 되니, 이것은 위정자가 믿음이 있고 진실하여 은혜를 펼쳐 백성들을 덮어주고 길러줄 수 있기 때문이라는 뜻이다. 이것은 『상서대전』에서 "백성들이 흙덩이를 두드리며 노래를 부르고, 우물을 파서 물을 마시고 밭을 갈아서 밥을 먹는데, 제왕이 어떤 수고를 하겠는가."라고 한 말과 같으니, 바라는 것을 구하지 않는다는 뜻이다. 하늘이 아무런 말을 하지 않아도 사계절은 저절로 운행하니,4) 이것은 믿음이 사계절의 운행과 같음을 뜻한다. 그렇기 때문에 "신(信)이라고 부른다."라고 했다.

孔疏 ●"除去天地之害, 謂之義"者, 義, 宜也. 天地無害於物, 有宜故爲義. 天地害者, 謂水旱之等及疫癘之屬, 及天地之內有惡事害人, 皆名天地之害也.

번역 ●經文: "除去天地之害, 謂之義". ○'의(義)'자는 마땅함[宜]을 뜻한다. 천지는 사물에게 해를 끼치는 일이 없고, 마땅함을 갖추고 있기 때문에 의(義)가 된다. 천지의 해악이라는 것은 수재나 가뭄 및 역병 등이나 천지 안에서 발생한 나쁜 일들이 사람에게 피해를 끼치는 것들을 뜻하니, 이러한 것들을 모두 천지의 해악이라고 부른 것이다.

---

4) 『논어』「양화(陽貨)」: 子曰, "予欲無言." 子貢曰, "子如不言, 則小子何述焉?" 子曰, "天何言哉? 四時行焉, 百物生焉, 天何言哉?"

孔疏 ●"霸王之器"者, 器, 謂人所操持以作事物者. 欲爲其事, 必先利其器, 言欲作霸王, 必須義・信・和・仁, 是霸王之器也.

번역 ●經文: "霸王之器". ○'기(器)'는 사람이 잡고서 어떤 일을 시행하는 것이다. 해당하는 일을 시행하고자 한다면 반드시 그보다 앞서 그 기물을 정돈해야 하니, 이것은 패왕이 되려고 한다면 반드시 의(義)・신(信)・화(和)・인(仁)을 갖춰야 한다는 뜻으로, 이것들은 패왕의 도구가 된다.

集解 上言其德之具於身, 此又言其德之施於政者也. 人君操四者以治民, 猶人操器以作事, 有治民之意而無其器則不成, 所謂徒善不可以爲政也.

번역 앞에서는 자신이 갖춰야 하는 덕에 대해서 언급했고, 이곳에서는 또한 덕을 정치에 펼치는 일을 언급했다. 군주는 이러한 네 가지 것들을 가지고서 백성들을 다스리는데, 이것은 사람이 기물을 잡고서 일을 시행하는 것과 같으니, 백성들을 다스리려는 뜻만 있고 이러한 기물들이 없다면 완성하지 못한다는 말은 단지 선한 마음만 가지고는 정치를 시행할 수 없다는 뜻이다.[5]

---

5) 『맹자』「이루상(離婁上)」: 故曰, <u>徒善不足以爲政</u>, 徒法不能以自行.

• 제 4 절 •

예(禮)와 정치

【589c】

禮之於正國也, 猶衡之於輕重也, 繩墨之於曲直也, 規矩之於
方圓也. 故衡誠縣, 不可欺以輕重; 繩墨誠陳, 不可欺以曲直;
規矩誠設, 不可欺以方圓, 君子審禮, 不可誣以姦詐.

직역 禮가 國을 正함에 대한 것은 衡이 輕重을 대함과 繩墨이 曲直을 대함과
規矩가 方圓을 대함과 猶하다. 故로 衡이 誠히 縣하면, 欺하길 輕重으로써 함이
不可하며; 繩墨이 誠히 陳하면, 欺하길 曲直으로써 함이 不可하고; 規矩가 誠히
設하면, 欺하길 方圓으로써 함이 不可하니, 君子가 禮에 審하면, 誣하길 姦詐로써
함이 不可하다.

의역 예(禮)가 나라를 바르게 하는 것은 저울이 경중을 헤아리고 먹줄이 굽은
것과 곧은 것을 정하며, 원형자와 굽은자가 사각형과 원형을 가려내는 것과 같다.
그러므로 저울이 분명하다면 경중을 가지고 속일 수가 없으며, 먹줄이 분명하다면
굽은 것과 곧은 것으로 속일 수가 없고, 원형자와 굽은자가 분명하다면 사각형과
원형으로 속일 수가 없으니, 군자가 예를 잘 살피면, 간사함으로 속일 수가 없다.

集說 方氏曰: 輕者禮之小, 重者禮之大, 若大者不可損, 小者不可益, 是矣.
曲者, 禮之煩, 直者, 禮之簡, 若易則易, 于則于, 是矣. 方者, 禮之常, 圓者,
禮之變, 若以禮爲體者, 禮之常也; 以義起禮者, 禮之變也. 禮之用如是, 故君
子審禮, 不可誣以姦詐也.

번역 방씨가 말하길, '경(輕)'은 예(禮) 중에서도 작은 것이고, '중(重)'은

예 중에서도 큰 것이니, "본래부터 커야 하는 것은 덜어내서는 안 되고, 본래부터 작아야 하는 것은 보태서는 안 된다."[1]는 말이 바로 이러한 뜻에 해당한다. '곡(曲)'은 예 중에서도 번잡한 것이고, '직(直)'은 예 중에서도 간략한 것이니, "그 사안이 간이한 경우라면, 간이한 예법을 시행하게 되고, 군주께서 찾아오셔서 그 사안이 커진 경우라면, 융성한 예법을 시행하게 된다."[2]는 말이 바로 이러한 뜻에 해당한다. '방(方)'은 예 중에서도 상례(常禮)에 해당하고, '환(圜)'은 예 중에서도 변례(變禮)에 해당하는 것이니, 예를 본체로 삼는 것은 예 중에서도 상례가 되고, 의(義)에 따라 예를 일으킨 것은 예 중에서도 변례가 되는 것과 같다. 예의 운용이 이와 같기 때문에 군자가 예를 잘 살피면, 간사함으로 속일 수가 없다.

大全 馬氏曰: 衡也, 繩墨也, 規矩也, 所以喩乎禮. 輕重也, 曲直也, 方圜也, 所以喩人情. 爲國必以禮, 則民有格心而事無失當, 猶衡之於輕重, 繩墨之於曲直, 規矩之於方圜, 皆無失其當也. 大匠生規矩, 而不能捨規矩, 以正方圜. 君子者, 禮義之所自出, 而不能捨禮義, 以正國, 故君子審禮, 不可誣以姦詐也.

번역 마씨가 말하길, 저울·먹줄·원형자·굽은자는 예(禮)를 비유한 것이다. 가벼운 것과 무거운 것·굽은 것과 곧은 것·사각형과 원형은 인정을 비유한 것이다. 나라를 다스릴 때 반드시 예에 따른다면, 백성들은 마음을 바르게 하며 그 사안도 마땅함을 잃는 경우가 없게 되니, 저울이 경중을 헤아리고, 먹줄이 굽고 곧은 것을 정하고, 원형 자와 굽은 자가 사각형과 원형을 가려냄에 모두 마땅함을 잃지 않는 경우와 같다. 큰 목수가 원형 자와 굽은 자를 만들어냈는데,[3] 원형 자와 굽은 자를 버리고서는 사각형과

---

1) 『예기』「예기(禮器)」【305c~d】: 禮也者, 猶體也. 體不備, 君子謂之不成人. 設之不當, 猶不備也. 禮有大有小, 有顯有微. 大者不可損, 小者不可益, 顯者不可揜, 微者不可大也. 故經禮三百, 曲禮三千, 其致一也. 未有入室而不由戶者.
2) 『예기』「단궁하(檀弓下)」【135a】: 有司曰: "諸侯之來辱敝邑者, 易則易, 于則于, 易于雜者, 未之有也."
3) 『맹자』「고자상(告子上)」: 孟子曰, "羿之教人射, 必志於彀, 學者亦必志於彀.

원형을 바르게 할 수 없다. 군자는 예의(禮義)를 만들어내는 자인데, 예의를 버리고서는 나라를 바르게 할 수 없다. 그렇기 때문에 군자가 예를 자세히 살피면 간사함으로 속일 수가 없다.

鄭注 衡, 稱也. 縣, 謂錘也. 陳·設, 謂彈·畫也. 誠, 猶審也, 或作成.

번역 '형(衡)'은 저울[稱]이다. '현(縣)'자는 저울추[錘]를 뜻한다. '진(陳)'자와 '설(設)'자는 먹줄을 당기고 금을 그린다는 뜻이다. '성(誠)'자는 "살핀다[審]."는 뜻이며, 다른 판본에서는 '성(成)'자로 기록하기도 한다.

釋文 圜音圓. 縣音玄, 與注同. 稱, 尺證反. 錘, 直僞反. 彈, 徒丹反. 畫, 胡麥反.

번역 '圜'자의 음은 '圓(원)'이다. '縣'자의 음은 '玄(현)'이며, 정현의 주에 나오는 글자도 그 음이 이와 같다. '稱'자는 '尺(척)'자와 '證(증)'자의 반절음이다. '錘'자는 '直(직)'자와 '僞(위)'자의 반절음이다. '彈'자는 '徒(도)'자와 '丹(단)'자의 반절음이다. '畫'자는 '胡(호)'자와 '麥(맥)'자의 반절음이다.

孔疏 ●"禮之於正國也"至"治民莫善於禮, 此之謂也". ○正義曰: 此一節贊明禮事之重, 治國之急.

번역 ●經文: "禮之於正國也"~"治民莫善於禮, 此之謂也". ○이곳 문단은 예(禮)의 사안이 중대하며, 나라를 다스리는 급선무임을 나타내고 있다.

孔疏 ●"故衡誠縣, 不可欺以輕重"者, 衡, 謂稱衡. 縣, 謂稱錘. 誠, 審也. 若稱衡詳審縣錘, 則輕重必正, 故云"不可欺以輕重".

번역 ●經文: "故衡誠縣, 不可欺以輕重". ○'형(衡)'자는 저울을 뜻한다.

大匠誨人必以規矩, 學者亦必規矩."

'현(縣)'자는 저울의 추를 뜻한다. '성(誠)'자는 "살핀다[審]."는 뜻이다. 만약 저울에 대해서 추를 거는 것을 자세히 살피면, 경중이 반드시 올바르게된다. 그렇기 때문에 "경중으로 속일 수 없다."라고 했다.

孔疏 ●"繩墨誠陳, 不可欺以曲直", 陳, 謂陳列, 若繩墨審能陳列, 則曲直必當, 故云"不可欺以曲直".

번역 ●經文: "繩墨誠陳, 不可欺以曲直". ○'진(陳)'자는 진열하다는 뜻이니, 만약 먹줄로 금 긋는 것을 자세히 살필 수 있다면, 굽은 것과 곧은것은 반드시 마땅하게 된다. 그렇기 때문에 "굽은 것과 곧은 것으로 속일수 없다."라고 했다.

孔疏 ●"規矩誠設, 不可欺以方圜"者, 規, 所以正圜; 矩, 所以正方; 設謂置設. 若規矩詳審置設, 則方圜必得, 故云"不可欺以方圜".

번역 ●經文: "規矩誠設, 不可欺以方圜". ○'규(規)'는 원형을 바르게 하는 자이고, '구(矩)'는 사각형을 바르게 하는 자이다. '설(設)'자는 설치하다는 뜻이다. 만약 원형 자와 굽은 자에 대해서 대는 것을 상세히 살피면 사각형과 원형이 반드시 마땅하게 된다. 그렇기 때문에 "사각형과 원형으로 속일 수 없다."라고 했다.

孔疏 ●"君子審禮, 不可誣以姦詐", 設譬既畢, 故以此言結之. 言君子之人, 若能審詳於禮, 則奸詐自露, 不可誣罔也.

번역 ●經文: "君子審禮, 不可誣以姦詐". ○비유를 드는 일이 모두 끝났기 때문에, 이러한 말을 통해 결론을 맺은 것이다. 즉 군자가 예(禮)에 대해서 상세히 살필 수 있다면, 간사한 것들이 저절로 드러나게 되어 망령되게속일 수 없다는 뜻이다.

【589d~590a】

是故隆禮由禮, 謂之有方之士; 不隆禮不由禮, 謂之無方之民, 敬讓之道也. 故以奉宗廟則敬; 以入朝廷則貴賤有位; 以處室家則父子親兄弟和; 以處鄉里則長幼有序. 孔子曰, "安上治民, 莫善於禮", 此之謂也.

직역 是故로 禮를 隆하고 禮에 由하면, 方이 有한 士라 謂하며; 禮를 不隆하고 禮에 不由하면, 方이 無한 民이라 謂하니, 敬讓이 道이다. 故로 이로써 宗廟를 奉하면 敬하고; 이로써 朝廷에 入하면 貴賤에 位가 有하며; 이로써 室家에 處하면 父子가 親하고 兄弟가 和하며; 이로써 鄉里에 處하면 長幼에 序가 有한다. 孔子가 曰, "上을 安하고 民을 治함에, 禮보다 善함이 莫하다", 此를 謂함이다.

의역 이러한 까닭으로 예(禮)를 융성하게 높이고 예에 따르는 자를 도를 갖춘 사라고 부르고, 예를 융성하게 높이지 않고 예에 따르지 않는 자를 도가 없는 백성이라고 부르니, 공경히 처신하며 겸양하는 도를 뜻한다. 그러므로 이를 통해 종묘의 제사를 받들게 되면 공경하게 되고, 이를 통해 조정에 들어가서 행동하게 되면 귀천의 등급에 합당한 지위가 생기며, 이를 통해 집에서 처신하게 되면 부자관계에서 친애하게 되고 형제관계에서 화목하게 되고, 이를 통해 마을에서 처신하게 되면 장유관계에 질서가 생긴다. 공자는 "위정자를 편안하게 만들고 백성들을 다스리는 것 중에서 예보다 좋은 것이 없다."라고 했으니, 바로 이러한 뜻을 나타낸다.

集說 篇首孔子曰, 記者述孔子之言也. 是故以下, 疑是記者之言, 故引孝經孔子之言以結之也.

번역 「경해」편의 첫 머리에서는 '공자왈(孔子曰)'이라고 했는데, 이것은 『예기』를 기록한 자가 공자의 말을 조술한 것이다. '시고(是故)' 이하의 말은 아마도 『예기』를 기록한 자의 말일 것이다. 그렇기 때문에 『효경』에 나오는 공자의 말을 인용하여 결론을 맺은 것이다.[4]

集說 方氏曰: 隆, 言隆之而高. 由, 言由乎其中. 隆禮所以極高明, 由禮所以道中庸; 極高明所以立本, 道中庸所以趨時. 立本趨時雖若不同, 要之不離於道而已, 故謂之有方之士也. 道無方也, 體之於禮則爲有方, 此以禮爲主, 故謂之方焉. 士志於道, 故於有方曰士; 民無常心, 故於無方曰民.

번역 방씨가 말하길, '융(隆)'자는 융성하게 해서 높인다는 뜻이다. '유(由)'자는 그 안에서 따른다는 뜻이다. 예(禮)를 높이는 것은 높고 밝음을 지극히 하는 것이며, 예에 따르는 것은 중용에 따르는 것이다.5) 높고 밝음을 지극히 하는 것은 근본을 세우는 것이며, 중용에 따르는 것은 시의를 쫓는 것이다. 근본을 세우고 시의를 쫓는 것이 비록 동일하지 않은 것처럼 보이지만, 요약해보면 모두 도(道)에서 벗어나지 않을 따름이다. 그렇기 때문에 방(方)을 갖춘 선비라고 부른다. 도(道)에는 본래 고정된 방소가 없지만, 그것을 예(禮)로 체현하게 되면 방소가 생긴다. 이곳의 기록은 예(禮)를 위주로 삼은 것이기 때문에 도(道)를 방(方)이라고 부른 것이다. 사는 도에 뜻을 두었기 때문에6) 방소를 갖춘 자에 대해서 사(士)라고 말한 것이며, 백성들은 항상된 마음이 없기 때문에 방소가 없는 자에 대해서 민(民)이라고 말한 것이다.

大全 臨川吳氏曰: 隆者, 其崇重之心, 由者, 其踐行之迹. 方, 猶法也. 有方之士, 謂持守理法之善人, 以其善, 故加以美稱而謂之士. 無方之民, 謂踰越理法之惡人, 以其惡, 故濟於編氓而謂之民. 蓋禮者, 敬讓之道也. 人皆隆禮由禮, 則凡奉宗廟者皆敬先, 入朝廷者皆敬貴, 處室家者皆讓父兄, 處鄕里者皆讓長老. 敬讓之道, 達於宗廟朝廷室家鄕里, 故上爲下之所敬讓, 而居上者不危, 不危則安矣. 民知君之當敬讓, 而爲民者不亂, 不亂則治矣. 其安其治, 皆由有禮而然, 故曰莫善於禮. 記者推言禮之功用, 而引孔子之言, 以結之也.

---

4) 『효경』「광요도장(廣要道章)」: 安上治民, 莫善於禮. 禮者, 敬而已矣.
5) 『중용』「27장」: 故君子尊德性而道問學, 致廣大而盡精微, 極高明而道中庸, 溫故而知新, 敦厚以崇禮.
6) 『논어』「이인(里仁)」: 子曰, "士志於道, 而恥惡衣惡食者, 未足與議也."

번역 임천오씨가 말하길, '융(隆)'은 존숭하는 마음을 뜻하고, '유(由)'는 실천하는 행적을 뜻한다. '방(方)'자는 법도[法]를 뜻한다. '유방지사(有方之士)'는 이치와 법도를 지키는 선한 사람을 뜻하는데, 그는 선하기 때문에 아름다운 칭호를 붙여서 '사(士)'라고 부른 것이다. '무방지민(無方之民)'은 이치와 법도를 거스르는 악한 사람을 뜻하는데, 그는 악하기 때문에 평민들이라고 간주하여 '민(民)'이라고 부른 것이다. 무릇 예(禮)라는 것은 공경하고 겸양하는 도이다. 사람들이 모두 예를 융성하게 높이고 예에 따른다면 종묘의 제사를 모시는 자들은 모두 선조를 공경스럽게 대하고, 조정에 들어간 자들은 모두 존귀한 자를 공경스럽게 대하며, 집에 머무는 자들은 모두 부친과 형에게 겸양을 발휘하고, 마을에 머무는 자들은 모두 연장자와 노인에게 겸양을 발휘한다. 공경과 겸양의 도가 종묘·조정·집·마을에 두루 통하기 때문에 위정자는 백성들에게 공경과 겸양을 받아서 윗자리에 있는 자들이 위태롭지 않게 되고, 위태롭지 않다면 편안하게 된다. 백성들은 군주가 마땅히 공경과 겸양을 시행하고 있음을 알아서, 백성들은 혼란스럽지 않으니, 혼란스럽지 않다면 다스려지게 된다. 편안하고 다스려지는 것은 모두 예를 갖춘 것으로부터 이처럼 된다. 그렇기 때문에 "예보다 좋은 것이 없다."라고 한 것이다. 『예기』를 기록한 자는 효과와 쓰임을 자세히 밝히고 공자의 말을 인용하여 결론을 맺었다.

鄭注 隆禮, 謂盛行禮也. 方, 猶道也. 春秋傳曰: "敎之以義方."

번역 '융례(隆禮)'는 예를 융성하게 시행한다는 뜻이다. '방(方)'자는 도(道)를 뜻한다. 『춘추전』에서는 "가르치길 의(義)와 방(方)으로써 한다."[7]라고 했다.

孔疏 ●"是故隆禮由禮, 謂之有方之士"者, 隆, 盛也; 由, 行也; 方, 道也.

---

7) 『춘추좌씨전』「은공(隱公) 3년」: 臣聞愛子, <u>敎之以義方</u>, 弗納於邪. 驕·奢·淫·泆, 所自邪也.

若君子能隆盛行禮, 則可謂有道之士也. 反此則爲無知之民, 民是無知之稱故
也.

번역 ●經文: "是故隆禮由禮, 謂之有方之士". ○'융(隆)'자는 "융성하게
하다[盛]."는 뜻이다. '유(由)'자는 "시행하다[行]."는 뜻이다. '방(方)'자는
도(道)를 뜻한다. 만약 군자가 예(禮)를 융성하게 높이고 시행할 수 있다면
도를 갖춘 사라고 말할 수 있다. 이와 반대로 한다면 지혜가 없는 백성이
되니, 민(民)은 지혜가 없는 자를 지칭하는 말이기 때문이다.

孔疏 ●"敬讓之道也"者, 此言禮之爲用, 是敬讓之道也. 爲下文而起.

번역 ●經文: "敬讓之道也". ○예(禮)의 쓰임은 공경과 겸양의 도가 된
다는 뜻이다. 이것은 아래문장의 내용 때문에 제시한 말이다.

孔疏 ●"此之謂也"者, 從篇首"孔子曰: 入其國, 其敎可知也"至此"長幼有
序", 事相連接, 皆是孔子之辭, 記者錄之而爲記. 其理旣盡, 記者乃引孔子所
作孝經之辭以結之, 故云"此之謂也". 言孔子所云者, 正此經之所謂也.

번역 ●經文: "此之謂也". ○「경해」편의 첫 머리에서 "공자가 말하길,
'그 나라에 들어가면 그 나라의 가르침을 알 수 있다.'"라고 한 말로부터
이곳의 "장유관계에 질서가 생긴다."라고 한 말까지는 그 사안이 서로 연속
되므로, 이 모두는 공자의 말에 해당하는데, 『예기』를 기록한 자가 이것을
기술하여 『예기』의 문장으로 기록한 것이다. 그 이치를 이미 모두 진술하
였으므로, 『예기』를 기록한 자는 공자가 『효경』을 지으면서 했던 말을 인
용하여 결론을 맺었다. 그렇기 때문에 "이것을 뜻한다."라고 말한 것이다.
즉 공자가 한 말은 바로 이곳 경문에서 뜻하는 바에 해당한다는 의미이다.

孔疏 ◎注"春秋"至"義方". ○正義曰: 春秋左氏隱三年傳文, 衛莊公寵公
子州吁, 石碏諫云: "臣聞愛子, 敎之以義方, 弗納於邪." 引之者, 證方爲道也.

번역 ◎鄭注: "春秋"~"義方". ○이것은 『춘추좌전』 은공(隱公) 3년에 기록된 전문으로, 위(衛)나라 장공(莊公)이 공자 주우(州吁)를 총애했는데, 석작이 간언을 올리며 "신이 듣건대 자식을 사랑할 때에는 의와 도로써 가르쳐서 삿된 길로 들이지 말아야 한다고 했습니다."라고 했다. 이 말을 이용한 것은 '방(方)'자가 도(道)의 뜻이 됨을 증명하기 위해서이다.

集解 隆, 謂尊奉之. 由, 謂踐履之. 方, 道也. 禮以敬讓爲道, 故以之奉宗廟, 入朝廷, 處室家鄕黨, 無所往而不得其宜.

번역 '융(隆)'자는 존귀하게 받든다는 뜻이다. '유(由)'자는 실천한다는 뜻이다. '방(方)'자는 도(道)를 뜻한다. 예(禮)는 공경과 겸양을 도로 삼는다. 그렇기 때문에 이를 통해 종묘의 제사를 지내고 조정에 들어서며 가정과 마을에서 처신하게 되면, 가는 곳마다 합당함을 얻지 못하는 경우가 없게 된다.

【590b~c】

故朝覲之禮, 所以明君臣之義也; 聘問之禮, 所以使諸侯相尊敬也; 喪祭之禮, 所以明臣子之恩也; 鄕飮酒之禮, 所以明長幼之序也; 昏姻之禮, 所以明男女之別也. 夫禮, 禁亂之所由生, 猶坊止水之所自來也. 故以舊坊爲無所用而壞之者, 必有水敗; 以舊禮爲無所用而去之者, 必有亂患.

직역 故로 朝覲의 禮는 君臣의 義를 明하는 所以이며; 聘問의 禮는 諸侯로 使하여 相히 尊敬하도록 하는 所以이고; 喪祭의 禮는 臣子의 恩을 明하는 所以이며; 鄕飮酒의 禮는 長幼의 序를 明하는 所以이고; 昏姻의 禮는 男女의 別을 明하는 所以이다. 夫히 禮는 亂이 由하여 生하는 所를 禁하니, 坊이 水가 自하여 來하는 所를 止함과 猶하다. 故로 舊坊을 用한 所가 無라 爲하여 壞하는 者는 必히 水敗가

有하며; 舊禮를 用한 所가 無라 爲하여 去하는 者는 必히 亂患이 有하다.

의역 그러므로 조근(朝覲)의 의례는 군신관계의 도의를 밝히는 방법이다. 빙문 (聘問)의 의례는 제후들끼리 서로 존경하도록 만드는 방법이다. 상례와 제례는 신하와 자식에게 있는 은정을 밝히는 방법이다. 향음주례는 장유관계의 질서를 밝히는 방법이다. 혼인의 의례는 남녀의 유별함을 밝히는 방법이다. 무릇 예(禮)라는 것은 혼란이 생겨나는 원인을 금지하는 것이니, 물이 넘치는 것을 제방이 방지함과 같다. 그러므로 예전의 제방을 쓸데없는 것이라고 여겨서 무너트리는 자에게는 반드시 수재가 발생할 것이고, 예전의 예법을 쓸데없는 것이라고 여겨서 없애는 자에게는 반드시 혼란과 우환이 발생할 것이다.

集說 壻於婦家曰昏, 婦於壻家曰姻.

번역 혼인에 있어서 아내 집안의 사위가 되는 것은 '혼(昏)'이라고 부르고, 남편 집안의 며느리가 되는 것은 '인(姻)'이라고 부른다.

集說 方氏曰: 君臣之亂, 生於無義, 故以朝覲之禮禁之; 諸侯之亂, 生於不和, 故以聘問之禮禁之; 臣子之亂, 生於無恩, 故以喪祭之禮禁之. 以至鄉飮之施於長幼, 昏姻之施於男女, 其義亦若是而已.

번역 방씨가 말하길, 군신관계가 문란하게 되는 것은 의로움이 없는 데에서 생겨난다. 그렇기 때문에 조근(朝覲)[8]의 예법으로 금지한다. 제후들이 문란하게 되는 것은 조화롭지 못한 데에서 생겨난다. 그렇기 때문에 빙

---

8) 조근(朝覲)은 군주가 신하를 만나보는 예법(禮法)을 뜻한다. 군주가 신하를 만나보는 예법에는 조(朝), 근(覲), 종(宗), 우(遇), 회(會), 동(同) 등이 있었는데, 이것을 총칭하여 '조근'으로 부르기도 한다. 한편 '조근'은 신하가 군주를 찾아뵙는 예법을 뜻하기도 한다. 고대에는 제후가 천자를 찾아뵐 때, 각 계절별로 그 명칭을 다르게 불렀다. 봄에 찾아뵙는 것을 조(朝)라고 부르며, 여름에 찾아뵙는 것을 종(宗)이라고 부르고, 가을에 찾아뵙는 것을 근(覲)이라고 부르며, 겨울에 찾아뵙는 것을 우(遇)라고 부른다. '조근'은 이러한 예법들을 총칭하는 말이다.

문(聘問)9)의 예법으로 금지한다. 신하와 자식이 문란하게 되는 것은 은정이 없는 데에서 생겨난다. 그렇기 때문에 상례와 제례로 금지한다. 향음주례를 장유관계에 적용하고, 혼인의 예법을 남녀관계에 적용하는 것에 있어서도 그 의미가 또한 이와 같을 따름이다.

大全 馬氏曰: 春曰朝, 秋曰覲. 天子與諸侯, 嫌於無分, 諸侯朝覲, 以述職, 然後君臣之義明. 大曰聘, 小曰問. 諸侯相厲以禮, 上有以字於下, 下有以承於上, 則不相侵陵, 而相尊敬也. 臣子之於君親, 無所不盡其恩, 尤見於喪祭之禮. 爲其死者人之所惡, 而爲喪以終之, 足以見其不倍. 遠者人之所略, 而爲祭禮以鬼饗之, 足以見其不忘. 故曰所以明臣子之恩也. 鄕飮, 所以尙齒, 故席則有上下, 豆則有多寡, 皆所以明長幼之序也. 昏姻, 所以重禮, 故執贄而後見, 敬愼重正, 而後相親, 皆所以明別也.

번역 마씨가 말하길, 봄에 찾아뵙는 것을 '조(朝)'라고 부르고, 가을에 찾아뵙는 것을 '근(覲)'이라고 부른다. 천자와 제후의 관계에서는 구분이 없는데 혐의를 두니, 제후가 조근을 시행하여 자신이 천자로부터 부여받은 임무를 조술한 뒤에야 군주와 신하의 도의가 밝아진다. 성대한 규모로 시행하는 것을 '빙(聘)'이라고 부르고, 규모가 작은 것을 '문(問)'이라고 부른다. 제후는 서로 예에 따라 권면하니, 윗사람이 이를 통해 아랫사람에게 자애롭게 대하고, 아랫사람이 이를 통해 윗사람을 받들게 된다면, 서로 침탈하거나 업신여기지 않고 서로 존경하게 된다. 신하와 자식은 군주와 부모에 대해서 은정을 다하지 않는 것이 없지만, 상례와 제례에 더욱 잘 나타난다. 죽은 자는 사람들이 꺼려하는 대상이므로, 상례를 시행하여 마무리를 짓는 것은 배반하지 않음을 드러내기에 충분하다. 대수(代數)가 먼 자는 사람들이 소략하게 대하는 대상이므로, 제례를 시행하여 귀신을 섬기는 도리로 흠향을 시키는 것은 잊지 않았음을 드러내기에 충분하다. 그러므로

---

9) 빙문(聘問)은 국가 간이나 개인 간에 사람을 보내서 상대방을 찾아가 안부를 묻는 의식 절차를 통칭하는 말이다. 또한 제후가 신하를 시켜서 천자에게 보내, 안부를 묻는 예법을 뜻하기도 한다.

"신하와 자식의 은정을 드러내기에 충분하다."라고 했다. 향음주례는 연장자를 숭상하는 의례이기 때문에, 자리에 있어서는 높고 낮은 차이가 있고 차려내는 두(豆)에 있어서도 많고 적은 차이가 있으니, 이 모두는 장유관계의 질서를 밝히는 방법이다. 혼인은 예를 중대하게 여기는 의례이기 때문에 예물을 들고 간 뒤에야 만나보고, 공경하고 조심하며 중시하고 바르게 한 뒤에야 서로 친애하니, 이 모두는 유별함을 밝히는 방법이다.

大全 延平周氏曰: 禮可以義起, 而古之人未嘗無損益. 至於大倫大要, 則不可以爲無所用而去之也. 蓋去之, 則亂患之所由生.

번역 연평주씨10)가 말하길, 예(禮)는 의(義)를 통해서 일으킬 수 있고, 고대인들도 일찍이 덜어내거나 더하지 않은 적이 없었다. 그러나 큰 법도와 큰 요점에 있어서는 쓸데없는 것이라고 여겨서 제거할 수 없다. 제거하게 된다면 혼란과 우환이 발생하기 때문이다.

鄭注 春見曰朝, 小聘曰問, 其篇今亡. 昏姻, 謂嫁取也. 婿曰昏, 妻曰姻. 自, 亦由也.

번역 봄에 찾아뵙는 것을 '조(朝)'라고 부르고, 작은 규모로 찾아가 만나보는 것을 '문(問)'이라고 부르는데, 관련된『의례』의 편들은 현재 망실되어 남아있지 않다. '혼인(昏姻)'은 장가들고 아내를 들인다는 뜻이다. 사위의 입장에서 '혼(昏)'이라고 부르고, 아내의 입장에서 '인(姻)'이라고 부른다. '자(自)'자 또한 '~로부터[由]'라는 뜻이다.

釋文 觀, 其斳反. 長, 丁丈反, 下同. 姻音因. 別, 彼列反. 坊音房, 本又作防, 下同. 壞音怪. 見, 賢遍反. 取, 七注反, 本亦作娶.

---

10) 연평주씨(延平周氏, ?~?) : =주서(周諝)·주희성(周希聖). 송(宋)나라 때의 유학자이다. 이름은 서(諝)이다. 자(字)는 희성(希聖)이다.『예기설(禮記說)』등의 저서가 있다.

번역 '覲'자는 '其(기)'자와 '靳(근)'자의 반절음이다. '長'자는 '丁(정)'자와 '丈(장)'자의 반절음이며, 아래문장에 나오는 글자도 그 음이 이와 같다. '姻'자의 음은 '因(인)'이다. '別'자는 '彼(피)'자와 '列(렬)'자의 반절음이다. '坊'자의 음은 '房(방)'이며, 판본에 따라서는 또한 '防'자로도 기록하는데, 아래문장에 나오는 글자도 그 음이 이와 같다. '壞'자의 음은 '怪(괴)'이다. '見'자는 '賢(현)'자와 '遍(편)'자의 반절음이다. '取'자는 '七(칠)'자와 '注(주)'자의 반절음이며, 판본에 따라서는 또한 '娶'자라도 기록한다.

孔疏 ●"故朝"至"亂患". ○正義曰: 此一經明禮之所用, 各有所主, 又明舊禮不可不用之意. 但自此以下, 上承孔子曰"此之謂也", 以後則是記者廣明安上治民之義, 非復孔子之言也.

번역 ●經文: "故朝"~"亂患". ○이곳 경문은 예(禮)의 활용에는 각각 위주로 하는 점이 있음을 나타내고 있고, 또 옛 예법을 사용하지 않을 수 없다는 뜻을 나타내고 있다. 다만 이곳 구문으로부터 그 이하의 문장들은 앞에서 공자가 말한 "이러한 뜻을 나타낸다."라고 한 문장을 잇고 있으니, 그 이후의 내용들은 『예기』를 기록한 자가 윗사람을 편안히 하고 백성들을 다스리는 뜻에 대해서 폭넓게 나타낸 것이므로, 재차 공자의 말을 조술한 것이 아니다.

孔疏 ●"夫禮, 禁亂之所由生"者, 由, 從也. 禮禁亂之所從生, 亂生之處, 則豫禁之. 若深宮固門, 閽寺守之; 諸侯夫人父母沒, 不得歸寧之類, 是也.

번역 ●經文: "夫禮, 禁亂之所由生". ○'유(由)'자는 '~로부터[從]'라는 뜻이다. 예(禮)는 혼란이 발생하는 원인을 금지하는 것이니, 혼란이 발생하는 원인에 대해서 미리 금지하는 것이다. 집을 깊숙하게 짓고 문을 단단하게 방비하며 문지기로 지키게 하는 것이나 제후의 부인은 부모가 돌아가셨을 때 재차 친정으로 돌아갈 수 없는 부류 등이 여기에 해당한다.

孔疏　●"猶坊止水之所自來也", 坊, 謂堤坊, 人築堤坊, 止約水之所從來之處, 言若有汙下水來之處, 則豫防障之.

번역　●經文: "猶坊止水之所自來也". ○'방(坊)'자는 제방을 뜻하는데, 사람들이 제방을 쌓는 것은 물이 침범하는 지점을 막기 위해서이다. 즉 지대가 낮아서 물이 침범하는 곳이 있다면 미리 제방을 쌓아서 막는다는 뜻이다.

孔疏　●"故以舊坊爲無所用而壞之者, 必有水敗"者, 譬言舊禮不可去也. 坊以止水, 忽有無知之人, 謂舊坊爲無所用而壞之, 坊壞則水必來敗於產業也.

번역　●經文: "故以舊坊爲無所用而壞之者, 必有水敗". ○옛 예법을 제거할 수 없다는 뜻을 비유한 말이다. 제방은 물을 막는 것인데 갑작스럽게 무지한 사람이 나타나서 예전에 쌓았던 제방은 쓸데가 없으니 무너트려야 한다고 말한 것으로, 제방을 무너트리면 물이 반드시 침범하여 농사를 망치게 된다는 의미이다.

孔疏　●"以舊禮爲無所用而去之者, 必有亂患"者, 禮本坊亂, 忽有愚人, 謂舊禮爲無所用而壞去之者, 則必有亂患之事也.

번역　●經文: "以舊禮爲無所用而去之者, 必有亂患". ○예(禮)의 근본은 혼란스럽게 되는 것을 방지하는 것인데, 갑작스럽게 아둔한 자가 나타나서 옛 예법은 쓸데가 없으니 없애야 한다고 말한 것으로, 없앤다면 반드시 혼란과 우환에 해당하는 일들이 발생하게 된다는 의미이다.

孔疏　◎注"婿曰昏, 妻曰姻". ○正義曰: 按爾雅·釋親云: "婿之父爲姻, 婦之父爲婚." 此云"婿曰昏, 妻曰姻"者, 爾雅據男女父母, 此據男女之身. 婿則昏時而迎, 婦則因而隨之, 故云"婿曰昏, 妻曰姻".

번역　◎鄭注: "婿曰昏, 妻曰姻". ○『이아』「석친(釋親)」편을 살펴보면,

"사위의 부친 입장에서는 인(姻)이 되고 며느리의 부친 입장에서는 혼(婚)이 된다."11)라고 했다. 이곳 주석에서는 "사위의 입장에서 '혼(昏)'이라고 부르고, 아내의 입장에서 '인(姻)'이라고 부른다."라고 하여 차이를 보이고 있다. 그 이유는 『이아』의 기록은 남녀의 부모에 기준을 둔 것이고, 이곳 주석은 남녀 본인에 기준을 둔 것이기 때문이다. 사위는 혼례를 치를 때 아내의 집에 가서 아내를 맞이하고, 며느리는 남편이 찾아와 맞이하는 것에 따라 그를 따라간다. 그렇기 때문에 "사위의 입장에서 '혼(昏)'이라고 부르고, 아내의 입장에서 '인(姻)'이라고 부른다."라고 했다.

訓纂 釋詁: 壞, 毀也.

번역 『이아』「석고(釋詁)」편에서 말하길, '괴(壞)'자는 부순다는 뜻이다.12)

---

11) 『이아』「석친(釋親)」: 壻之父爲姻, 婦之父爲婚.
12) 『이아』「석고(釋詁)」: 虧·<u>壞</u>·圮·垝, <u>毀也</u>.

그림 4-1 두(豆)

※ **출처:** 상좌-『육경도(六經圖)』6권; 상우-『삼례도(三禮圖)』4권
하좌-『삼례도집주(三禮圖集注)』13권; 하우-『삼재도회(三才圖會)』
「기용(器用)」1권

【590d~591a】

故昏姻之禮廢, 則夫婦之道苦, 而淫辟之罪多矣; 鄉飲酒之禮
廢, 則長幼之序失, 而爭鬪之獄繁矣; 喪祭之禮廢, 則臣子之
恩薄, 而倍死忘生者衆矣; 聘覲之禮廢, 則君臣之位失, 諸侯
之行惡, 而倍畔侵陵之敗起矣. 故禮之敎化也微, 其止邪也於
未形, 使人日徙善遠罪而不自知也, 是以先王隆之也. 易曰,
"君子愼始. 差若豪氂, 繆以千里", 此之謂也.

직역 故로 昏姻의 禮가 廢하면, 夫婦의 道가 苦하고, 淫辟의 罪가 多하며; 鄉飲酒의 禮가 廢하면, 長幼의 序가 失하고, 爭鬪의 獄이 繁하며; 喪祭의 禮가 廢하면, 臣子의 恩이 薄하고, 死를 倍하고 生을 忘하는 者가 衆하며; 聘覲의 禮가 廢하면, 君臣의 位가 失하여, 諸侯가 惡을 行하고, 倍畔과 侵陵의 敗가 起라. 故로 禮의 敎化는 微하니, 그 邪를 止함을 形이 未한데에서 하여, 人으로 使하여 日마다 善으로 徙하고 罪를 遠하게 하되 自히 知를 不이라, 是以로 先王이 隆이라. 易에서 曰, "君子는 始를 愼한다. 差가 豪氂와 若이라도, 繆하길 千里로써 한다", 此를 謂함이다.

의역 그러므로 혼인의 의례가 폐지되면 부부의 도리가 고달프게 되고 음란하고 사벽한 죄악들이 많아진다. 향음주례가 폐지되면 장유관계의 질서가 없어지고 서로 다투는 송사들이 많아진다. 상례와 제례가 폐지되면 신하와 자식의 은정이 엷어지고 죽은 자를 배반하고 살아있는 자들이 부모를 잊는 일이 많아진다. 빙문(聘問)과 조근(朝覲)의 의례가 폐지되면 군주와 신하의 지위가 어그러져서 제후는 나쁜 짓을 시행하고, 배반하고 침탈하며 업신여기는 폐단들이 발생한다. 그러므로 예(禮)의 교화는 은미하니, 아직 구체적으로 드러나지 않은 상태에서 사벽한 것을 금지하여, 사람들로 하여금 날마다 선으로 옮겨가고 죄를 멀리하도록 하면서도 스스로 그에 따르고 있는지도 알아차리지 못하게 한다. 이러한 까닭으로 선왕은 예를 융성하게 높였던 것이다. 『역』에서는 "군자는 시작을 신중히 한다. 그 차이가 처음에는 한 터럭 정도였지만, 결국 천리나 되는 차이로 뒤틀리게 된다."라고 했으니, 바로 이러한 뜻을 나타낸다.

集說 此又自昏姻覆說至聘問朝覲, 以明上文之義. 所引易曰, 緯書之言也. 若, 如也.

번역 이 또한 혼인(昏姻)으로부터 재차 설명하여 빙문(聘問)과 조근(朝覲)에까지 이르렀으니, 이를 통해 앞 문장의 뜻을 나타낸 것이다. '역왈(易曰)'이라고 인용한 말은 위서(緯書)의 내용이다. '약(若)'자는 "~와 같다[如]."는 뜻이다.

集說 鄭氏曰: 苦, 謂不至·不答之屬.

번역 정현이 말하길, '고(苦)'자는 여자가 찾아오지 않고 남자가 답례를 하지 않는 부류들을 뜻한다.

大全 石林葉氏曰: 朝覲聘問, 在上者之事, 而民不與焉, 故言禁亂, 則始於朝覲者, 以安上者爲序. 昏姻, 雖在上者制之, 而民得與焉, 故言廢禮, 則始於昏姻者, 以治民者爲序. 蓋天下治而後, 君臣得以正位. 其亂也, 常在於衽席, 此其所以成終, 而所以成始也. 朝覲聘問, 上下之禮, 雖不同, 而尊謹之道一也, 故言倍畔侵陵, 而皆曰敗. 昏姻鄕飮, 內外之禮, 雖不同, 而親睦之道一也, 故言淫僻爭鬪, 則曰罪曰獄. 蓋民違於禮有罪, 而加以刑, 有訟而至於獄, 則可得而治. 在上者, 違於禮, 則有僭逼而已, 故倍畔忘君者也, 侵陵圖君者也.

번역 석림섭씨가 말하길, 조근(朝覲)과 빙문(聘問)은 윗사람이 시행하는 일이며 백성들은 관련이 없다. 그렇기 때문에 혼란을 금지하는 것을 말할 때에는 조근으로부터 시작했으니, 윗사람을 편안하게 만드는 것으로 순서를 정했기 때문이다. 혼인(昏姻)은 비록 윗사람이 제정한 것이지만 백성들도 시행할 수 있다. 그렇기 때문에 예법을 폐지하는 것을 말할 때에는 혼인으로부터 시작했으니, 백성들을 다스리는 것으로 순서를 정했기 때문이다. 천하가 다스려진 이후에야 군주와 신하는 자신의 지위를 바르게 할 수 있다. 그런데 혼란이라는 것은 항상 부부사이에서 발생하니, 혼인의 예를 바로잡는 것은 바로 마무리를 완성하고 시작을 완성하는 방법이다. 조근과 빙문은 상하계층의 의례가 비록 다르지만, 존경하고 조심하는 도는 동일하다. 그렇기 때문에 배반하고 침탈하며 업신여긴다고 말하고 이 모두를 '패(敗)'라고 부른 것이다. 혼인과 향음주례는 내외의 의례가 비록 다르지만 친근하게 대하고 화목하는 도는 동일하다. 그렇기 때문에 음란하고 사벽하고 다툰다고 말하고, '죄(罪)'라고 부르며 '옥(獄)'이라고 부른 것이다. 백성이 예법을 어기면 죄를 얻어 형벌을 받게 되고, 송사가 발생하여 옥송을 따지게 되면 다스릴 수 있다. 윗사람이 예법을 어기면 주제넘게 핍박하는 일이 생길 따름이다. 그렇기 때문에 군주에 대해 배반하고 잊는 것이며, 군주에 대해 침탈하고 업신여겨서 군주가 되기를 도모하는 것이다.

大全 嚴陵方氏曰: 室家者, 人之所願也, 因其所願而爲之昏禮, 則足以別男女. 飮食者, 人之所欲也, 因其所欲而爲之鄕禮, 則足以序長幼. 以至喪祭聘覲, 亦若是而已. 此敎化, 所以爲微也. 以其微, 故能止邪於未形. 以其止邪於未形, 故使人日徙善遠罪而不自知也. 先王隆之, 其以是歟.

번역 엄릉방씨가 말하길, 가정을 꾸리는 것은 사람들이 원하는 바이다. 원하는 것에 따라서 혼례를 제정한다면 충분히 남녀의 관계를 구별할 수 있다. 음식은 사람들이 바라는 바이다. 바라는 것에 따라서 향음주례를 제정한다면 충분히 장유관계의 질서를 세울 수 있다. 상례와 제례 및 빙문(聘問)과 조근(朝覲)에 있어서도 이와 같을 따름이다. 이러한 교화는 은미하게 시행하기 위한 것이다. 은미하기 때문에 아직 형체로 드러나기 이전에 사벽함을 금지할 수 있다. 아직 형체로 드러나기 이전에 사벽함을 금지하기 때문에 사람들로 하여금 날마다 선한 곳으로 옮겨가고 죄를 멀리 하게 만들면서도 스스로 알아차리지 못하게 한다. 선왕이 예(禮)를 융성하게 높이는 것도 이러한 이유 때문일 것이다.

鄭注 苦, 謂不至·不答之屬. 隆, 謂尊盛之也. 始, 謂其微時也.

번역 '고(苦)'자는 여자가 찾아오지 않고 남자가 답례를 하지 않는 부류

들을 뜻한다. '융(隆)'자는 존귀하게 높이고 융성하게 한다는 뜻이다. '시
(始)'자는 은미한 때를 뜻한다.

釋文 辟, 匹亦反. 倍音佩, 下同. 行, 下孟反. 邪, 似嗟反. 遠, 于萬反. 差,
初佳反, 徐初宜反. 豪, 戶刀反, 依字作毫. 氂, 李其反, 徐音來, 本又作釐. 繆音
謬.

번역 '辟'자는 '匹(필)'자와 '亦(역)'자의 반절음이다. '倍'자의 음은 '佩
(패)'이며, 아래문장에 나오는 글자도 그 음이 이와 같다. '行'자는 '下(하)'자
와 '孟(맹)'자의 반절음이다. '邪'자는 '似(사)'자와 '嗟(차)'자의 반절음이다.
'遠'자는 '于(우)'자와 '萬(만)'자의 반절음이다. '差'자는 '初(초)'자와 '佳(추)'
자의 반절음이며, 서음(徐音)은 '初(초)'자와 '宜(의)'자의 반절음이다. '豪'
자는 '戶(호)'자와 '刀(도)'자의 반절음이며, 글자에 따라서 '毫'자로도 기록
한다. '氂'자는 '李(리)'자와 '其(기)'자의 반절음이며, 서음은 '來(래)'이고,
판본에 따라서는 또한 '釐'자로도 기록한다. '繆'자의 음은 '謬(류)'이다.

孔疏 ●"故昏姻"至"起矣". ○正義曰: 此明禮諸事不可闕廢, 若其闕廢, 則
禍亂興也.

번역 ●經文: "故昏姻"~"起矣". ○이곳 경문은 예(禮)와 관련된 여러
사안들에 대해서 폐지할 수 없으니, 만약 그것을 폐지하게 된다면 혼란과
재앙이 발생한다는 사실을 나타내고 있다.

孔疏 ●"而爭鬪之獄繁矣"者, 以鄕飮酒之禮, 明上下長幼共相敬讓. 今若
廢而不行, 則尊卑無序, 故爭鬪之獄繁多矣.

번역 ●經文: "而爭鬪之獄繁矣". ○향음주례를 통해서 상하관계 및 장
유관계에서 서로를 공경하고 상대에게 겸양해야 함을 나타내었다. 만약 이
것을 폐지하고 시행하지 않는다면, 신분의 차등에 질서가 없어지기 때문에,
서로 다투는 송사들이 번다해진다.

孔疏 ●"而倍死忘生者衆矣"者, 喪祭之禮, 所以敦勖臣子恩情, 使死者不見背違, 生者恒相從念. 若廢不行, 故臣子恩薄而死者見背, 生者被遺忘. 如此者多, 故云"衆矣".

번역 ●經文: "而倍死忘生者衆矣". ○상례와 제례는 신하와 자식이 가진 은정을 도탑게 하고 권면하여, 죽은 자로 하여금 자신을 배반하고 거스르는 것을 보지 못하도록 하고, 살아있는 자로 하여금 항상 부모에 대한 그리움을 갖도록 만든다. 이것을 폐지하여 시행하지 않기 때문에 신하와 자식의 은정은 옅어지고 죽은 자는 배반하는 모습을 보게 되고 살아있는 자들은 부모를 잊어버리게 된다. 이와 같은 자들이 많아지기 때문에 "많아진다."라고 말했다.

孔疏 ●"而倍畔侵陵之敗起"者, 倍畔, 謂據倍天子也. 侵陵, 謂侵陵鄰國也.

번역 ●經文: "而倍畔侵陵之敗起". ○'배반(倍畔)'은 천자를 배반하는 것을 기준으로 한 말이다. '침릉(侵陵)'은 이웃 제후국을 침탈하고 업신여긴다는 뜻이다.

孔疏 ◎注"苦謂"至"之屬". ○正義曰: "不至"者, 謂夫親迎而女不至. 若詩·陳風云: "昏以爲期, 明星煌煌." 注云: "女留他色, 不肯時行." 序云"親迎, 女猶有不至者", 是也. "不答"者, 謂夫不答耦於婦, 故邶風云"日月, 衛莊姜傷己, 不見答於先君", 是也. 此經覆說前經, 反明上事. 但前經尊重者在前, 卑輕者在後, 故先朝覲, 後昏姻也. 又殊別君臣, 故先朝覲, 後聘問. 下經所翻, 則據人倫切急者在前, 先昏姻, 次以鄉飲酒, 乃至於聘覲也. 聘覲合之者, 以其聘覲禮廢, 則君臣位失, 倍畔·侵陵, 其惡相通, 故合言之也.

번역 ◎鄭注: "苦謂"~"之屬". ○'부지(不至)'는 남편이 직접 찾아가서 맞이하는데, 여자가 남편을 따라서 본가에 오지 않는다는 뜻이다. 『시』「진

풍(陳風)」편에서 "어두울 때 만나기로 약속했는데, 계명성이 빛나고 빛나
도다."13)라고 했고, 주에서는 "여자가 다른 뜻을 품고 있어서 때에 맞게
가기를 수긍하지 않는 것이다."라고 했으며, 「모서」에서는 "친영(親迎)14)
을 했는데 여자가 오히려 당도하지 않은 것이다."라고 한 말이 이러한 경우
에 해당한다. '부답(不答)'은 남편이 부인에 대해서 답례를 하여 배우자로
여기지 않았다는 뜻이다. 그러므로『시』「패풍(邶風)」편에서 "「일월(日月)」
이라는 시는 위(衛)나라 장강이 자신에 대해 서글프게 생각한 것이니, 선군
에게 답례를 받지 못했기 때문이다."15)라고 한 말이 이러한 경우에 해당한
다. 이곳 경문은 앞에 나온 경문을 재차 풀이하여, 거꾸로 앞에 기술한 일들
을 나타내고 있다. 다만 앞의 경문에서는 존귀하고 중대한 일들을 앞에 기
술하고, 상대적으로 미천하고 가벼운 일들을 뒤에 기술했다. 그렇기 때문에
조근(朝覲)을 먼저 기록하고 혼인을 뒤에 기록한 것이다. 또 군주와 신하를
구별하였기 때문에 조근을 먼저 기록하고 그 이후에 빙문(聘問)을 기록한
것이다. 그런데 뒤의 경문에서는 순서를 뒤집었으니, 인륜에 기준을 두어
절실하고 급한 것을 앞에 기록했다. 그래서 혼인을 먼저 기록하고 그 다음
으로 향음주례를 언급했으며, 그런 뒤에야 빙문과 조근을 언급했다. 빙문과
조근의 의례를 합해서 말한 것은 빙문과 조근의 의례가 폐지되면 군주와
신하의 지위가 어그러져 배반과 침탈 및 업신여김이 발생하는데, 이러한
악함은 서로 통하기 때문에 합해서 말한 것이다.

孔疏 ●"故禮"至"謂也". ○正義曰: "故禮之敎化也微"者, 言禮之敎人豫
前, 事微之時豫敎化之, 又敎化之時, 依微不甚指斥.

---

13)『시』「진풍(陳風)・동문지양(東門之楊)」 : 東門之楊, 其葉牂牂. 昏以爲期, 明星
煌煌.
14) 친영(親迎)은 혼례(婚禮)에서 시행하는 여섯 가지 예식(禮式) 중 하나이다.
사위될 자가 여자 집에 가서 혼례를 치르고, 자신의 집으로 데려오는 예식을
뜻한다.
15)『시』「패풍(邶風)・일월(日月)」의 「모서(毛序)」 : 日月, 衛莊姜, 傷己也. 遭州吁
之難, 傷己不見答於先君, 以至困窮之詩也.

번역 ●經文: "故禮"~"謂也". ○경문의 "故禮之敎化也微"에 대하여. 예(禮)가 사람들을 교화할 때에는 미리 시행하여, 그 사안이 은미할 때 미리 교화를 시키고, 또 교화를 할 때에도 은미한 뜻에 의거하여 직접적으로 가리키기를 심하게 하지 않았다는 뜻이다.

孔疏 ●"其止邪也於未形"者, 謂止人之邪, 在於事未形著, 是敎化於事微者也, 使人至之也. 又使人日日徙善·遠於罪惡而不自覺知. 是敎化依微, 不甚指斥. 爲此之故, 是以先世之王隆尙之也.

번역 ●經文: "其止邪也於未形". ○사람들의 사악함을 금지하는 것을 그 사안이 아직 구체적으로 드러나지 않았을 때 했다는 뜻이니, 이것은 사안이 은미할 때 교화하여 사람들로 하여금 따르도록 한 것에 해당한다. 또 사람들로 하여금 날마다 선한 곳으로 옮겨가고 죄악을 멀리하게 하면서도 스스로 깨닫지 못하게 한 것이다. 이것은 교화를 할 때 은미함에 따르며 직접적으로 가리키기를 심하게 하지 않은 것이다. 이러한 까닭으로 선왕들은 예(禮)를 융성하게 높이고 숭상했다.

孔疏 ●"易曰: 君子愼始, 差若豪氂, 繆以千里, 此之謂也"者, 此易·繫辭文也. 言君子謹愼事之初始, 差錯若豪氂之小, 至後廣大錯繆以至千里之大. 引之者, 證禮之防人在於未形著之前. 若初時不防, 則後致千里之繆, 故云"此之謂也".

번역 ●經文: "易曰: 君子愼始, 差若豪氂, 繆以千里, 此之謂也". ○이것은 『역』「계사전(繫辭傳)」편의 기록이다. 즉 군자가 그 사안의 처음에 대해서 신중을 기하였으니, 차이가 한 터럭처럼 조금 나더라도 이후에는 차이가 커져서 천리에 이르게 된다는 뜻이다. 이 말을 인용한 것은 예(禮)가 사람의 사벽한 짓을 방지할 때 아직 구체적으로 드러나기 이전에 한다는 뜻을 증명하기 위해서이다. 만약 처음 나타나는 시점에 방지하지 못한다면 이후에는 천리만큼 큰 뒤틀림이 발생하는 지경에 이르게 된다. 그렇기 때문에 "이러한 뜻을 나타낸다."라고 했다.

訓纂 王氏念孫曰: 喪祭非所以事生, 生當爲先. 漢書禮樂志曰, "喪祭之禮廢, 則骨肉之恩薄, 而倍死忘先者衆." 論衡薄葬篇曰, "喪祭禮廢, 則臣子恩泊, 臣子恩泊, 則倍死忘先." 皆用經解文.

번역 왕념손16)이 말하길, 상례와 제례는 살아있는 자를 섬기는 방법이 아니니, '생(生)'자는 마땅히 선(先)자가 되어야 한다.『한서』「예악지(禮樂志)」편에서는 "상례와 제례가 폐지되면 골육지친에 대한 은정이 옅어지고 죽은 자를 배반하고 선조를 잊어버리는 자가 많아진다."17)라고 했고,『논형』「박장(薄葬)」편에서는 "상례와 제례가 폐지되면 신하와 자식의 은정이 급박하게 되고, 신하와 자식의 은정이 급박해지면 죽은 자를 배반하고 선조를 잊는다."18)라고 했는데, 이 모두는 「경해」편의 문장에 따른 것이다.

集解 愚謂: 鄕飮酒有正齒位之禮, 故廢則長幼之序失. 覲禮廢則君臣之位失, 而至於倍畔; 聘禮廢則諸侯之行惡, 而至於侵陵.

번역 내가 생각하기에, 향음주례에는 나이와 지위를 바로잡는 예법이 포함되어 있다. 그렇기 때문에 이것을 폐지하면 장유관계의 질서가 없어진다. 근례(覲禮)를 폐지하면 군주와 신하의 지위가 없어지고, 배반하는 지경에 이른다. 빙례(聘禮)가 폐지되면 제후들이 악행을 자행하여 침탈하고 업신여기는 지경에 이른다.

---

16) 왕념손(王念孫, A.D.1744~A.D.1832) : 청(淸)나라 때의 학자이다. 자(字)는 회조(懷祖)이고, 호(號)는 석구(石臞)이다. 부친은 왕안국(王安國)이고, 아들은 왕인지(王引之)이다. 대진(戴震)에게 학문을 배웠다. 저서로는『독서잡지(讀書雜志)』등이 있다.

17) 『한서(漢書)』「예악지(禮樂志)」: 故婚姻之禮廢, 則夫婦之道苦, 而淫辟之罪多; 鄕飮之禮廢, 則長幼之序亂, 而爭鬥之獄蕃; <u>喪祭之禮廢, 則骨肉之恩薄, 而背死忘先者衆</u>; 朝聘之禮廢, 則君臣之位失, 而侵陵之漸起.

18) 『논형(論衡)』「박장(薄葬)」: 故曰, <u>喪祭禮廢, 則臣子恩泊; 臣子恩泊, 則倍死亡先</u>; 倍死亡先, 則不孝獄多.

集解 所引"易曰", 周易無此文. 史記集解·漢書顔師古註皆以爲易緯之辭也.

번역 '역왈(易曰)'이라고 인용을 했는데『주역』에는 이러한 기록이 없다.『사기집해』[19]와『한서』[20]에 대한 안사고[21]의 주석에서는 모두 이것을『역』에 대한 위서(緯書)의 기록이라고 여겼다.

참고 원문비교

예기대전·경해(經解) 故昏姻之禮廢, 則夫婦之道苦, 而淫辟之罪多矣; 鄕飲酒之禮廢, 則長幼之序失, 而爭鬪之獄繁矣; 喪祭之禮廢, 則臣子之恩薄, 而倍死忘生者衆矣; 聘覲之禮廢, 則君臣之位失, 諸侯之行惡, 而倍畔侵陵之敗起矣. 故禮之敎化也微, 其止邪也於未形, 使人日徙善遠罪而不自知也, 是以先王隆之也. 易曰, "君子愼始. 差若豪氂, 繆以千里", 此之謂也.

대대례기·예찰(禮察) 故昏姻之禮廢, 則夫婦之道苦, 而淫辟之罪多矣; 鄕飲酒之禮廢, 則長幼之序失, 而爭鬪之獄繁矣; 聘射之禮廢, 則諸侯之行惡, 而盈溢之敗起矣; 喪祭之禮廢, 則臣子之恩薄, 而倍死忘生之禮衆矣.

---

19)『사기(史記)』「태사공자서(太史公自序)」편의 "故易曰, '失之豪氂, 差以千里.'"라는 기록에 대한 안사고(顔師古)의『집해(集解)』에 나온다.
20)『한서(漢書)』「사마천전(司馬遷傳)」편의 "故易曰, '差以豪氂, 繆以千里.'"라는 기록에 대한 안사고(顔師古)의 주에 나온다.
21) 안사고(顔師古, A.D.581~A.D.645) : 당(唐)나라 때의 학자이다. 자(字)는 주(籌)이다. 안지추(顔之推)의 손자이다. 훈고학(訓詁學)에 뛰어났다. 오경(五經)의 문자를 교정하여,『오경정본(五經定本)』을 찬술하기도 하였다.

哀公問

【592a】
哀公問 第二十七 / 「애공문」 제27편

孔疏 陸曰: 魯哀公也. 鄭云: "善其問禮, 著謚以顯之."

번역 육덕명이 말하길, 노(魯)나라 애공(哀公)을 뜻한다. 정현은 "예(禮)에 대해 물어본 것을 좋게 여겼기 때문에 그의 시호(謚號)를 기록하여 나타낸 것이다."라고 했다.

孔疏 正義曰: 按鄭錄目云: "名曰哀公問者, 善其問禮, 著謚顯之也, 此於別錄屬通論." 但此篇哀公所問, 凡有二事, 一者問禮, 二者問政. 問禮在前, 問政在後.

번역 『정의』에서 말하길, 정현의 『목록』을 살펴보면, "편명을 '애공문(哀公問)'이라고 정한 것은 예(禮)에 대해 물어본 것을 좋게 여겼기 때문에 그의 시호(謚號)를 기록하여 나타낸 것이며, 「애공문」편을 『별록』에서는 '통론(通論)' 항목에 포함시켰다."라고 했다. 다만 이곳에서 애공이 질문한 것은 총 2가지 사안으로, 하나는 예에 대해서 물어본 것이고, 다른 하나는 정치에 대해 물어본 것이다. 예를 물어본 것이 앞에 있고, 정치를 물어본 것이 뒤에 있다.

集解 哀公所問有二, 前問禮, 後問政. 二者非一時之言, 記者合而記之.

번역 애공이 물어본 것은 두 가지이니, 앞에서는 예(禮)에 대해 물어보았고, 뒤에서는 정치에 대해 물어보았다. 두 가지 질문은 한 시기에 말한 것이 아니지만, 『예기』를 기록한 자가 두 기록을 합해서 수록했다.

• 제 1 절 •

예(禮)를 존숭하는 이유

【592a】

哀公問於孔子曰, "大禮何如? 君子之言禮, 何其尊也?" 孔子曰, "丘也小人, 不足以知禮." 君曰, "否. 吾子言之也."

직역 哀公이 孔子에게 問하여 曰, "大禮는 何如오? 君子가 禮를 言함에, 何히 그 尊이오?" 孔子가 曰, "丘는 小人으로, 足히 禮를 知하길 不합니다." 君이 曰, "否라. 吾子가 言이라."

의역 노(魯)나라 애공이 공자에게 묻기를 "성대한 예(禮)는 어떤 것입니까? 군자가 예를 말하며 어찌 그리 칭송하고 찬양하는 것입니까?"라고 하자, 공자는 "저는 소인이라 예를 안다고 할 수 없습니다."라고 대답했다. 그러자 애공은 재차 "아닙니다. 그대가 말씀해주시오."라고 했다.

集說 哀公, 魯君, 名蔣. 大禮, 謂禮之大者. 何其尊, 言稱揚之甚.

번역 '애공(哀公)'은 노(魯)나라 군주로, 이름은 장(蔣)이다. '대례(大禮)'는 예(禮) 중에서도 성대한 것을 뜻한다. '하기존(何其尊)'은 칭송하고 찬양함이 깊다는 뜻이다.

鄭注 謙不答也.

번역 겸손히 처신하여 대답하지 않은 것이다.

孔疏 ●"哀公"至"禮也". ○正義曰: 此一節是哀公問禮之事. "大禮何如"者, 以禮之所用, 其事廣大, 包含處廣, 故云"大禮".

번역 ●經文: "哀公"~"禮也". ○이곳 문단은 애공이 예(禮)에 대해서 질문한 사안에 해당한다. 경문의 "大禮何如"에 대하여. 예의 쓰임에 있어서 그 사안이 광대하여 많은 것들을 포함하고 있다. 그렇기 때문에 '대례(大禮)'라고 말한 것이다.

孔疏 ●"君子之言禮何其尊也"者, 哀公問夫子云: 賢人君子言說禮之事重, 此禮何事可尊? 問其所尊之事意.

번역 ●經文: "君子之言禮何其尊也". ○애공은 공자에게 질문을 하며, "현자와 군자가 예(禮)의 사안을 설명하며 중대하다고 했는데, 예 중의 어떤 일들을 높일 수 있는가?"라고 한 것으로, 높일 수 있는 사안과 그 뜻에 대해 물어본 것이다.

孔疏 ●"君曰: 否, 吾子言之也"者, 孔子既辭以不堪足以識知於禮. 君, 謂哀公, 哀公止其謙讓曰: "否." 否, 不也, 言不得謙退, 吾子但言說之也.

번역 ●經文: "君曰: 否, 吾子言之也". ○공자는 앞서 예(禮)에 대한 식견이 깊지 못하다는 말로 사양을 했다. '군(君)'은 애공(哀公)을 뜻하니, 애공은 공자가 사양하는 것을 저지하며, '부(否)'라고 말하였다. '부(否)'자는 "아니다[不]."라는 뜻으로, 겸손히 사양하지 말고 그대가 설명을 하라는 의미이다.

참고 원문비교

예기대전·애공문(哀公問) 哀公問於孔子曰, "大禮何如? 君子之言禮, 何其尊也?" 孔子曰, "丘也小人, 不足以知禮." 君曰, "否. 吾子言之也."

대대례기·애공문어공자(哀公問於孔子) 哀公問於孔子曰, "大禮何如? 君子之言禮, 何其尊也?" 孔子曰, "丘也小人, 何足以知禮?" 君曰: "否. 吾子言之也."

공자가어·문례(問禮) 哀公問於孔子曰, "大禮何如? 子之言禮, 何其尊也?" 孔子對曰, "丘也鄙人, 不足以知大禮也." 公曰, "吾子言焉."

그림 1-1   노(魯)나라 세계도(世系圖)

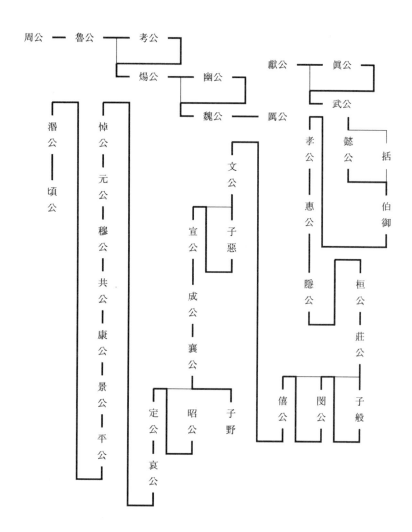

※ **출처:**『역사(繹史)』1권「역사세계도(繹史世系圖)」

【592a~b】

> 孔子曰, "丘聞之, 民之所由生, 禮爲大, 非禮無以節事天地
> 之神也, 非禮無以辨君臣·上下·長幼之位也, 非禮無以別男
> 女·父子·兄弟之親, 昏姻·疏數之交也. 君子以此之爲尊敬
> 然."

직역 孔子가 曰, "丘가 聞하니, 民이 由하여 生한 所로, 禮가 大가 爲하니, 禮가 非이면 天地의 神을 事함에 節하길 無하며, 禮가 非이면 君臣·上下·長幼의 位를 辨하길 無하며, 禮가 非이면 男女·父子·兄弟의 親과 昏姻·疏數의 交를 別하길 無합니다. 君子는 此를 尊敬으로 爲함을 然합니다."

의역 공자가 말하길, "제가 듣기로, 백성들은 예(禮)를 통해 삶을 영위하므로, 이러한 까닭으로 예는 성대한 것이 됩니다. 예가 아니라면 천지의 귀신을 섬기는 일에 있어서 절제할 수 없습니다. 예가 아니라면 군주와 신하, 상하계층, 장유관계의 지위를 변별할 수 없습니다. 예가 아니라면 남녀관계, 부자관계, 형제관계에서의 친함과 혼인관계, 소원하고 친한 관계에서의 사귐을 구별할 수 없습니다. 따라서 군자는 이러한 것들을 존경의 이유로 삼아 높이는 것입니다."라고 했다.

集說 此皆禮之大者, 故不得不尊敬之也.

번역 이러한 것들은 모두 예(禮) 중에서도 큰 것에 해당한다. 그렇기 때문에 존경하지 않을 수가 없다.

大全 馬氏曰: 禮莫重於祭, 故以祭爲先. 祭莫重於天地, 故以天地爲先. 事天地之神而以節言之者, 蓋事天地之神, 各以其位, 各以其器, 各以其時, 皆有禮以節之也. 天謂之神, 地謂之祇, 此言天地之神, 蓋可以通言之也.

번역 마씨가 말하길, 예(禮) 중에는 제사보다 중대한 것이 없다.[1] 그렇

---

1) 『예기』「제통(祭統)」【574a】: 凡治人之道, 莫急於禮. 禮有五經, 莫重於祭. 夫

기 때문에 제사를 가장 앞에 언급했다. 또 제사 중에는 천지에 대한 제사보다 중대한 것이 없다. 그렇기 때문에 천지에 대한 내용을 앞에 언급했다. 천지의 귀신을 섬기는데 절제한다고 말한 것은 천지의 귀신을 섬길 때에는 각각 해당하는 자리에서 하게 되고, 각각 해당하는 기물을 사용하며, 각각 해당하는 시기에 치르는데, 이러한 것들은 모두 정해진 예법을 제정하여 절제를 하기 때문이다. 천신을 '신(神)'이라고 부르고 지신을 '기(祇)'라고 부르는데, 이곳에서 '천지지신(天地之神)'이라고 말한 것은 통용해서 쓸 수 있기 때문이다.

大全 臨川吳氏曰: 分之嚴者, 外自君臣始. 非君臣則有上下, 非上下則有長幼, 其位雖異, 而異之中有同焉, 所當辨也. 情之厚者, 內自男女始. 因男女而有父子, 因父子而有兄弟, 其親雖同, 而同之中有異焉, 所當別也. 婦黨曰昏, 壻黨曰姻. 自家內之兄弟, 而推以及異姓之兄弟也. 間見曰疏, 亟見曰數. 自遠外之長幼, 而推以及游從之長幼也. 其交亦有別焉. 於神之大祭則擧二, 以包其餘, 於人之大倫, 則衍五而至於八. 此者指節事辨別之禮而言. 然者, 如此也, 謂君子以此禮之敬事大神, 辨別大倫, 故尊敬之如此. 所以答哀公言禮何其尊之問也.

번역 임천오씨가 말하길, 구분을 엄격히 하는 것은 외적으로는 군주와 신하의 관계에서 시작된다. 군주와 신하의 관계가 아니라면 상하의 관계에 해당하고, 상하의 관계가 아니라면 연장자와 젊은이의 관계에 해당하는데, 그 지위가 비록 차이를 보이더라도, 차이 속에는 동일한 점도 있으므로, 이러한 것들은 마땅히 변별해야 하는 대상이다. 정감을 두텁게 하는 것은 내적으로는 남녀의 관계에서 시작된다. 남녀의 관계를 통해서 부자관계가 생기고, 부자관계를 통해서 형제관계가 생기는데, 그 친함이 비록 동일하더라도, 동일함 속에는 차이점도 있으므로, 이러한 것들은 마땅히 구별해야 하는 대상이다. 부인의 친족을 '혼(昏)'이라고 부르고, 남편의 친족을 '인

祭者, 非物自外至者也, 自中出生於心也. 心怵而奉之以禮, 是故唯賢者能盡祭之義.

(姻)'이라고 부른다. 자기 집안의 형제관계로부터 미루어 나아가 다른 성(姓)을 가진 형제에까지 미치게 된다. 간간히 만나보는 대상을 '소(疏)'라고 부르고, 자주 만나보는 대상을 '삭(數)'이라고 부른다. 멀리 외부의 장유관계로부터 미루어 나아가 함께 어울리는 장유관계에까지 미치게 된다. 이러한 관계에서의 사귐에도 구별할 점이 있다. 신에 대한 성대한 제사에 대해서는 두 가지를 제시하여 나머지 제사들도 포함하였고, 사람에 대한 큰 인륜에 대해서는 다섯 가지를 확충하여 여덟 가지를 제시하는데 이르렀다. 이러한 것들은 절제하고 섬기며 변별하고 구별하는 예를 가리켜서 말한 것이다. '연(然)'자는 이와 같다는 뜻이니, 군자는 이러한 예가 큰 신들을 공경스럽게 섬기고 큰 인륜을 변별하기 때문에, 이처럼 존경하는 것이다. 이러한 말은 애공이 예를 왜 존숭하느냐고 물어본 말에 대해 대답한 것이다.

鄭注 言君子以此故尊禮.

번역 군자는 이러한 까닭으로 예(禮)를 존숭한다는 뜻이다.

釋文 長, 于丈反. 別, 彼列反. 數, 色角反.

번역 '長'자는 '于(우)'자와 '丈(장)'자의 반절음이다. '別'자는 '彼(피)'자와 '列(렬)'자의 반절음이다. '數'자는 '色(색)'자와 '角(각)'자의 반절음이다.

集解 節, 制限也. 天地之神, 尊卑不同, 各以其制限事之, 若天子祭天地, 諸侯祭社稷也. 疏數, 謂交際往來或疏或數也. 哀公言"君子", 謂孔子也. 孔子言"君子", 謂行禮之君子也. 君子尊敬此禮, 故其行之不敢不勉, 此所以爲教民之本者也.

번역 '절(節)'자는 제한한다는 뜻이다. 천지의 신들은 신분이 다르므로, 각각 그 제한에 따라서 섬기니, 마치 천자가 천지의 신들에게 제사를 지내고, 제후가 사직의 신들에게 제사를 지내는 것과 같다. '소삭(疏數)'은 교제

하며 왕래할 때 어떤 경우에는 드물게 하고 어떤 경우에는 자주 한다는 뜻이다. 애공이 말한 '군자(君子)'는 공자를 가리킨다. 공자가 말한 '군자(君子)'는 예(禮)를 시행하는 군자를 뜻한다. 군자는 이러한 예를 존경하기 때문에 이러한 것들을 시행함에 있어서 감히 애쓰지 않을 수가 없으니, 이것이 백성들을 가르치는 근본이 되는 이유이다.

참고 원문비교

예기대전 · 애공문(哀公問)   孔子曰, "丘聞之, 民之所由生, 禮爲大, 非禮無以節事天地之神也, 非禮無以辨君臣·上下·長幼之位也, 非禮無以別男女·父子·兄弟之親, 昏姻·疏數之交也. 君子以此之爲尊敬然."

대대례기 · 애공문어공자(哀公問於孔子)   孔子曰, "丘聞之⬚也, 民之所由生, 禮爲大, 非禮無以節事天地之神⬚也, 非禮無以辨君臣·上下·長幼之位也, 非禮無以別男女·父子·兄弟之親, 昏姻·疏數之交也, 君子以此之爲尊敬然."

공자가어 · 문례(問禮)   孔子曰, "丘聞之, 民之所⬚生⬚, 禮爲大, 非禮⬚則無以節事天地之神⬚焉, 非禮⬚則無以辯君臣·上下·長幼之位⬚焉, 非禮⬚則無以別男女·父子·兄弟·⬚婚姻·⬚親族·疏數之交⬚焉. ⬚是故君子此之爲尊敬."

【592c】

"然後以其所能教百姓, 不廢其會節."

직역   "然後에야 그 能한 所로 百姓을 教하고, 그 會節을 不廢합니다."

의역   공자가 계속하여 말하길, "이처럼 한 뒤에야 잘 할 수 있는 것으로 백성들을 가르치고, 정해진 기한을 폐지하지 않습니다."라고 했다.

集說 禮本天秩, 聖人因人情而爲之節文, 非强之以甚高難行之事也, 故曰以其所能敎百姓. 會節, 謂行禮之期節, 如葬祭有葬祭之時, 冠昏有冠昏之時, 不可廢也.

번역 예(禮)는 하늘의 질서에 근본을 두고 있고, 성인은 사람의 정감에 따라서 그것에 절차와 격식을 제정하니, 심원하고 시행하기 어려운 일을 억지로 시킨 것이 아니다. 그렇기 때문에 "잘 할 수 있는 것으로 백성들을 가르쳤다."고 했다. '회절(會節)'은 예를 시행하는 기한을 뜻하니, 예를 들어 장례나 제례에는 장례와 제례를 지내는 특정한 때가 있고, 관례나 혼례에는 관례와 혼례를 치르는 정해진 때가 있는 것과 같으니, 이러한 것들은 폐지할 수 없다.

鄭注 君子以其所能於禮, 敎百姓, 使其不廢此上事之期節.

번역 군자는 예(禮)에 대해서 잘 할 수 있는 것으로 백성들을 가르쳐서, 그들로 하여금 앞서 말한 사안들의 정해진 기한을 폐지하지 않도록 했다.

孔疏 ●"然後以其所能敎百姓"者, 人君旣知所生由禮, 故尊而學之, 學之旣能, 迴持此能以敎百姓也.

번역 ●經文: "然後以其所能敎百姓". ○군주는 이미 살아가는 방도가 예(禮)에 따르는 것임을 알았기 때문에, 존귀하게 높여서 그것을 배우고, 배운 것을 잘하게 되면, 재차 잘하는 것을 가지고 백성들을 가르친다.

孔疏 ●"不廢其會節"者, 會, 由2)期也. 期節, 謂天地·君臣·男女之期節也. 旣敎百姓, 故使百姓不廢此三事之期節也.

번역 ●經文: "不廢其會節". ○'회(會)'자는 기(期)자와 같다. '기절(期

---

2) '유(由)'자에 대하여. 『십삼경주소(十三經注疏)』 북경대 출판본에서는 "'유'자를 『예기훈찬(禮記訓纂)』에서는 '유(猶)'자로 기록했다."라고 했다.

節)'은 천지·군신·남녀 관계의 정해진 기한을 뜻한다. 이미 백성들을 가르쳤기 때문에, 백성들로 하여금 이러한 세 가지 사안들에 대해서 정해진 기한을 폐지하지 않도록 한다.

集解 會, 謂會聚其行禮之人. 節, 謂品節也.

번역 '회(會)'자는 예(禮)를 시행하는 사람들을 회합하여 모은다는 뜻이다. '절(節)'자는 품급에 따른 조절을 뜻한다.

참고 원문비교

예기대전·애공문(哀公問) "然後以其所能敎百姓, 不廢其會節."

대대례기·애공문어공자(哀公問於孔子) "然後以其所能敎百姓, 不廢其會節."

공자가어·문례(問禮) "然後以其所能敎順百姓, 不廢其會節①."

王注-① 所能謂禮也, 會謂男女之會, 節謂親疏之節也.

번역 '소능(所能)'은 예(禮)를 뜻하며, '회(會)'자는 남녀가 만난다는 뜻이고, '절(節)'자는 친하고 소원한 관계에 적용되는 절도를 뜻한다.

【592c】

"有成事, 然後治其雕鏤·文章·黼黻以嗣."

직역 "成事가 有한 然後에야 그 雕鏤·文章·黼黻을 治하여 嗣합니다."

의역 공자가 계속하여 말하길, "제사를 성사시킬 수 있은 뒤에라야 제기의 장식 및 제복의 장식들을 다스려서 예(禮)가 끊어지지 않도록 할 수 있습니다."라고 했다.

集說 有成事, 謂諏日而得卜筮之吉, 事可成也. 雕鏤, 祭器之飾. 文章·黼黻, 祭服之飾也. 嗣者, 傳續不絶之義. 此器服常存, 則此禮必不泯絶矣.

번역 '유성사(有成事)'는 날짜를 상의하여 거북점과 시초점을 통해 길한 점괘를 얻어 그 사안을 이룰 수 있다는 뜻이다. '조루(雕鏤)'는 제기의 장식을 뜻한다. '문장(文章)'과 '보불(黼黻)'은 제복의 장식을 뜻한다. '사(嗣)'자는 전수하여 연속되게 해서 끊어지지 않게 한다는 뜻이다. 제기나 제복들이 항상 보존된다면, 예(禮)는 반드시 없어지지 않게 된다.

鄭注 上事行於民, 有成功, 乃後續以治文飾, 以爲尊卑之差.

번역 앞서 언급한 일들을 백성들에게 시행하여 공을 이룰 수 있다면, 그 이후에는 연속하여 문채와 장식 등을 다스려서 존비의 차등으로 삼는다.

釋文 彫, 本亦作雕. 鏤, 力豆反. 黼音甫. 黻音弗.

번역 '彫'자는 판본에 따라서 또한 '雕'자로도 기록한다. '鏤'자는 '力(력)'자와 '豆(두)'자의 반절음이다. '黼'자의 음은 '甫(보)'이다. '黻'자의 음은 '弗(불)'이다.

孔疏 ●"有成事"者, 謂有上三事行於民, 有成功之事, 故云"有成事", 則上事天地·辨君臣·別男女等之事.

번역 ●經文: "有成事". ○앞서 말한 세 가지 사안들을 백성들에게 시행하여, 공을 이루는 일들이 생긴다는 뜻이다. 그렇기 때문에 "일을 이룸이 있다."라고 했으니, 앞서 말한 천지의 신들을 섬기고, 군신관계를 변별하며,

남녀관계를 구별한다는 등의 일들에 해당한다.

孔疏 ●"然後治其雕鏤·文章·黼黻以嗣"者, 言旣有在上諸事, 然後聖人能治理其雕畫刻鏤·文章·黼黻以嗣續其事, 便每事有尊卑上下文彩之異.

번역 ●經文: "然後治其雕鏤·文章·黼黻以嗣". ○이미 앞서 말한 사안들을 이룬 뒤에는 성인은 그림을 그리거나 조각을 하며 무늬 새기는 일들을 다스려서 그 사안을 연속되게 하니, 곧 모든 일들에 대해서 존비와 상하에 따른 문채의 차이를 두게 한다는 뜻이다.

참고 원문비교

예기대전·애공문(哀公問) "有成事, 然後治其雕鏤·文章·黼黻以嗣."

대대례기·애공문어공자(哀公問於孔子) "有成事, 然後治其雕鏤·文章·黼黻以嗣."

공자가어·문례(問禮) "旣有成事, 而後治其文章·黼黻, 以別尊卑上下之等."

【592d】

"其順之, 然後言其喪筭, 備其鼎俎, 設其豕腊, 脩其宗廟, 歲時以敬祭祀, 以序宗族, 卽安其居, 節醜其衣服, 卑其宮室, 車不雕幾, 器不刻鏤, 食不貳味, 以與民同利. 昔之君子之行禮者如此."

직역 "그 順한 然後에 그 喪筭을 言하고, 그 鼎俎를 備하며, 그 豕腊을 設하고,

그 宗廟를 脩하여, 歲時로 이로써 祭祀를 敬하고, 이로써 宗族을 序하며, 그 居를 卽安하고, 그 衣服을 節醜하며, 그 宮室을 卑하고, 車는 雕幾를 不하며, 器는 刻鏤를 不하고, 食은 味를 不貳하여, 이로써 民과 與하여 利를 同합니다. 昔의 君子가 禮를 行한 者는 此와 如합니다."

의역 공자가 계속하여 말하길, "상하 계층이 모두 순종한 뒤에야 상장례의 기한을 드러내고, 솥이나 도마 등의 제기들을 갖추며, 돼지고기나 육포 등을 준비하고, 종묘 건물을 보수하여, 각 시기마다 이를 통해 제사를 공경스럽게 시행하고, 종족에 대해서는 서열에 따라 질서를 정하며, 처한 곳에 따라 편안하게 여기고, 의복을 검소하게 하며, 궁실의 건물을 낮게 하고, 수레에는 조각 장식을 하지 않으며, 음식을 먹을 때 사용하는 기물들에도 조각을 새기지 않고, 음식에 대해서는 맛을 두 가지 이상으로 내지 않음으로써 백성들과 이로움을 함께 나눕니다. 예전의 군자가 예(禮)를 시행했던 것은 이와 같습니다."라고 했다.

集說 順之, 謂上下皆無違心也. 言, 猶明也. 喪筭, 五服歲月之數, 殯葬久近之期也. 卽安其居者, 隨其所處而安之也. 節, 儉也. 醜, 猶惡也. 雕幾, 見郊特牲. 器, 養器也. 自奉如此其薄者, 蓋欲不傷財, 不害民, 而與民同其利也.

번역 '순지(順之)'는 상하 계층 모두 어기는 마음이 없다는 뜻이다. '언(言)'자는 "밝힌다[明]."는 뜻이다. '상산(喪筭)'은 오복(五服)[3]에 따른 기한의 수치와 빈소를 차리고 장례를 치를 때 적용되는 기한의 멀고 가까운 수치를 뜻한다. '즉안기거(卽安其居)'는 머무는 곳에 따라서 편안하게 여긴다는 뜻이다. '절(節)'자는 "검소하다[儉]."는 뜻이다. '추(醜)'자는 "조악하

---

3) 오복(五服)은 죽은 자와 친하고 소원한 관계에 따라 입게 되는 다섯 가지 상복(喪服)을 뜻한다. 참최복(斬衰服), 자최복(齊衰服), 대공복(大功服), 소공복(小功服), 시마복(緦麻服)을 가리킨다. 『예기』「학기(學記)」편에는 "師無當於五服, 五服弗得不親."이라는 기록이 있는데, 이에 대한 공영달(孔穎達)의 소(疏)에서는 "五服, 斬衰也, 齊衰也, 大功也, 小功也, 緦麻也."라고 풀이했다. 또한 '오복'에 있어서는 죽은 자와 가까운 관계일수록 중대한 상복을 입고, 복상(服喪) 기간도 늘어난다. 위의 '오복' 중 참최복이 가장 중대한 상복에 속하며, 그 다음은 자최복이고, 대공복, 소공복, 시마복 순으로 내려간다.

다[惡].”는 뜻이다. '조기(雕幾)'에 대한 설명은 『예기』「교특생(郊特牲)」편
에 나온다.4) '기(器)'는 음식을 먹을 때 사용하는 기물이다. 제 스스로를
이처럼 척박하게 받드는 것은 재물을 축내지 않고 백성들에게 해를 끼치지
않으며, 백성들과 이로움을 함께 누리고자 하기 때문이다.

大全 石林葉氏曰: 上以事天地, 下以別疏戚, 莫非尊敬之道也. 然禮者, 中
庸而已, 中庸則不以所能者病人, 其敎人, 皆其所能也. 君子嚴於事鬼神, 而儉
於奉己, 故事鬼神, 則以敬順爲主. 喪筭也, 鼎俎也, 豕腊也, 宗廟也, 皆無所不
盡, 至於自奉乎己, 則以恭儉爲主, 故醜衣服, 卑宮室, 不雕車, 不鏤器, 不貳
味, 以與民同利. 禹之克勤克儉, 而致美乎黻冕, 致孝乎鬼神, 盡力乎溝洫, 蓋
此意也.

번역 석림섭씨가 말하길, 위로 천지의 신들을 섬기고 아래로 소원하고
친한 관계를 구별하는 것은 존경의 도가 아닌 것이 없다. 그런데 예(禮)라
는 것은 중용일 따름이니, 중용을 따른다면 자신만 할 수 있는 것으로 남을
괴롭히지 않으니,5) 남을 가르치는 것들은 모두 그들도 잘 할 수 있는 것들
이다. 군자는 귀신을 섬기는 일에 대해 엄준하게 하지만, 자신을 받드는
것들에 대해서는 검약하다. 그렇기 때문에 귀신을 섬기게 되면 공경함과
순종함을 위주로 삼는다. 상장례의 기한, 솥과 도마, 돼지고기나 육포, 종묘

---

4) 『예기』「교특생(郊特牲)」【334a~b】에는 "酒醴之美, 玄酒明水之尙, 貴五味
之本也. 黼黻文繡之美, 疏布之尙, 反女功之始也. 莞簟之安, 而蒲越稾鞂之尙,
明之也. 大羹不和, 貴其質也. 大圭不琢, 美其質也. 丹漆雕幾之美, 素車之乘, 尊
其樸也. 貴其質而已矣. 所以交於神明者, 不可同於所安褻之甚也. 如是而后宜."
라는 기록이 있고, 이에 대한 진호(陳澔)의 『집설(集說)』에서는 "雕, 刻鏤之
也. 幾, 漆飾之畿限也."이라고 풀이했다. 즉 "'조(雕)'자는 조각을 하고 새긴다
는 뜻이다. '기(幾)'자는 옻칠로 장식을 할 때의 무늬를 새기는 윤곽을 뜻한
다."라는 의미이다.

5) 『예기』「표기(表記)」【628c】: 子曰, 仁之難成久矣, 惟君子能之. 是故君子不以
其所能者病人, 不以人之所不能者愧人, 是故聖人之制行也, 不制以己, 使民有所
勸勉愧恥, 以行其言. 禮以節之, 信以結之, 容貌以文之, 衣服以移之, 朋友以極
之, 欲民之有壹也. 小雅曰, "不愧于人, 不畏于天."

등에 대한 일들에 대해 지극히 하지 않는 것이 없지만, 자신을 봉양하는 일에 있어서는 공손함과 검약함을 위주로 한다. 그렇기 때문에 의복을 조악하게 하며, 궁실을 낮추고, 수레에 조각장식을 하지 않으며, 기물에 조각을 새기지 않고, 맛을 두 가지 이상 내지 않음으로써 백성들과 이로움을 함께 한다. 우임금은 지극히 노력하고 지극히 검약했지만,[6] 제복에는 아름다움을 다하고 귀신에 대해서는 효를 지극히 발휘했으며, 수로를 만드는 일에 전력을 다했던 것[7]도 이러한 뜻 때문일 것이다.

鄭注 言, 語也. 筭, 數也. 卽, 就也. 醜, 類也. 幾, 附纏之也. 言君子旣尊禮, 民以爲順, 乃後語以喪祭之禮, 就安其居處, 正其衣服, 敎之節儉, 與之同利者, 上下俱足也.

번역 ‘언(言)’자는 “말한다[語].”는 뜻이다. ‘산(筭)’자는 수치[數]를 뜻한다. ‘즉(卽)’자는 “나아간다[就].”는 뜻이다. ‘추(醜)’자는 “부류를 나누다[類].”는 뜻이다. ‘기(幾)’자는 붙이고 감는다는 뜻이다. 군자는 이미 예(禮)를 존경하는데, 백성들이 이것을 순종의 대상으로 삼은 뒤에야 상례와 제례를 말하고, 거처에 나아가 편안하게 지내며 의복을 올바르게 하여, 그들에게 절약하고 검소할 것을 가르쳐, 그들과 이로움을 함께 하는 것은 상하 계층이 모두 풍족하게 된다는 뜻이다.

釋文 筭, 悉讓反. 備其鼎俎, 本亦無此句. 腊音昔. 卑如字, 又音婢. 幾音祈, 注同. 語以, 魚據反.

번역 ‘筭’자는 ‘悉(실)’자와 ‘讓(양)’자의 반절음이다. ‘備其鼎俎’는 판본에 따라 또한 이 구문이 없는 기록도 있다. ‘腊’자의 음은 ‘昔(석)’이다. ‘卑’

---

6) 『서』「우서(虞書)·대우모(大禹謨)」: 帝曰, 來禹, 降水儆予, 成允成功, 惟汝賢, <u>克勤于邦</u>, <u>克儉于家</u>, 不自滿假, 惟汝賢, 汝惟不矜, 天下莫與汝爭能, 汝惟不伐, 天下莫與汝爭功.
7) 『논어』「태백(泰伯)」: 子曰, “禹, 吾無間然矣. 菲飮食, <u>而致孝乎鬼神</u>, 惡衣服, <u>而致美乎黻冕</u>, 卑宮室, <u>而盡力乎溝洫</u>. 禹, 吾無間然矣.”

자는 글자대로 읽으며, 또한 그 음은 '婢(비)'도 된다. '幾'자의 음은 '祈(기)'
이며, 정현의 주에 나오는 글자도 그 음이 이와 같다. '語以'에서의 '語'자는
'魚(어)'자와 '據(거)'자의 반절음이다.

孔疏 ●"其順之"者, 謂其民也. 君旣尊敬於禮, 故民得敎而百姓順從之.

번역 ●經文: "其順之". ○백성들에 대한 내용이다. 군주가 이미 예(禮)
를 존경할 수 있기 때문에, 백성들이 가르침을 받고, 백성들이 그에 순종하
며 따르는 것이다.

孔疏 ●"然後言其喪筭"者, 言, 猶示語也; 筭, 數也. 民旣從順, 然後示語
其喪紀節數以敎之也.

번역 ●經文: "然後言其喪筭". ○'언(言)'자는 드러내어 말한다는 뜻이
며, '산(筭)'자는 수치[數]를 뜻한다. 백성들이 이미 따르고 순종하게 되었다
면, 그런 뒤에는 상장례의 기한을 드러내고 말하여 그들을 가르친다.

孔疏 ●"設其豕腊"者, 謂喪中之奠, 有豕有腊也. 前示服數, 後設喪奠之禮
也.

번역 ●經文: "設其豕腊". ○상중에 전(奠)제사[8]를 지내게 되면, 돼지고
기를 올리고 육포를 올린다는 뜻이다. 앞서 복장에 따른 정해진 기한을 드
러내고, 그 이후에 상중에 전제사를 지내는 예법을 제정한 것이다.

孔疏 ●"脩其宗廟, 歲時以敬祭祀"者, 謂除服之後, 又敎爲之宗廟, 以鬼享
之.

---

8) 전제(奠祭)는 죽은 자 및 귀신들에게 음식을 헌상하는 제사이다. 상례(喪禮)
를 치를 때, 빈소를 차리고 나면, 매일 아침과 저녁에 음식을 바치며 제사를
지내게 되는데, '전제'는 주로 이러한 제사를 뜻한다.

번역 ●經文: "脩其宗廟, 歲時以敬祭祀". ○상복을 제거한 이후에는 또한 종묘를 세우도록 가르쳐서, 귀신에 대한 도리로써 흠향을 시키도록 한다는 뜻이다.

孔疏 ●"以序宗族"者, 又教祭祀末, 留同姓燕飲, 序會宗族也.

번역 ●經文: "以序宗族". ○또한 제사의 말미에 동성인 자들을 머물게 하여 연회를 베풀고, 종족관계에서의 서열을 정해 회합하도록 가르친다.

孔疏 ●"卽安其居"者, 卽, 就也. 就安其居, 謂隨其風俗·山川·溪谷之異而安之, 不使山者居川, 渚者居中原, 是也.

번역 ●經文: "卽安其居". ○'즉(卽)'자는 "나아간다[就]."는 뜻이다. 거처에 나아가 편안하게 여긴다는 말은 풍속·산천과 계곡에 따른 지형적 차이에 따라서 편안하게 여기도록 한다는 뜻으로, 산림지역에 거주하는 자에 대해서는 그들을 하천지역으로 이주시켜 거주하도록 하지 않으며, 물가에 거주하는 자에 대해서는 평지로 이주시켜 거주하도록 하지 않는 것9)이 이러한 뜻에 해당한다.

孔疏 ●"節醜其衣服"者, 節, 正也; 醜, 類也. 又正其民衣服, 使得其類也. 衣服異宜, 器械異制, 是也.

번역 ●經文: "節醜其衣服". ○'절(節)'자는 "바르게 하다[正]."는 뜻이며, '추(醜)'자는 "부류를 나누다[類]."는 뜻이다. 또한 백성들의 의복을 올바르게 제정하여, 그들로 하여금 자신의 부류에 따른 복장을 착용하도록 만든다. 그들이 입는 의복의 차이는 옷의 적정한 기준을 다르게 하고, 그들

---

9) 『예기』「예운(禮運)」【291c】: 故禮之不同也, 不豐也, 不殺也, 所以持情而合危也. 故聖王所以順, <u>山者不使居川, 不使渚者居中原</u>, 而弗敝也. 用水·火·金·木·飲食必時, 合男女, 頒爵位, 必當年德, 用民必順. 故無水旱昆蟲之災, 民無凶饑妖孽之疾.

이 사용하는 기계의 차이는 제작 방법을 다르게 한다는 것10)이 이러한 뜻
에 해당한다.

孔疏 ●"卑其宮室"者, 制使有度, 不峻宇雕牆也.

번역 ●經文: "卑其宮室". ○제도를 정하여 정해진 치수를 만들어서, 집
을 높이 짓거나 담장에 조각을 새기지 않도록 한다.11)

孔疏 ●"車不雕幾"者, 幾, 謂沂鄂也. 謂不雕鏤, 使有沂鄂也.

번역 ●經文: "車不雕幾". ○'기(幾)'자는 장식을 하여 튀어나오고 들어
가게 한다는 뜻이다. 즉 조각을 새겨서 튀어나오거나 들어가게 만들지 않
는다는 의미이다.

孔疏 ●"器不刻鏤"者, 謂常用之器不用采飾.

번역 ●經文: "器不刻鏤". ○일상적으로 사용하는 기물들에 대해서는
채색으로 장식을 하지 않는다는 뜻이다.

孔疏 ●"食不貳味"者, 謂不副貳肴膳也.

번역 ●經文: "食不貳味". ○의식에 사용되는 고기요리나 맛있는 반찬
에 버금가도록 맛을 내지 않는다는 뜻이다.

孔疏 ●"以與民同利"者, 非唯教民如此, 而君亦不奢飾, 但與百姓同其利
潤也.

---

10) 『예기』「왕제(王制)」【164b】: 凡居民材, 必因天地寒暖燥濕, 廣谷大川, 異制.
民生其間者, 異俗. 剛柔輕重遲速, 異齊. 五味異和, 器械異制, 衣服異宜. 修其教,
不易其俗. 齊其政, 不易其宜.
11) 『서』「하서(夏書)·오자지가(五子之歌)」: 其二曰, 訓有之, 內作色荒, 外作禽荒.
甘酒嗜音, 峻宇彫牆, 有一于此, 未或不亡.

번역 ●經文: "以與民同利". ○백성들에 대한 교화를 이처럼만 하는 것이 아니라 군주 또한 사치를 부리거나 화려한 장식을 하지 않고, 다만 백성들과 이로움 및 윤택을 함께 나눈다.

孔疏 ●"昔之君子之行禮者如此", 以哀公問君子尊禮所由, 故結之云古昔之君子之行禮如此上事, 刺公今不然.

번역 ●經文: "昔之君子之行禮者如此". ○애공이 군자가 예(禮)를 존경하게 된 유래를 질문하였기 때문에 결론을 맺으며, 예전의 군자가 앞서 말한 것처럼 예를 시행하였다고 말했으니, 애공은 현재 이처럼 따르지 않는다는 사실을 비판한 것이다.

訓纂 釋器: 木謂之刻.

번역 『이아』「석기(釋器)」편에서 말하길, 나무에 대해 조각하는 것을 '각(刻)'이라고 부른다.[12]

訓纂 邵氏晉涵曰: 說文云, "刻, 鏤也." 哀公問云, "器不刻鏤", 是刻鏤又爲治器之總名也.

번역 소진함[13]이 말하길, 『설문』에서는 "각(刻)자는 새긴다는 뜻이다."라고 했다. 「애공문」편에서는 "기물은 조각하여 새기지 않는다."라고 했는데, '각루(刻鏤)'라는 것은 또한 기물을 다듬는 작업을 총칭하는 말이 된다.

集解 喪筭, 謂喪之月數也.

---

12) 『이아』「석기(釋器)」: 金謂之鏤, <u>木謂之刻</u>, 骨謂之切, 象謂之磋, 玉謂之琢, 石謂之磨.

13) 소진함(邵晉涵, A.D.1743～A.D.1796) : 청(淸)나라 때의 학자이다. 자(字)는 여동(與桐)이고, 호(號)는 이운(二雲)·남강(南江)이다. 사학(史學)과 경학 분야에 명성이 높았다.

번역 '상산(喪筭)'은 상을 치르는 개월 수를 뜻한다.

集解 方氏慤曰: 以其所能敎百姓, 所謂以身敎者也. 有成事, 言敎之有成也. 治其雕鏤·文章·黼黻以嗣, 治其器以嗣其道也. 鼎俎, 祭器也. 豕腊, 祭物也. 宗廟, 祭所也. 歲時以敬祭祀, 孝經所謂"春秋祭祀, 以時思之"也. 以序宗族, 祭統所謂"昭與昭齒, 穆與穆齒"也. 卽安其居者, 卽其所居而安之, 無事乎改爲也. 節醜其衣服者, 節之使各從其類, 而不至於僭差也. 自"卽安其居"以下至於"食不貳味", 皆言其以儉爲德也. 儉者不奪人, 故能與民同其利.

번역 방각이 말하길, 잘 할 수 있는 것으로 백성들을 가르친다는 것은 자신을 통해 가르친다는 뜻이다. '유성사(有成事)'는 가르침을 통해 이룬다는 뜻이다. 조각과 무늬 등을 다스려서 잇게 한다는 말은 기물들을 다스려서 그 도리를 계승한다는 뜻이다. 솥과 도마는 제기를 뜻한다. 돼지고기와 육포는 제물을 뜻한다. 종묘는 제사 지내는 장소를 뜻한다. 시기마다 이를 통해 제사를 공경스럽게 한다는 말은 『효경』에서 "봄과 가을에 제사를 지내어, 때마다 부모를 생각한다."[14]라고 한 말에 해당한다. 이로써 종족의 질서를 정한다는 말은 『예기』「제통(祭統)」편에서 "소(穆)항렬의 사람들은 소항렬의 사람들과 나이에 따라 서열을 정하고, 목(穆)항렬의 사람들은 목항렬의 사람들과 나이에 따라 서열을 정한다."[15]라고 한 말에 해당한다. '즉안기거(卽安其居)'는 거처하는 곳에 나아가서 편안하게 여기며, 고쳐서 시행하는 것을 일삼지 않는다는 뜻이다. 의복을 절추(節醜)한다는 말은 조절하여 각각 자신이 속한 부류에 따르도록 하고 참람되게 차이를 두는 지경에 이르지 않도록 한다는 뜻이다. "거처에 나아가 편안하게 여긴다."는 말로부터 "음식에 대해서는 맛을 두 가지 이상 내지 않는다."는 말까지는 모두 검소함을 미덕으로 삼는다는 뜻이다. 검소한 자는 남의 것을 빼앗지 않는다. 그렇기 때문에 백성들과 이로움을 함께 누릴 수 있다.

---

14) 『효경』「상친장(喪親章)」: 爲之宗廟, 以鬼享之. <u>春秋祭祀, 以時思之</u>.

15) 『예기』「제통(祭統)」【583b】: 凡賜爵, 昭爲一, 穆爲一, <u>昭與昭齒, 穆與穆齒</u>. 凡群有司皆以齒. 此之謂長幼有序.

集解 愚謂: 禮貴得中, 奢則不孫, 儉則固. 當時人君僭侈, 故此言行禮而專歸之於儉, 蓋所以救時之失, 所謂"國奢則示之以儉"也.

번역 내가 생각하기에, 예(禮)는 알맞음을 존귀하게 여기는데, 사치를 부린다면 공손하지 못한 것이며, 너무 검소하게 한다면 고루하게 된다.[16] 당시 군주들은 참람되고 사치를 부렸기 때문에 이곳에서는 예를 시행한다는 것을 언급하며 전적으로 검소함으로 귀결을 시켰으니, 당시의 잘못을 구원하고자 한 것으로, "나라의 풍조가 사치스럽다면, 검소함을 실천하여 올바른 뜻을 보여준다."[17]는 말에 해당한다.

참고 원문비교

예기대전 · 애공문(哀公問) "其順之, 然後言其喪筭, 備其鼎俎, 設其豕腊, 脩其宗廟, 歲時以敬祭祀, 以序宗族, 卽安其居, 節醜其衣服, 卑其宮室, 車不雕幾, 器不刻鏤, 食不貳味, 以與民同利. 昔之君子之行禮者如此."

대대례기 · 애공문어공자(哀公問於孔子) "其順之, 然後言其喪<u>算</u>, 備其鼎俎, 設其豕腊, 脩其宗廟, 歲時以敬祭祀, 以序宗族, <u>則</u>安其居<u>處</u>, <u>醜</u>其衣服, 卑其宮室, 車不雕幾, 器不刻鏤, 食不貳味, 以與民同利. 昔之君子之行禮者如此."

공자가어 · 문례(問禮) "其順之<u>也</u>, <u>而</u>後言其喪<u>祭之紀</u>, <u>宗廟之序</u>, <u>品其犧牲</u>, 設其豕腊, <u>修其歲時</u>, 以敬<u>其</u>祭祀, <u>別其親疏</u>, 序<u>其昭穆</u>, <u>而後</u>宗族<u>會</u><u>醴</u>, 卽安其居, <u>以綴恩義</u>. 卑其宮室, 節其服<u>御</u>, 車不雕<u>璣</u>, 器不<u>彤</u>鏤, 食不<u>二</u>味, <u>心不淫志</u>, 以與<u>萬民</u>同利, <u>古</u>之<u>明王</u>行禮<u>也</u>如此."

---

16) 『논어』「술이(述而)」: 子曰, "奢則不孫, 儉則固. 與其不孫也, 寧固."
17) 『예기』「단궁하(檀弓下)」【119b】: 曾子曰, "國無道, 君子恥盈禮焉. 國奢則示之以儉, 國儉則示之以禮."

공자가어번역 공자가 계속하여 말하길, "상하 계층이 모두 순종한 이후에야 상장례의 기한을 말하고, 종묘의 서열에 따라 희생물의 등급을 나누고 돼지고기나 육포 등을 준비하며, 제사지내는 시기를 정하여, 이로써 제사를 공경스럽게 시행하고, 친하고 소원한 친족의 관계를 구별하며, 소목(昭穆)의 서열을 정하고, 그런 뒤에 종족들을 회합하여 연회를 하면, 곧 자신이 처한 곳을 편안하게 여겨서 이로써 은정과 도의를 잇게 됩니다. 궁실의 건물을 낮게 하고, 의복과 수레에 대해서 검소하게 하여, 수레에는 조각이나 구슬 장식을 하지 않고, 기물에도 칠을 하거나 조각을 하지 않으며, 음식에 대해서는 두 가지 이상으로 맛을 내지 않고, 마음이 그 뜻을 어지럽히지 않게 하여, 이로써 모든 백성들과 이로움을 함께 나눕니다. 고대의 성왕이 예(禮)를 시행했던 것은 이와 같습니다."라고 했다.

그림 1-2 정(鼎)과 조(俎)

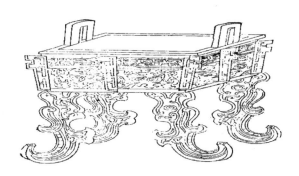

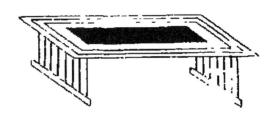

※ **출처**: 정-『삼재도회(三才圖會)』「기용(器用)」1권
　　　　　　조-『육경도(六經圖)』6권

• 제 2 절 •

예(禮)를 시행하지 않는 이유

【593a】

> 公曰, "今之君子胡莫之行也?" 孔子曰, "今之君子好實無厭, 淫德不倦, 荒怠敖慢, 固民是盡, 午其衆以伐有道, 求得當欲, 不以其所. 昔之用民者由前, 今之用民者由後, 今之君子莫爲禮也."

직역 公이 曰, "今의 君子는 胡히 行하길 莫합니까?" 孔子가 曰, "今의 君子는 實을 好함에 厭이 無하고, 淫德하여 不倦하며, 荒怠하고 敖慢하여, 民을 固함이 是에 盡한데, 그 衆을 午하여 道를 有함을 伐하고, 欲에 當함을 得함을 求함에 그 所로써 함을 不합니다. 昔에 民을 用한 者는 前에 由하고, 今에 民을 用하는 者는 後에 由하니, 今의 君子는 禮를 爲하길 莫합니다."

의역 애공이 "오늘날의 군자들은 어찌하여 그러한 예(禮)를 시행하지 않는 것입니까?"라고 묻자, 공자는 "오늘날의 군자들은 재물을 좋아함에 끝이 없고, 방탕한 행실을 하면서도 싫증을 내지 않으며, 방만하고 나태하게 행동하고, 백성들의 재물을 모두 고갈시키며, 백성들의 뜻을 어겨서 도를 갖춘 자를 공격하고, 제 욕심 채우기만을 구하며, 도리를 따지지 않습니다. 예전에 백성들을 부리던 군주는 앞서 언급한 대로 따랐지만, 오늘날의 군주들은 후자에 해당합니다. 이러한 까닭으로 오늘날의 군자들은 예를 시행하지 않는 것입니다."라고 했다.

集說 實, 貨財也. 淫德, 放蕩之行也. 固, 如固獲之固, 言取之力也. 盡, 謂竭其所有也. 午, 與迕同, 午其衆, 違逆衆心也. 求得當欲, 言不過求以稱其私欲而已. 不以其所, 不問其理之所在也. 由前, 由古之道. 由後, 由今之道也.

번역 '실(實)'자는 재화를 뜻한다. '음덕(淫德)'은 방탕한 행실을 뜻한다. '고(固)'자는 "반드시 차지하려고 한다."고 했을 때의 고(固)자와 같으니, 뺏으려는 힘을 뜻한다. '진(盡)'자는 가지고 있는 것을 모두 소진한다는 뜻이다. '오(午)'자는 "거스른다."는 뜻의 '오(迕)'자와 같으니, '오기중(午其衆)'은 백성들의 마음을 거스른다는 의미이다. '구득당욕(求得當欲)'은 삿된 욕심을 채우고자 구하는 데에서 벗어나지 않는다는 뜻이다. '불이기소(不以其所)'는 이치가 있는 곳을 따지지 않는다는 뜻이다. '유전(由前)'은 고대의 도리를 따른다는 뜻이다. '유후(由後)'는 현재의 실태를 따른다는 뜻이다.

大全 嚴陵方氏曰: 好實無厭, 言貪而不知足也. 淫德不倦, 言過而不能改也. 荒於事, 故其心怠, 敖於物, 故其心慢. 固民是盡者, 謂其或盡民之力, 而不計其勞, 或盡民之財, 而不計其費也. 衆者, 人之所順, 而反午之. 有道者, 人之所尊, 而反伐之. 求其得而已, 不顧於義也. 當所欲而已, 不循於理也. 若是則動, 皆失其所矣, 故曰不以其所也. 用民, 卽君子也. 以其有君國子民之位, 故以用民言之.

번역 엄릉방씨가 말하길, "재화를 좋아함에 싫어함이 없다."는 말은 탐욕을 부리며 만족할 줄 모른다는 뜻이다. "음란한 덕으로 피곤한 줄 모른다."는 말은 잘못을 범하고도 고치지 못한다는 뜻이다. 그 사안에 방만하기 때문에 마음이 나태하고, 그 대상에 거만하기 때문에 마음이 태만하다. '고민시진(固民是盡)'은 백성들의 힘을 고갈시키게 되더라도 수고로움을 따지지 않고, 백성들의 재화를 고갈시키게 되더라도 지출을 따지지 않는다는 뜻이다. 무리는 사람들이 따르는 것인데 반대로 거스른다. 도를 갖춘 자는 사람들이 존귀하게 높이는 대상인데 반대로 공격한다. 얻는 것만 구할 따름이며 도의는 따지지 않는다. 바라는 것을 충당하기만 할 따름이며 도리는 준수하지 않는다. 이처럼 행동하게 되면 모두 자신의 자리를 잃게 된다. 그렇기 때문에 "제자리로써 하지 않는다."라고 말했다. '용민(用民)'은 군자를 뜻한다. 나라를 다스리고 백성들을 자식처럼 여길 수 있는 지위를 갖췄기 때문에 '용민(用民)'이라고 말한 것이다.

鄭注 實, 猶富也. 淫, 放也. 固, 猶故也. 午其衆, 逆其族類也. 當, 猶稱也. 所, 猶道也. 由前, 用上所言; 猶[1]後, 用下所言.

번역 '실(實)'자는 부유함[富]을 뜻한다. '음(淫)'자는 "방만하다[放]."는 뜻이다. '고(固)'자는 그러므로[故]라는 뜻이다. '오기중(午其衆)'은 동족을 거스른다는 뜻이다. '당(當)'자는 "걸맞다[稱]."는 뜻이다. '소(所)'자는 도(道)를 뜻한다. '유전(由前)'은 앞서 언급한 대로 따른다는 뜻이며, '유후(由後)'는 뒤에서 언급한 대로 따른다는 뜻이다.

釋文 好, 呼報反. 厭, 於豔反. 敖, 五報反. 午, 五故反, 一音如字, 注同; 王肅作迕, 迕, 違也. 當, 丁浪反, 注同. 稱, 尺證反.

번역 '好'자는 '呼(호)'자와 '報(보)'자의 반절음이다. '厭'자는 '於(어)'자와 '豔(염)'자의 반절음이다. '敖'자는 '五(오)'자와 '報(보)'자의 반절음이다. '午'자는 '五(오)'자와 '故(고)'자의 반절음이며, 다른 음은 글자대로 읽고, 정현의 주에 나오는 글자도 그 음이 이와 같은데, 『왕숙본』에서는 '迕'자로 기록했으니, '迕'자는 거스른다는 뜻이다. '當'자는 '丁(정)'자와 '浪(랑)'자의 반절음이며, 정현의 주에 나오는 글자도 그 음이 이와 같다. '稱'자는 '尺(척)'자와 '證(증)'자의 반절음이다.

孔疏 ●"孔子曰: 今之君子好實無厭"者, 實, 謂財貨充實, 言今之君子性行貪婪, 好此財貨, 無知厭足.

번역 ●經文: "孔子曰: 今之君子好實無厭". ○'실(實)'자는 재화가 가득 찼다는 뜻으로, 오늘날의 군자는 마음대로 행동하고 탐욕을 부려서, 재화를 좋아하며 만족할 줄 모른다는 뜻이다.

---

1) '유(猶)'자에 대하여. 『십삼경주소(十三經注疏)』북경대 출판본에서는 "'유'자를 『예기훈찬(禮記訓纂)』에서는 '유(由)'자로 기록했다."라고 했다.

孔疏 ●"固民是盡"者, 固, 故也; 盡, 謂竭盡. 言不恤於下, 故使人之財力於是盡竭.

번역 ●經文: "固民是盡". ○'고(固)'자는 고(故)자와 같으며, '진(盡)'자는 모두 다한다는 뜻이다. 즉 백성들을 구휼하지 않기 때문에 사람들의 재화와 힘이 이에 모두 소진되도록 한다는 뜻이다.

孔疏 ●"午其衆以伐有道"者, 午, 忤也; 忤, 違逆也, 言專意自縱, 不順衆心, 是違逆其衆族類也. 守道者被害, 是以伐有道也.

번역 ●經文: "午其衆以伐有道". ○'오(午)'자는 오(忤)자의 뜻이니, '오(忤)'자는 거스른다는 의미로, 전적으로 자기 멋대로 시행하며, 백성들의 마음을 따르지 않으니, 이것은 백성들과 동족을 거스르는 일에 해당한다는 뜻이다. 도를 지키는 자가 피해를 입기 때문에 도를 지닌 자를 공격하는 것이다.

孔疏 ●"求得當欲不以其所"者, 當, 稱也, 所, 道也. 言不以道而侵民, 求其所得, 必須稱己所欲, 不用其養民之道.

번역 ●經文: "求得當欲不以其所". ○'당(當)'자는 "걸맞다[稱]."는 뜻이며, '소(所)'자는 도(道)를 뜻한다. 도를 따르지 않고 백성들을 침탈하며, 얻고자 하는 것을 원하며, 반드시 자기가 바라는 것에 걸맞도록 하여, 백성들을 길러주는 도를 따르지 않는다는 의미이다.

孔疏 ●"今之君子, 莫爲禮也"者, 言古之君子用前經所云以化民, 今之君子用後經所說以害下. 故今之君子無能爲先世君子之禮也.

번역 ●經文: "今之君子, 莫爲禮也". ○고대의 군자는 앞의 경문에서 언급한 대로 따라서 백성들을 교화하지만, 오늘날의 군자는 뒤의 경문에서 언급한 대로 따라서 백성들에게 해를 끼친다. 그렇기 때문에 오늘날의 군자는 선대 군자의 예(禮)를 시행할 수 없다.

集解 愚謂: 伐國非人之所欲也, 況伐有道乎? 今乃逆而行, 是求當於一己
之欲, 而不顧民之失其所也. 禮以恭敬辭讓爲本, 當時諸侯所行如此, 則禮之
本固已亡矣, 其將何以行禮哉?

번역 내가 생각하기에, 다른 나라를 공격하는 것은 사람들이 원하는 바
가 아닌데 하물며 도를 갖춘 자를 공격한단 말인가? 오늘날에는 거슬러
시행하니, 이것은 원하는 것이 자기 개인의 욕심만을 충당하고, 백성들이
자신의 자리를 잃는 것에 대해 살피지 않는 것이다. 예(禮)는 공손함과 공
경함 및 사양함을 근본으로 삼는데, 당시 제후들의 행동이 이와 같았으므
로, 예의 근본은 이미 망실된 것인데, 장차 무엇을 가지고 예를 시행한단
말인가?

참고 원문비교

예기대전·애공문(哀公問) 公曰, "今之君子胡莫之行也?" 孔子曰, "今之
君子好實無厭, 淫德不倦, 荒怠敖慢, 固民是盡, 午其衆以伐有道, 求得當欲,
不以其所. 昔之用民者由前, 今之用民者由後, 今之君子莫爲禮也."

대대례기·애공문어공자(哀公問於孔子) 公曰, "今之君子胡莫之行也?" 孔
子曰, "今之君子好[色]無厭, 淫德不倦, 荒怠[傲]慢, 固民是盡, [怦]其衆以伐有道,
求得當欲, 不以其所. 古之用民者由前, 今之用民者由後, 今之君子莫爲禮也."

공자가어·문례(問禮) 公曰, "今之君子胡莫之行也?" 孔子[對]曰, "今之君
子好[利]無厭, 淫[行]不倦, 荒怠[慢遊], 固民是盡, [以遂其心], 以[怨其政], [怦]其衆以
伐有道, 求得當欲, 不以其所①, [虐殺刑誅], [不以其治]. [夫]昔之用民者由前②,
今之用民者由後③, [是卽]今之君子莫[能]爲禮也."

공자가어번역   애공이 "오늘날의 군자들은 어찌하여 그러한 예(禮)를 시행하지 않는 것입니까?"라고 묻자, 공자가 대답하길, "오늘날의 군자들은 이로움을 좋아함에 끝이 없고, 방탕한 행실을 하면서도 싫증을 내지 않으며, 방만하고 나태하게 행동하고, 백성들의 재물을 모두 고갈시켜서, 이를 통해 자신의 욕심을 채우고, 이를 통해 정치를 원망하도록 만들며, 백성들의 뜻을 어겨서 도를 갖춘 자를 공격하고, 제 욕심 채우기만을 구하며 도리를 따지지 않고, 잔학한 형벌로 죽이며, 정책을 따르지 않습니다. 예전에 백성들을 부리던 군주는 앞서 언급한 대로 따랐지만, 오늘날의 군주들은 뒤에 언급한대로 따르니, 이러한 까닭으로 오늘날의 군자들은 예를 시행할 수 없는 것입니다."라고 했다.

王注-①   言苟求得當其情欲而已.

번역   구차하게 자신의 정욕만을 만족시키고자 한다는 뜻이다.

王注-②   用上所言.

번역   앞서 언급한대로 따랐다는 뜻이다.

王注-③   用下所言.

번역   뒤에 언급한대로 따랐다는 뜻이다.

참고   『예기』「예운(禮運)」과 『공자가어(孔子家語)』「문례(問禮)」편의 나머지 기록

예기대전   言偃復問曰, "夫子之極言禮也, 可得而聞歟?"

공자가어   言偃問曰, "夫子之極言禮也, 可得而聞乎?"

공자가어번역 언언이 묻기를 "선생님께서는 예(禮)의 중요성에 대해서 강조하여 말씀하셨는데, 자세한 내용에 대해서 설명해주실 수 있습니까?"

예기대전 孔子曰, "我欲觀夏道, 是故之杞, 而不足徵也, 吾得夏時焉. 我欲觀殷道, 是故之宋, 而不足徵也, 吾得坤乾焉. 坤乾之義, 夏時之等, 吾以是觀之."

공자가어 孔子言, "我欲觀夏, 是故之杞①, 而不足徵也②, 吾得夏時焉③. 我欲觀殷道, 是故之宋④, 而不足徵也, 吾得乾坤焉⑤. 乾坤之義, 夏時之等, 吾以此觀之."

공자가어번역 공자가 말하길, "나는 일찍이 하(夏)나라의 도를 살펴보고자 하였기 때문에 하나라의 후예들이 사는 기(杞)나라에 갔었으나 문헌이 부족하여 제대로 확인할 수 없었고, 대신 그곳에서『하시(夏時)』를 얻었다. 그리고 나는 또한 은(殷)나라의 도를 살펴보고자 하였기 때문에 은나라의 후예들이 사는 송(宋)나라에 갔었으나 그곳에서도 문헌이 부족하여 제대로 확인할 수가 없었고, 대신『곤건(坤乾)』을 얻었다. 그 예법을 자세히 말할 수는 없지만,『곤건』에 나타난 의리와『하시』에 열거된 사례 등을 통해서, 나는 하나라와 은나라 때의 도를 어느 정도만 가늠할 수 있을 따름이다."라고 했다.

王注-① 夏后封於杞也.

번역 하나라의 후손을 기나라에 분봉했다.

王注-② 徵, 成.

번역 '징(徵)'자는 "완성하다[成]."는 뜻이다.

王注-③ 於四時之正, 正夏數得天心中.

번역 사계절의 올바른 계산에 있어서 하나라의 역법이 하늘의 운행에 들어맞는다.

王注-④ 殷后封宋.

번역 은나라의 후손을 송나라에 분봉했다.

王注-⑤ 乾天, 坤地, 得天地陰陽之書也.

번역 '건(乾)'은 하늘을 뜻하고, '곤(坤)'은 땅을 뜻하니, 천지와 음양에 대한 책을 얻었다는 뜻이다.

예기대전 "夫禮之初, 始諸飮食, 其燔黍捭豚, 汙尊而抔飮, 蕢桴而土鼓, 猶若可以致其敬於鬼神."

공자가어 "夫禮初也, 始於飮食, 太古之時, 燔黍擘豚①, 汙罇而抔飮②, 蕢桴而土鼓, 猶可以致敬鬼神③."

공자가어번역 공자가 계속해서 말해주길, "무릇 예(禮)의 기원은 음식에서 비롯되었으니, 태고시대에는 기장을 볶아 먹었고, 손으로 돼지고기를 찢어서 먹었으며, 웅덩이를 파서 물을 고이게 만들어 손으로 떠서 마셨고, 흙을 뭉쳐 북채를 만들어 흙으로 쌓아서 만든 북을 쳤는데, 오히려 이것들을 통해 귀신에게 공경함을 지극하게 표현할 수 있었다."라고 했다.

王注-① 古未有釜甑, 釋米擘肉, 加於燒石之上, 而食之.

번역 고대에는 아직까지 솥이나 질그릇 등이 없어서, 알곡을 털고 고기를 찢어서, 불로 달군 돌 위에 올려서 익혀 먹었다.

王注-② 鑿地爲罇, 以手飮之.

번역 땅을 파서 웅덩이를 만들고, 손으로 물을 떠서 마셨다.

王注-② 神饗德, 不求備物也.

번역 신은 제사를 지내는 자의 덕을 흠향하는 것이며, 많은 제수들을 갖추도록 바라지 않는다.

예기대전 "及其死也, 升屋而號, 告曰, '皐某復!' 然後飯腥而苴孰. 故天望而地藏也, 體魄則降, 知氣在上. 故死者北首, 生者南鄕, 皆從其初."

공자가어 "及其死也, 升屋而號, 告曰, 高某復!' 然後飮腥苴熟①. 形體則降, 魂氣則上, 是謂天望而地藏也②. 故生者南嚮, 死者北首, 皆從其初也."

공자가어번역 공자가 계속해서 말해주길, "사람이 죽었을 때에는 지붕 위에 올라가서 그의 혼(魂)을 부르니, 부를 때에는 '아아! 아무개여 다시 돌아오라!'라고 한다. 그가 다시 살아나지 않는다면, 그런 뒤에는 죽은 자를 전송하는 의식을 시행하니, 생쌀을 시신의 입에 물리고 익힌 고기를 포장한다. 형체는 땅으로 꺼지고, 혼기는 하늘로 상승하니, 이것을 두고 하늘을 바라보며 초혼을 하고 땅에 형체가 머물도록 한다고 부른다. 그러므로 살아있는 자들은 머리를 남쪽으로 두고 죽은 자의 머리는 북쪽을 향하게 되니, 이 모두는 예(禮)가 처음 생겨났을 때의 절차를 그대로 따르는 것이다."라고 했다.

王注-① 始死含以珠貝, 將葬苞苴而號, 以遣奠以送之.

번역 어떤 자가 이제 막 죽었을 때에는 구슬이나 화패로 입에 함(含)[2]

---

2) 함(含)은 부의를 보낸다는 뜻이며, 또한 부의로 보내는 특정 물건을 가리키기도 하다. '함'은 시신과 함께 매장하게 될 주옥(珠玉)을 부의로 보내는 것

을 하고, 장례를 치르려고 할 때에는 익힌 고기를 포장하고 울부짖으며, 견전(遣奠)[3]을 지내서 그를 전송한다.

王注-② 魂氣升而在天, 形體藏而在地.

번역 혼기는 상승하여 하늘에 머물고, 형체는 깊숙하게 보관되어 땅속에 머문다.

예기대전 "昔者先王未有宮室, 冬則居營窟, 夏則居橧巢. 未有火化, 食草木之實鳥獸之肉, 飮其血茹其毛. 未有麻絲, 衣其羽皮."

공자가어 "昔之王者未有宮室, 冬則居營窟, 夏則居橧巢①. 未有火化, 食草木之實鳥獸之肉, 飮其血茹其毛. 未有絲麻, 衣其羽皮."

공자가어번역 공자가 계속해서 말해주길, "예전의 선왕들은 아직 궁실이 제대로 갖춰지지 않아서, 겨울에는 동굴에서 살았고, 여름에는 나뭇가지들을 엮어 만든 움막에서 살았다. 아직 불로 음식을 익혀먹는 방법이 없어서, 초목의 과실을 먹고 짐승들의 고기를 날것으로 먹었고, 그 피를 마시고 털이 붙어 있는 상태에서 그대로 먹었다. 견직물이 아직 없어서, 짐승들의 털이나 가죽을 옷 대신 걸쳤다."라고 했다.

王注-① 掘地而居謂之營窟, 有柴謂橧, 在樹曰巢. 窟口骨反, 橧則登反.

번역 땅을 파서 그 속에서 사는 것을 '영굴(營窟)'이라고 부르며, 나무를 엮어서 만든 집을 '증(橧)'이라고 부르는데, 그것이 나무 위에 있다면 '소

이다. 『예기』 「문왕세자(文王世子)」편에는 "族之相爲也, 宜弔不弔, 宜免不免, 有司罰之. 至于賵賻承含, 皆有正焉."이라는 기록이 있는데, 이에 대한 진호(陳澔)의 『집설(集說)』에서는 "含以珠玉."이라고 풀이했다. 또 '함'은 시신의 입에 곡식이나 화패 등을 넣는 것을 의미하기도 한다.

3) 견전(遣奠)은 장차 장례(葬禮)를 치르고자 할 때, 지내게 되는 전제사[奠祭]를 뜻한다.

(巢)'라고 부른다. '窟'자는 'ㅁ(구)'자와 '骨(골)'자의 반절음이며, '橧'자는 '則(칙)'자와 '登(등)'자의 반절음이다.

예기대전 "後聖有作, 然後修火之利, 范金合土, 以爲臺榭宮室牖戶. 以炮以燔, 以亨以炙, 以爲醴酪. 治其麻絲, 以爲布帛. 以養生送死, 以事鬼神上帝, 皆從其朔."

공자가어 "後聖有作, 然後修火之利, 範金①合土②, 以爲宮室戶牖. 以炮以燔③, 以亨以炙④, 以爲醴酪⑤. 治其絲麻, 以爲布帛. 以養生送死, 以事鬼神."

공자가어번역 자가 계속해서 말해주길, "후대에 성인이 나타나 천하를 다스린 이후에야, 불을 이용할 수 있었으니, 금속을 주조하여 철제 도구를 만들고 흙을 이겨서 도기 등을 만들어서, 이러한 것들로써 궁실·들창·방문 등을 만들었다. 그리고 불을 이용하여 태워서 익히기 시작했고, 불 위에서 굽기 시작했으며, 솥에서 삶기 시작했고, 꼬치구이를 하기 시작했으며, 또한 불을 이용해서 술과 식초를 제조하였다. 그리고 천을 가공하여 옷감을 만들었다. 또한 이렇게 만들어진 물건들로써 살아있는 자가 편안하게 생활할 수 있도록 보살피게 하였고, 죽은 자에 대해서는 장례를 잘 치르도록 하였으며, 이를 통해서 귀신을 섬겼다."라고 했다.

王注-① 冶金爲器, 用刑範也.

번역 금속을 주조하여 기물을 만들었는데, 형틀을 사용했다는 뜻이다.

王注-② 合和以作瓦物.

번역 흙을 이겨서 질그릇 등을 만들었다는 뜻이다.

王注-③ 毛曰炮, 加火曰燔也.

번역 털을 태우는 것을 '포(炮)'라고 부르며, 불 위에 올려두는 것을 '번(燔)'이라고 부른다.

王注-④ 煮之曰烹, 炮之曰炙.

번역 삶는 것을 '팽(烹)'이라고 부르며, 굽는 것을 '적(炙)'이라고 부른다.

王注-⑤ 醴, 醴酒. 酪, 漿酢.

번역 '예(醴)'는 단술을 뜻한다. '낙(酪)'은 식초를 뜻한다.

예기대전 "故玄酒在室, 醴醆在戶, 粢醍在堂, 澄酒在下, 陳其犧牲, 備其鼎俎, 列其琴瑟管磬鐘鼓, 脩其祝嘏, 以降上神與其先祖, 以正君臣, 以篤父子, 以睦兄弟, 以齊上下, 夫婦有所, 是謂承天之祜."

공자가어 "故玄酒在室①, 醴醆在戶②, 粢醍在堂③, 澄酒在下④, 陳其犧牲, 備其鼎俎, 列其琴瑟管磬鐘鼓, 囗其祝嘏, 以降上神⑤與其先祖, 以正君臣, 以篤父子, 以睦兄弟, 以齊上下, 夫婦有所, 是謂承天之祜."

공자가어번역 공자가 계속해서 말해주길, "현주(玄酒)[4]를 제실 안쪽에서도 가장 북쪽 끝에 두고, 예(醴)와 잔(醆)이라는 술은 방문 쪽에 두며, 자제(粢醍)는 당상(堂上)에 두고, 징주(澄酒)는 당하(堂下)에 두며, 희생물을 진설하고, 솥과 도마를 갖추며, 금슬(琴瑟)·관경(管磬)·종고(鐘鼓) 등

---

4) 현주(玄酒)는 고대의 제례(祭禮)에서 술 대신 사용한 물[水]을 뜻한다. '현주'의 '현(玄)'자는 물은 흑색을 상징하므로, 붙여진 글자이다. '현주'의 '주(酒)'자의 경우, 태고시대 때에는 아직 술이 없었기 때문에, 물을 술 대신 사용했다. 따라서 후대에는 이 물을 가리키며 '주'자를 붙이게 된 것이다. '현주'를 사용하는 것은 가장 오래된 예법 중 하나이므로, 후대에도 이러한 예법을 존숭하여, 제사 때 '현주' 또한 사용했던 것이며, '현주'를 술 중에서도 가장 귀한 것으로 여겼다. 『예기』「예운(禮運)」편에는 "故玄酒在室, 醴醆在戶."라는 기록이 있는데, 이에 대한 공영달(孔穎達)의 소(疏)에서는 "玄酒, 謂水也. 以其色黑, 謂之玄. 而太古無酒, 此水當酒所用, 故謂之玄酒."라고 풀이했다.

의 악기들을 진열하고, 축사(祝辭)5)와 하사(嘏辭)6)를 마련하여, 이로써 천
상의 신들과 조상신들을 강림하게 했고, 군신의 도리를 바로잡았으며, 부자
관계를 돈독하게 했고, 형제들을 화목하게 했으며, 상하관계를 바르게 했
고, 부부가 각각 자신의 자리를 얻어 유별하게 했으니, 이것을 바로 하늘의
축복을 잇는다고 말한다."라고 했다.

王注-① 玄酒, 水也. 言尙古在略近.

번역 '현주(玄酒)'는 물이다. 즉 고대의 예법을 숭상함은 근래의 것을 상
대적으로 낮추는데 달려있다는 뜻이다.

王注-② 醴盎齊也. 五齊二曰醴齊, 三曰盎齊.

번역 예제(醴齊)와 앙제(盎齊)를 뜻한다. 오제(五齊)7) 중 2번째에 해당

---

5) 축사(祝辭)는 제사를 지낼 때 신에게 아뢰는 말이다. 축관(祝官)이 제주(祭主)
의 명령에 따라 축문(祝文)을 읽게 되는데, 이것이 바로 '축사'이다. 고대의 '축
사'는 경우에 따라 여섯 종류로 나뉜다. 이것을 육축(六祝)이라고 부른다.
6) 하사(嘏辭)의 하(嘏)자는 축복을 받는다는 뜻이다. 제사를 지내게 되면, 시동
이 입가심 하는 술을 받은 다음, 술잔이 오가게 되는데, 그 일이 끝나게 되면
축관(祝官)에게 명령하여, 제주(祭主)에게 축복을 내려주도록 한다. 이 의식
을 '하'라고 부른다. 시동의 명령을 받은 축관은 '하'를 하게 되는데, 그 말에서
는 "황시(皇尸)가 나 축관에게 명하여, 효손인 그대에게 많은 복을 영원토록
내리게 하였다. 그대 효손으로 하여금 하늘로부터 녹봉[祿]을 받게 하고, 많은
농토를 경작하게 할 것이며, 장수하여 천년만년 향유하도록 할 것이니, 폐망
하는 일 없이 잘 이끌어가야 한다."라고 한다. 이것이 바로 '하사'이다. 『의례』
「소뢰궤식례(少牢饋食禮)」편에는 "卒命祝, 祝受以東, 北面于戶西, 以嘏于主人
曰, '皇尸命工祝, 承致多福無疆于女孝孫. 來女孝孫, 使女受祿于天, 宜稼于田,
眉壽萬年, 勿替引之.'"라는 기록이 있다.
7) 오제(五齊)는 술의 맑고 탁한 정도에 따라서 다섯 가지 등급으로 분류한 술
을 뜻한다. 또한 술을 범칭하는 용어로도 사용된다. 다섯 가지 술은 범제(泛
齊), 례제(醴齊), 앙제(盎齊), 제제(緹齊), 침제(沈齊)를 가리킨다. 『주례』「천
관(天官)·주정(酒正)」편에는 "辨五齊之名, 一曰泛齊, 二曰醴齊, 三曰盎齊, 四
曰緹齊, 五曰沈齊."라는 기록이 있다. 각 술들에 대해 설명하자면, 위의 기록
에 대한 정현의 주에서는 "泛者, 成而滓浮泛泛然, 如今宜成醪矣. 醴猶體也,

하는 술을 '예제(醴齊)'라고 부르고, 3번째에 해당하는 술을 '앙제(盎齊)'라
고 부른다.

王注-③ 粢醍, 澄齊.

번역 '자제(粢醍)'[8]는 징제(澄齊)라는 술을 뜻한다.

王注-④ 澄淸, 漏其酒也.

번역 징주(澄酒)[9]는 맑은 술이니, 그 술을 상대적으로 낮게 여긴다.

王注-⑤ 上神, 天神.

번역 '상신(上神)'은 하늘의 신을 뜻한다.

成而汁滓相將, 如今恬酒矣. 盎猶翁也, 成而翁翁然, 蔥白色, 如今酇白矣. 緹者,
成而紅赤, 如今下酒矣. 沈者, 成而滓沈, 如今造淸矣. 自醴以上尤濁, 縮酌者.
盎以下差淸. 其象類則然, 古之法式未可盡聞. 杜子春讀齊皆爲粢. 又禮器曰,
'緹酒之用, 玄酒之尙.' 玄謂齊者, 每有祭祀, 以度量節作之."라고 풀이했다. 즉
'범제'는 술이 익고 나서 앙금이 둥둥 떠 있는 것으로 정현 시대의 의성료(宜
成醪)와 같은 술이고, '례주'는 술이 익고 나서 앙금을 한 차례 걸러낸 것으
로 염주(恬酒)와 같은 것이며, '앙제'는 술이 익고 나서 새파란 빛깔을 보이
는 것으로 찬백(酇白)과 같은 술이고, '제제'는 술이 익고 나서 붉은 빛깔을
보이는 것으로 하주(下酒)와 같은 술이며, '침제'는 술이 익고 나서 앙금이
모두 가라앉아 있는 것으로 조청(造淸)과 같은 술이다. '범주'는 가장 탁한
술이며, '례주'는 그 다음으로 탁한 술이고, '앙제'부터는 뒤로 갈수록 맑은 술
에 해당한다.

8) 자제(粢醍)는 옅은 붉은 색을 내는 청주(淸酒)이다. 오제(五齊)에 속하는 제
제(醍齊)를 뜻하기도 한다.

9) 징주(澄酒)는 청주(淸酒)라고도 부른다. 삼주(三酒) 중 하나이다. 정사농(鄭
司農)의 주장에 따르면, '청주'는 제사를 지낼 때 쓰는 술을 뜻한다. 정현의
주장에 따르면, '청주'는 중산(中山) 지역에서 겨울에 술을 담가서 여름쯤 다
익은 술을 뜻한다. 손이양(孫詒讓)의 주장에 따르면, '청주'는 더욱 맑은 술이
며, 겨울에 빚어서 여름쯤에 익는 술을 뜻한다.

예기대전 "作其祝號, 玄酒以祭, 薦其血毛, 腥其俎, 孰其殽. 與其越席, 疏布以冪. 衣其澣帛, 醴酸以獻, 薦其燔炙. 君與夫人交獻以嘉魂魄, 是謂合莫. 然後退而合亨, 體其犬豕牛羊, 實其簠簋籩豆鉶羹, 祝以孝告, 嘏以慈告, 是謂大祥. 此禮之大成也."

공자가어 "作其祝號①, 玄酒以祭, 薦其血毛, 腥其俎, 熟其殽②. 越席以坐③, 疏布以冪④. 衣其浣帛⑤, 醴酸以獻, 薦其燔炙. 君與夫人交獻以嘉魂魄⑥, 是謂合莫. 然後退而合亨⑦, 體其犬豕牛羊⑧, 實其簠簋⑨籩豆鉶羹⑩, 祝以孝告⑪, 嘏以慈告⑫, 是爲大祥⑬. 此禮之大成也."

공자가어번역 공자가 계속해서 말해주길, "축호(祝號)10)를 짓고, 현주(玄酒)를 진설하여 제사를 지내며, 희생물의 피와 털을 바치고, 아직 조리하지 않은 생고기를 도마 위에 올려서 바치며, 살점이 붙어 있는 뼈는 삶아서 익힌다. 왕골로 짠 자리를 설치하여 앉고, 거친 베로 만든 천으로 술독을 덮는다. 누이고 염색한 천으로 제복(祭服)을 만들어 입고, 예(醴)와 잔(酸)이라는 술로 술잔을 채워 바치며, 구운 고기를 바친다. 군주와 그의 부인은 교대로 시동에게 술잔을 바쳐서, 이것을 통해 죽은 자의 혼백을 즐겁게 만드니, 이것을 '합막(合莫)'11)이라고 부른다. 이러한 절차를 시행한 이후에 물러나서, 바쳤던 희생물의 고기를 거둬서 함께 삶아서 익히고, 희생물인 개·돼지·소·양 등을 부위별로 갈라서, 제기들인 보(簠)·궤(簋)·변(籩)·두(豆)에 담고, 탕국을 끓여서 형(鉶)에 담으며, 축사를 하여 효도로써 아뢰고, 하사를 하여 자애로써 아뢰니, 이것을 '대상(大祥)'이라고 부른다. 이것이 바로 예(禮) 중에서도 가장 성대한 것이다."라고 했다.

---

10) 축호(祝號)는 육축(六祝)과 육호(六號)를 뜻한다. '육축'은 신(神)에게 제사를 지낼 때 사용하게 되는 여섯 종류의 기도문을 뜻하고, '육호'는 신(神)이나 제수(祭需)를 부를 때 아름답게 꾸며서 부르는 여섯 종류의 호칭을 뜻한다.
11) 합막(合莫)은 제사를 지내는 제가 제물을 통해서 제사를 받는 귀신과 감응하고 소통함을 뜻한다. 귀신의 정기는 적막(寂寞)한데, 적막한 상태에서 제사를 지내는 자와 화합하기 때문에 '합막'이라고 부른다.

王注-① 犧牲玉帛, 祝辭皆異爲之號也.

번역 희생물·옥·비단 등에 대해서 축사에서는 모두 그 명칭을 달리하여 그것에 대한 육호(六號)[12]를 짓는다.

王注-② 言雖有所熟, 猶有所腥. 腥本, 不忘古也.

번역 비록 익힌 고기도 바치게 되지만 여전히 생고기로 바치는 것도 있다는 뜻이다. 생고기는 근본적인 것이니 고례를 잊어버릴 수 없기 때문이다.

王注-③ 翦蒲席也

번역 다듬질한 부들포로 짠 자리이다.

---

12) 육호(六號)는 여섯 종류의 호칭을 뜻한다. 제사와 관련하여 신들을 부르는 호칭 및 제사에 사용되는 물건들은 수식어를 붙여서 부르게 되는데, 이러한 수식어에 해당하는 여섯 가지 호칭은 신호(神號), 귀호(鬼號), 시호(示號), 생호(牲號), 자호(齋號), 폐호(幣號)를 가리킨다. 정현의 주장에 따르면 '신호'는 천신(天神)들에 대한 호칭을 아름답게 부르는 것으로, 상제(上帝)를 '황천상제(皇天上帝)'라고 부르는 예와 같고, '귀호'는 조상신들에 대한 호칭을 아름답게 부르는 것으로, '황조백인 아무개[皇祖伯某]'라고 부르는 예와 같으며, '시호'는 땅의 신들에 대한 호칭을 아름답게 부르는 것으로, '후토(后土)'나 '지기(地祇)'라고 부르는 예와 같고, '폐호'는 옥(玉)을 아름답게 부르는 것으로, '가옥(嘉玉)'이라고 부르는 예와 같으며, '폐호'는 폐백을 아름답게 부르는 것으로, '양폐(量幣)'라고 부르는 예와 같다고 설명한다. 정사농(鄭司農)의 주장에 따르면, '생호'의 경우 희생물의 종류에 따라서 각각 부르는 호칭들이 있는데, 소의 경우 '일원대무(一元大武)'라고 부르고, 돼지의 경우 '강렵(剛鬣)'이라고 부르며, 양의 경우 '유모(柔毛)'라고 부르고, 닭의 경우 '한음(翰音)'이라고 부른다. 또 '자호'는 기장과 같이 제사 때 바치는 곡식들을 뜻하는데, 서(黍)의 경우 '향합(香合)'이라고 부르고, 양(粱)의 경우 '향기(香箕)'라고 부르며, 도(稻)의 경우 '가소(嘉疏)'라고 부르는 예와 같다고 설명한다.『주례』「춘관(春官)·대축(大祝)」편에는 "辨六號, 一曰神號, 二曰鬼號, 三曰示號, 四曰牲號, 五曰齋號, 六曰幣號."라는 기록이 있고, 이에 대한 정현의 주에서는 "號, 謂尊其名, 更爲美稱焉. 神號, 若云皇天上帝. 鬼號, 若云皇祖伯某. 祇號, 若云后土地祇. 幣號, 若玉云嘉玉, 幣云量幣. 鄭司農云, '牲號, 爲犧牲皆有名號. 曲禮曰, 牛曰一元大武, 豕曰剛鬣, 羊曰柔毛, 雞曰翰音. 粢號, 謂黍稷皆有名號也. 曲禮曰, 黍曰香合, 粱曰香箕, 稻曰嘉疏.'"이라고 풀이했다.

王注-④ 冪, 覆酒巾也. 質, 故用疏也.

번역 '멱(冪)'은 술독을 덮는 천이다. 질박하기 때문에 거친 천을 사용한다.

王注-⑤ 練染以爲祭服

번역 누이고 염색하여 제복을 만든다는 뜻이다.

王注-⑥ 嘉, 善樂也.

번역 '가(嘉)'자는 좋고 즐겁다는 뜻이다.

王注-⑦ 合其烹熟之禮. 無復腥也.

번역 삶고 익혔던 것을 합하는 예법이다. 재차 생고기를 내놓는 일이 없기 때문이다.

王注-⑧ 體解其牲體而薦之.

번역 희생물의 몸체를 부위별로 갈라서 바친다.

王注-⑨ 受黍稷之器也.

번역 서직(黍稷)을 담는 그릇이다.

王注-⑩ 竹曰籩, 木曰豆. 鉶, 所以盛羹也. 鉶, 何經反.

번역 대나무를 엮어서 만든 것을 '변(籩)'이라고 부르고, 나무를 깎아서 만든 것을 '두(豆)'라고 부른다. '형(鉶)'은 국을 담는 그릇이다. '鉶'자는 '何(하)'자와 '經(경)'자의 반절음이다.

王注-⑪ 祝, 通孝子語於先祖.

번역 축사(祝辭)는 선조에게 자손의 말을 전하는 것이다.

王注-⑫ 嘏, 傳先祖語於孝子.

번역 하사(嘏辭)는 자손에게 선조의 말을 전하는 것이다.

王注-⑬ 祥, 善.

번역 '상(祥)'자는 선하다는 뜻이다.

그림 2-1 하(夏)나라 세계도(世系圖)

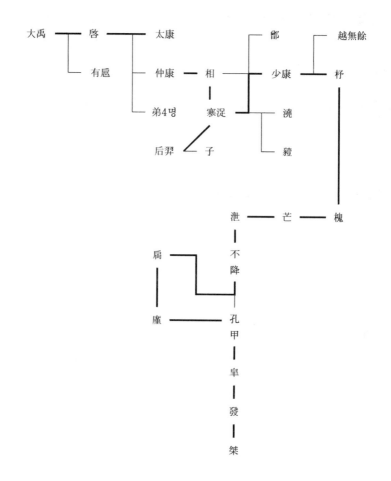

※ 출처: 『역사(繹史)』 1권 「역사세계도(繹史世系圖)」

그림 2-2 기(杞)나라 세계도(世系圖)

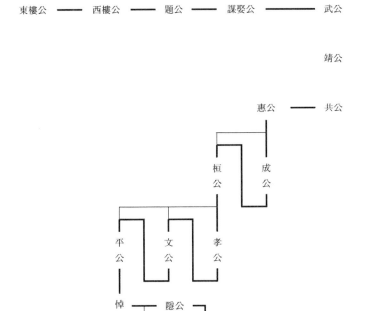

※ **출처:** 『역사(繹史)』1권「역사세계도(繹史世系圖)」

● 그림 2-3 은(殷)나라 세계도(世系圖)

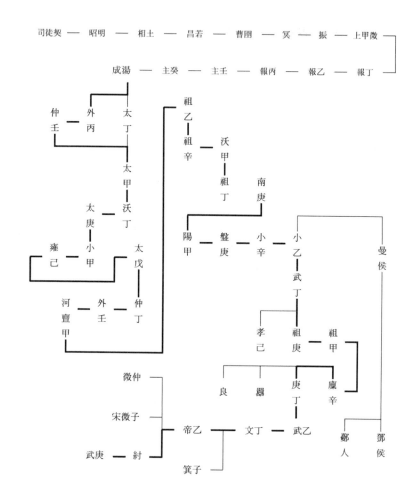

※ 출처: 『역사(繹史)』1권 「역사세계도(繹史世系圖)」

그림 2-4 송(宋)나라 세계도(世系圖)

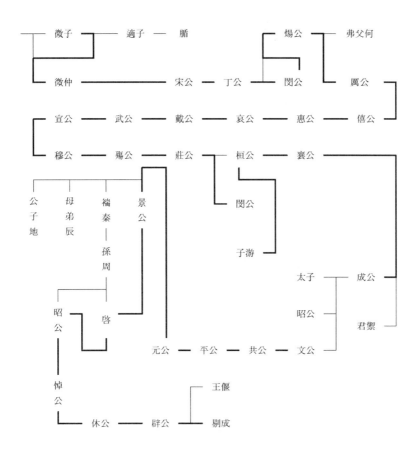

※ 출처: 『역사(繹史)』 1권 「역사세계도(繹史世系圖)」

● 그림 2-5   토고(土鼓)

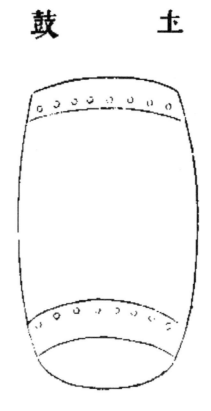

鼓   土

※ 출처: 『삼재도회(三才圖會)』「기용(器用)」 3권

그림 2-6 부(釜)와 증(甑)

※ **출처:** 부-『삼례도집주(三禮圖集注)』 13권
  증-『삼례도(三禮圖)』 4권

그림 2-7 금(琴)과 슬(瑟)

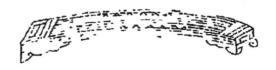

※ 출처: 『삼례도집주(三禮圖集注)』 5권

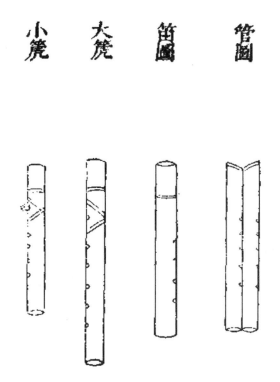

그림 2-8 관(管)

※ 출처: 『삼재도회(三才圖會)』「기용(器用)」 3권

그림 2-9   종(鐘)과 경(磬)

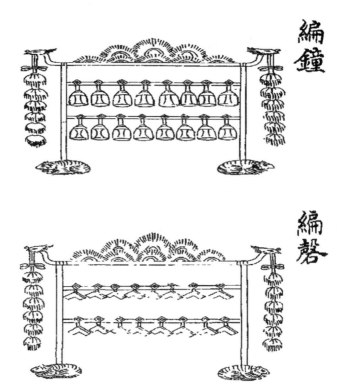

編鐘

編磬

※ **출처**:『삼례도집주(三禮圖集注)』5권

그림 2-10 월석(越席)과 소포건(疏布巾)

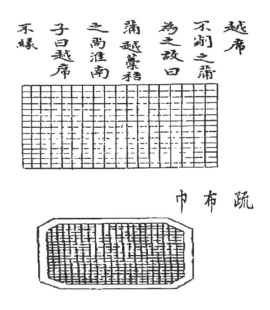

※ 출처: 월석-『삼례도(三禮圖)』 2권
　　　　소포건-『삼례도집주(三禮圖集注)』 14권

● 그림 2-11   보(簠)

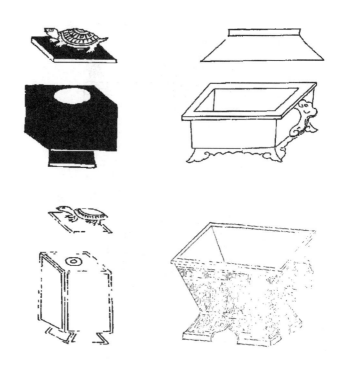

※ 출처: 상좌-『삼례도집주(三禮圖集注)』 13권 ; 상우-『삼례도(三禮圖)』 4권
       하좌-『육경도(六經圖)』 6권 ; 하우-『삼재도회(三才圖會)』「기용(器用)」 1권

그림 2-12 궤(簋)

※ **출처:** 상좌-『삼례도집주(三禮圖集注)』13권 ; 상우-『삼례도(三禮圖)』4권
하좌-『육경도(六經圖)』 6권 ; 하우-『삼재도회(三才圖會)』「기용(器用)」
1권

● 그림 2-13　변(籩)

※ 출처: 상좌-『삼례도집주(三禮圖集注)』 13권 ; 상우-『삼례도(三禮圖)』 4권
　　　하좌-『육경도(六經圖)』 6권 ; 하우-『삼재도회(三才圖會)』 「기용(器用)」 2권

● 그림 2-14 형(鉶)

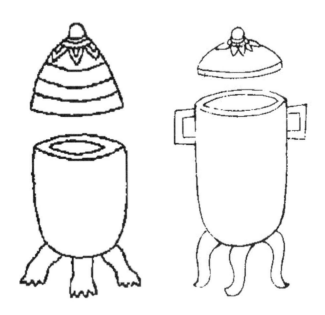

※ **출처:** 좌-『삼례도집주(三禮圖集注)』13권
　　　　　　우-『삼재도회(三才圖會)』「기용(器用)」2권

인도(人道)와 정치

【593c】

孔子侍坐於哀公. 哀公曰, "敢問人道誰爲大?" 孔子愀然作色而對曰, "君之及此言也, 百姓之德也, 固臣敢無辭而對, 人道政爲大."

직역 孔子가 哀公을 侍坐라. 哀公이 曰, "敢히 問하니 人道는 誰가 大가 爲오?" 孔子는 愀然히 色을 作하고 對하여 曰, "君이 此言에 及함은 百姓의 德이니, 固히 臣이 敢히 辭를 無하여 對하니, 人道는 政이 大가 爲합니다."

의역 공자가 애공을 모시고 앉아 있었다. 애공은 "감히 묻겠으니, 사람의 도리 중 그 무엇이 큰 것이 됩니까?"라고 물었다. 그러자 공자는 송구스럽게 생각하며 낯빛을 고치고 "군주께서 이러한 말까지 하신 것은 백성들에게 있어서는 참으로 행복한 일이 됩니다. 진실로 신이 감히 사양하지 않을 수 있겠습니까마는 대답을 드리겠으니, 사람의 도리 중에서는 정치가 큼이 됩니다."라고 대답했다.

集說 愀然, 悚動之貌. 作色, 變色也. 百姓之德, 猶言百姓之幸也. 敢無辭, 猶言豈敢無辭.

번역 '초연(愀然)'은 송구스러워하는 모습이다. '작색(作色)'은 낯빛을 바꾼다는 뜻이다. '백성지덕(百姓之德)'은 백성들의 행복이라고 한 말과 같다. '감무사(敢無辭)'는 어찌 감히 사양함이 없을 수 있느냐는 뜻이다.

大全 臨川吳氏曰: 人道, 謂治人之道. 政者, 行事以正人之不正. 治人之道,不過如此, 故曰政爲大.

번역 임천오씨가 말하길, 인도(人道)는 사람을 다스리는 도이다. 정치는 일을 시행하여 사람의 바르지 못한 점을 올바르게 만드는 것이다. 사람을 다스리는 도는 이와 같은 것에 불과하기 때문에 정치가 크다고 말했다.

鄭注 愀然, 變動貌也. 作, 猶變也. 德, 猶福也. 辭, 讓也.

번역 '초연(愀然)'은 놀라는 모습이다. '작(作)'자는 "바꾸다[變]."는 뜻이다. '덕(德)'자는 복(福)과 같다. '사(辭)'자는 "사양하다[讓]."는 뜻이다.

釋文 坐, 才臥反. 愀, 七小反, 舊慈糾反, 又在由反, 又音秋, 又子了反, 下同.

번역 '坐'자는 '才(재)'자와 '臥(와)'자의 반절음이다. '愀'자는 '七(칠)'자와 '小(소)'자의 반절음이며, 구음(舊音)은 '慈(자)'자와 '糾(규)'자의 반절음이며, 또한 '在(재)'자와 '由(유)'자의 반절음도 되고, 또 그 음은 '秋(추)'가 되며, 또 '子(자)'자와 '了(료)'자의 반절음도 되는데, 아래문장에 나오는 글자도 그 음이 이와 같다.

孔疏 ●"孔子"至"順矣". ○正義曰: 此一節明哀公問政之事, 幷問爲政何以必須親迎. 孔子對之三事, 今各隨文解之.

번역 ●經文: "孔子"~"順矣". ○이곳 문단은 애공이 정치에 대해 물어본 사안을 나타내고 있고, 아울러 정치를 시행할 때 어찌하여 반드시 친영(親迎)을 해야 하느냐고 물어본 사안도 나타내고 있다. 공자의 대답은 세 조목이니, 현재 각각의 문장에 따라서 풀이하겠다.

孔疏 ●"孔子侍坐於哀公"者, 謂哀公命孔子坐而侍之, 因問以爲政之事. 自此以下終篇末, 皆侍坐時言也. 此云"侍坐", 則以前問者, 非侍坐時也, 當立而與之言也.

번역 ●經文: "孔子侍坐於哀公". ○애공은 공자에게 명령하여 앉아서 자신을 모시도록 했고, 그에 따라 정치를 시행하는 일에 대해 물어보았다. 이곳 구문으로부터 그 이하로 「애공문」편의 끝까지는 모두 공자가 애공을 모시고 앉아 있을 때 한 말들이다. 이곳에서는 "모시고 앉아 있었다."라고 했으니, 앞의 질문은 모시고 앉아 있을 때 한 말이 아니며, 자리에 서서 애공과 나눈 대화에 해당한다.

孔疏 ●"百姓之德也"者, 德, 謂恩德, 謂福慶之事. 言君今問此人道之大, 欲憂恤於下, 是百姓受其福慶.

번역 ●經文: "百姓之德也". ○'덕(德)'은 인자한 덕을 뜻하며, 복과 경사스러운 일을 의미한다. 군주가 현재 이처럼 인도의 큼에 대해서 질문을 한 것은 백성들에 대해 근심하고 구휼하려고 하는 것이니, 이것은 백성들이 복과 경사를 받는 것에 해당한다는 뜻이다.

集解 愚謂: 人道, 謂治人之道也. 固臣, 自謙言固陋之臣也. 無辭而對, 言不辭讓而對也.

번역 내가 생각하기에, '인도(人道)'는 사람을 다스리는 도이다. '고신(固臣)'은 스스로 겸손하게 처신하여 본인을 고루한 신하라고 표현하는 말이다. '무사이대(無辭而對)'는 사양하지 않고 대답하겠다는 뜻이다.

참고 원문비교

예기대전 · 애공문(哀公問) 孔子侍坐於哀公. 哀公曰, "敢問人道誰爲大?" 孔子愀然作色而對曰, "君之及此言也, 百姓之德也, 固臣敢無辭而對, 人道政爲大."

대대례기 · 애공문어공자(哀公問於孔子) 孔子侍坐於哀公. 哀公曰, "敢問人道誰爲大?" 孔子愀然作色而對曰, "君及此言也, 百姓之德也, 固臣敢無辭而對, 人道政爲大."

공자가어 · 대혼해(大婚解) 孔子侍坐於哀公. 公問曰, "敢問人道誰爲大?" 孔子愀然作色而對曰, "君之及此言也, 百姓之惠也, 固臣敢無辭而對, 人道政爲大."

• 제 **4**절 •

정치와 정(正)

【593c~d】

公曰, "敢問何謂爲政?" 孔子對曰, "政者, 正也. 君爲正, 則
百姓從政矣. 君之所爲, 百姓之所從也. 君所不爲, 百姓何
從?" 公曰, "敢問爲政如之何?" 孔子對曰, "夫婦別, 父子親,
君臣嚴, 三者正, 則庶物從之矣." 公曰, "寡人雖無似也, 願聞
所以行三言之道, 可得聞乎?"

직역 公이 曰, "敢히 問하니 何를 政을 爲라 謂오?" 孔子가 對하여 曰, "政者는
正입니다. 君이 正을 爲하면, 百姓이 政에 從합니다. 君이 爲한 所는 百姓이 從한
所입니다. 君이 不爲한 所를 百姓이 何히 從이리오?" 公이 曰, "敢히 問하니 政을
爲함에 어찌합니까?" 孔子가 對하여 曰, "夫婦가 別하고, 父子가 親하며, 君臣이
嚴하니, 三者가 正하면, 庶物이 從합니다." 公이 曰, "寡人은 雖히 似가 無이나,
願컨대 三言을 行하는 所以의 道를 聞하니, 可히 聞을 得이리오?"

의역 애공이 "감히 묻겠으니, 무엇을 두고 정치를 시행한다고 말합니까?"라고
묻자 공자는 "정치라는 것은 바르게 한다는 뜻입니다. 군주가 바름을 시행한다면
백성들은 정치를 따를 것입니다. 군주가 행동하는 바는 백성들이 따르는 대상입니
다. 군주가 시행하지 않은 것을 백성들이 어떻게 따르겠습니까?"라고 대답했다.
애공은 "감히 묻겠으니, 정치를 시행하려면 어떻게 해야 합니까?"라고 묻자 공자는
"부부관계에 유별함이 있고, 부자관계에 친애함이 있으며, 군신관계에 엄격함이
있어야 하니, 이 세 가지 관계가 바르다면, 모든 사안이 그에 따를 것입니다."라고
대답했다. 애공은 "과인은 비록 부덕한 자이지만, 세 가지 말을 시행하는 도리에
대해서 듣고자 원하니, 들을 수 있겠습니까?"라고 물어보았다.

集說 夫婦·父子·君臣, 三綱也. 庶物, 衆事也. 無似, 無所肖似, 言無德也.

번역 부부·부자·군신관계는 삼강령에 해당한다. '서물(庶物)'은 뭇 사안들을 뜻한다. '무사(無似)'는 닮은 점이 없다는 뜻이니, 덕이 없다는 의미이다.

大全 臨川吳氏曰: 三綱, 人倫之大者. 庶物, 庶事之小者. 大者先正, 則小者從而正矣. 政之所謂正者如此.

번역 임천오씨가 말하길, 삼강령은 인륜 중에서도 큰 것이다. '서물(庶物)'은 자질구레한 일들이다. 큰 것이 먼저 바르게 된다면 작은 것들은 그에 따라 바르게 된다. 정치를 바르게 한다는 뜻으로 풀이한 것도 이와 같다.

鄭注 言君當務於政. 庶物, 猶衆事也. 無似, 猶言不肖.

번역 군주는 마땅히 정치에 힘써야 한다는 뜻이다. '서물(庶物)'은 뭇 사안들을 뜻한다. '무사(無似)'는 불초하다고 말하는 것과 같다.

釋文 別, 被列反. 肖音笑.

번역 '別'자는 '被(피)'자와 '列(렬)'자의 반절음이다. '肖'자의 음은 '笑(소)'이다.

孔疏 ●"公曰: 寡人雖無似也"者, 無似猶言不肖也, 肖, 亦似也. 哀公謙退, 言己愚蔽, 無能似類賢人也.

번역 ●經文: "公曰: 寡人雖無似也". ○'무사(無似)'는 불초(不肖)라고 하는 말과 같으니, '초(肖)'자는 또한 "닮다[似]."는 뜻이다. 애공은 겸손하게 자신을 낮춰서, 자신은 우매하므로 현인을 닮을 수 있는 점이 없다고 말한 것이다.

孔疏 ●"願聞所以行三言[1]之道"者, 則上經夫婦別·父子親·君臣嚴是也.

번역 ●經文: "願聞所以行三言之道". ○앞의 경문에서 말한 "부부관계에 유별함이 있고, 부자관계에 친애함이 있으며, 군신관계에 엄격함이 있다."는 것에 해당한다.

集解 庶物, 謂衆事也. 爲政在於修身, 三綱正, 則身修道立, 以之正朝廷, 正百官, 正萬民, 而莫不一於正矣. 有夫婦然後有父子, 有父子然後有君臣, 故其序如此.

번역 '서물(庶物)'은 뭇 사안들을 뜻한다. 정치를 시행하는 것은 자신을 수양하는데 달려 있으니, 삼강령이 바르게 된다면 자신을 수양하는 도가 성립되어, 이를 통해 조정을 바르게 하고, 모든 관리들을 바르게 하며, 모든 백성들을 바르게 하여, 바름에서 한결같지 않음이 없도록 한다. 부부가 있은 뒤에야 부자관계가 생기고, 부자관계가 생긴 뒤에야 군신관계가 생긴다.[2] 그렇기 때문에 기술 순서가 이와 같다.

集解 似, 肖也. 無似, 猶言不肖也.

번역 '사(似)'자는 "닮다[肖]."는 뜻이다. '무사(無似)'는 불초하다고 말하는 것과 같다.

---

1) '언(言)'자에 대하여. '언'자는 본래 '년(年)'자로 기록되어 있었는데, 경문의 기록에 따라 글자를 수정하였다.
2) 『역』「서괘전(序卦傳)」: 有天地然後有萬物, 有萬物然後有男女, 有男女然後有夫婦, <u>有夫婦然後有父子, 有父子然後有君臣</u>, 有君臣然後有上下, 有上下然後禮義有所錯.

참고 원문비교

예기대전 · 애공문(哀公問) 公曰, "敢問何謂爲政?" 孔子對曰, "政者, 正也. 君爲正, 則百姓從政矣. 君之所爲, 百姓之所從也. 君所不爲, 百姓何從?" 公曰, "敢問爲政如之何?" 孔子對曰, "夫婦別, 父子親, 君臣嚴, 三者正, 則庶物從之矣." 公曰, "寡人雖無似也, 願聞所以行三言之道, 可得聞乎?"

대대례기 · 애공문어공자(哀公問於孔子) 公曰, "敢問何謂爲政?" 孔子對曰, "政者, 正也. 君爲正, 則百姓從政矣. 君之所爲, 百姓之所從也. 君所不爲, 百姓何從?" 公曰, "敢問爲政如之何?" 孔子對曰, "夫婦別, 父子親, 君臣嚴, 三者正, 則庶民從之矣." 公曰, "寡人雖無似也, 願聞所以行三言之道, 可得而聞乎?"

공자가어 · 대혼해(大婚解) "夫政者, 正也. 君爲正, 則百姓從而正矣. 君之所爲, 百姓之所從. 君不爲正, 百姓何所從乎?" 公曰, "敢問爲政如之何?" 孔子對曰, "夫婦別, 男女親, 君臣信, 三者正, 則庶物從之." 公曰, "寡人雖無能也, 願知所以行三者之道, 可得聞乎?"

혼례(昏禮)와 정치

【593d】

> 孔子對曰, "古之爲政, 愛人爲大. 所以治愛人, 禮爲大. 所以
> 治禮, 敬爲大. 敬之至矣, 大昏爲大, 大昏至矣. 大昏旣至,
> 冕而親迎, 親之也. 親之也者, 親之也. 是故君子興敬爲親,
> 舍敬是遺親也. 弗愛不親, 弗敬不正. 愛與敬, 其政之本與."

직역 孔子가 對하여 曰, "古에 政을 爲함에, 人을 愛함이 大가 爲합니다. 人을 愛함을 治하는 所以는 禮가 大가 爲합니다. 禮를 治하는 所以는 敬이 大가 爲합니다. 敬의 至함에는 大昏이 大가 爲하니, 大昏이 至합니다. 大昏이 旣히 至하니, 冕하여 親히 迎함은 親입니다. 親이라는 者는 親입니다. 是故로 君子는 敬을 興함을 親이라 爲하니, 敬을 舍함은 親을 遺입니다. 愛를 弗하면 不親하며, 敬을 弗하면 不正합니다. 愛와 敬은 그 政의 本일 것입니다."

의역 애공의 질문에 대해 공자는 "고대에 정치를 시행했을 때에는 사람을 사랑하는 것을 큼으로 삼았습니다. 사람을 사랑하는 일을 다스릴 때에는 예(禮)를 큼으로 삼았습니다. 예를 다스릴 때에는 공경함을 큼으로 삼았습니다. 공경함이 지극한 것 중에서는 성대한 혼례를 큼으로 삼았으니, 성대한 혼례는 지극한 것입니다. 성대한 혼례가 이미 지극한 것이므로, 천자나 제후도 면복(冕服)을 착용하고 친영(親迎)[1]을 했으니, 친애하기 때문입니다. 친애한다는 것은 상대로 하여금 나를 친애하게 하는 것입니다. 그렇기 때문에 군자는 공경함을 일으켜서 친애함으로 삼았으니,

---

1) 친영(親迎)은 혼례(婚禮)에서 시행하는 여섯 가지 예식(禮式) 중 하나이다. 사위될 자가 여자 집에 가서 혼례를 치르고, 자신의 집으로 데려오는 예식을 뜻한다.

공경을 버린다는 것은 곧 친애함을 버리는 것입니다. 사랑하지 않는다면 친애하지 않고, 공경하지 않는다면 바르지 않게 됩니다. 따라서 사랑함과 공경함은 정치의 근본일 것입니다."라고 대답했다.

集說 方氏曰: 夫婦有內外之位, 故曰別; 父子有慈孝之恩, 故曰親; 君臣有上下之分, 故曰嚴. 易曰, "有夫婦然後有父子; 有父子然後有君臣", 故先後之序如此. 三者之正, 一以夫婦爲之本, 故後言"大昏爲大"也. 政在養人, 故古之爲政, 愛人爲大. 然而愛之無節, 則墨氏之兼愛矣, 安能無亂乎? 故曰所以治愛人禮爲大. 禮止於敬而已, 故曰所以治禮敬爲大. 禮以敬爲主, 而大昏又爲至焉, 故曰敬之至矣, 大昏爲大. 大昏旣爲敬之至, 故雖天子諸侯之尊, 亦必冕而親迎也. 己親其人, 乃所以使人之親己而已, 故曰親之也者親之也. 冕而親迎, 可謂敬矣, 故曰興敬爲親, 舍敬是遺親也. 弗愛則無以相合, 而其情疏, 故曰弗愛不親. 弗敬則無以相別, 而其情褻, 故曰弗敬不正. 愛敬之道, 其始本於閨門之內, 及擴而充之, 其愛至於不敢惡於人, 其敬至於不敢慢於人, 而德敎加于百姓, 刑于四海, 故曰愛與敬其政之本與.

번역 방씨가 말하길, 부부 사이에는 내외의 구분에 따른 자리가 있다. 그렇기 때문에 구별[別]이라고 했다. 부자 관계에는 자애로움과 효의 은정이 있다. 그렇기 때문에 친애함[親]이라고 했다. 군신 관계에는 상하에 따른 구분이 있다. 그렇기 때문에 엄격함[嚴]이라고 했다. 『역』에서는 "부부가 있은 뒤에야 부자관계가 생기고, 부자관계가 생긴 뒤에야 군신관계가 생긴다."[2]라고 했기 때문에, 선후의 순서가 이와 같다. 세 가지의 올바름은 모두 부부관계를 근본으로 삼는다. 그렇기 때문에 그 뒤에서는 "성대한 혼례가 큼이 된다."라고 말했다. 정치는 사람을 길러주는 것이다. 그렇기 때문에 고대에 정치를 시행할 때에는 사람을 사랑하는 것을 큼으로 삼았다. 그러나 사랑함에 절제가 없다면 묵자가 말한 겸애(兼愛)가 되는데, 어찌 혼란이

---

2) 『역』「서괘전(序卦傳)」: 有天地然後有萬物, 有萬物然後有男女, 有男女然後有夫婦, <u>有夫婦然後有父子, 有父子然後有君臣</u>, 有君臣然後有上下, 有上下然後禮義有所錯.

없을 수 있겠는가? 그러므로 "사람을 사랑함을 다스리는 것에서는 예(禮)를 큼으로 삼는다."라고 말했다. 예는 공경일 따름이다. 그렇기 때문에 "예를 다스리는 것에서는 공경을 큼으로 삼는다."라고 말했다. 예는 공경을 위주로 삼는데, 성대한 혼례 또한 지극함이 된다. 그렇기 때문에 "공경이 지극한 것에서는 성대한 혼례를 큼으로 삼는다."라고 했다. 성대한 혼례는 이미 공경함이 지극한 것이 되기 때문에 비록 천자나 제후처럼 존귀한 자라 하더라도 또한 반드시 면복(冕服)3)을 갖춰 입고서 직접 부인을 맞이한다. 본인이 다른 사람을 친애한다면, 이것은 곧 다른 사람으로 하여금 본인을 친애하게 하는 방법일 따름이다. 그렇기 때문에 "친애한다는 것은 친애하도록 하는 것이다."라고 했다. 면복을 착용하고 직접 맞이하는 것은 공경이라고 부를 수 있다. 그렇기 때문에 "공경을 일으켜서 친애함으로 삼으니, 공경을 버린다면 친애함을 버리는 것이다."라고 했다. 사랑하지 않는다면 서로 합치될 수 없고 정감도 소원하게 된다. 그렇기 때문에 "사랑하지 않는다면 친애하지 않는 것이다."라고 했다. 공경하지 않는다면 서로 구별할 수 없고 정감도 버릇없게 된다. 그렇기 때문에 "공경하지 않는다면 바르지 않은 것이다."라고 했다. 사랑함과 공경함의 도리는 시작에 있어서 집안의 도리에 근본을 두고 있으며, 그것이 확장되면 사랑함이 함부로 남을 미워하지 않는 경지에 도달하게 되고, 공경함은 함부로 남에게 태만하게 굴지 않는 경지에 도달하게 되어, 덕과 교화를 백성들에게 베풀고 천하에 모범이 된다.4) 그렇기 때문에 "사랑함과 공경함은 정치의 근본일 것이다."라고 했다.

大全 慶源輔氏曰: 夫婦始也, 父子內也, 君臣外也. 問所以致三者之道, 則哀公亦善學之矣. 冕而親迎, 躬親之也, 躬親之者, 所以致其親愛之意也, 是興

---

3) 면복(冕服)은 대부(大夫) 이상의 계층이 착용하는 예관(禮冠)과 복식을 뜻한다. 무릇 길례(吉禮)를 시행할 때에는 모두 면류관[冕]을 착용하는데, 복장의 경우에는 시행하는 사안에 따라서 달라진다.

4) 『효경』「천자장(天子章)」: 子曰, 愛親者, 不敢惡於人. 敬親者, 不敢慢於人. 愛敬盡於事親, 而德教加於百姓, 刑于四海. 蓋天子之孝也. 甫刑云, 一人有慶, 兆民賴之.

敬所以爲親也, 舍敬則是遺親矣. 彼以褻爲親者, 未要其終也. 唯敬以爲親, 則愛得其正, 故能愛與敬, 則夫婦別, 父子親, 君臣嚴矣, 而大昏又其總也.

[번역] 경원보씨5)가 말하길, 부부관계는 시작이 되고, 부자관계는 내적인 것이며, 군신관계는 외적인 것이다. 세 가지를 지극히 이루는 도에 대해서 물어보았으니, 애공 또한 배우기를 잘 한 것이다. 면복(冕服)을 착용하고 친영(親迎)을 하는 것은 본인이 직접 상대를 친애하는 것이며, 본인이 직접 상대를 친애하는 것은 친애의 뜻을 지극히 하는 것이니, 이것이 바로 공경함을 일으키는 것이 친애함이 되고, 공경을 버리는 것이 친애함을 버리는 일이 되는 까닭이다. 상대가 만약 거리낌 없이 너무 친근하게 여기는 것을 친애함의 뜻으로 삼는다면 끝을 잘 맺을 수 없다. 오직 공경함을 친애함으로 삼아야만 사랑함이 올바름을 얻게 된다. 그렇기 때문에 사랑과 공경을 잘 할 수 있다면, 부부사이에 유별함이 생기고, 부자관계에 친애함이 생기며, 군신관계에 엄격함이 생기는데, 성대한 혼례는 또한 그것들을 총괄한다.

[鄭注] 大昏, 國君取禮也. 至矣, 言至大也. 興敬爲親, 言相敬則親.

[번역] '대혼(大昏)'은 군주가 장가를 드는 의례이다. '지의(至矣)'는 지극히 크다는 뜻이다. '흥경위친(興敬爲親)'은 서로 공경한다면 친애하게 된다는 뜻이다.

[釋文] 迎, 逆敬反, 下及注同. 舍音捨. "不親"·"不正", 一本"不"皆作"弗". 與音餘, 下"本與"·"敬與"並同.

[번역] '迎'자는 '逆(역)'자와 '敬(경)'자의 반절음이며, 아래문장 및 정현의 주에 나오는 글자도 그 음이 이와 같다. '舍'자의 음은 '捨(사)'이다. '不親'과

---

5) 경원보씨(慶源輔氏, ?~?) : =보광(輔廣)·보한경(輔漢卿). 남송(南宋) 때의 학자이다. 자(字)는 한경(漢卿)이고, 호(號)는 잠암(潛庵)·전이(傳貽)이다. 여조겸(呂祖謙)과 주자(朱子)에게서 학문을 배웠다. 저서로는 『사서찬소(四書纂疏)』, 『육경집해(六經集解)』 등이 있다.

‘不正’에 있어서, 다른 판본에서는 ‘不’자를 모두 ‘弗’자로 기록했다. ‘與’자의 음은 ‘餘(여)’이며, 아래에 나오는 ‘本與’와 ‘敬與’에서의 ‘與’자도 모두 그 음이 이와 같다.

孔疏 ●“古之爲政, 愛人爲大”者, 人爲國本, 是以爲政之道, 愛養民人爲大.

번역 ●經文: “古之爲政, 愛人爲大”. ○사람은 국가의 근본이다. 이러한 까닭으로 정치를 시행하는 도에서는 백성들을 사랑하고 기르는 것을 큼으로 삼는다.

孔疏 ●“所以治愛人, 禮爲大”者, 人有禮則生, 所以治理愛人, 非禮不可, 故禮爲大.

번역 ●經文: “所以治愛人, 禮爲大”. ○사람에게 예(禮)가 있다면 제대로 살아갈 수 있으니, 사람을 사랑하도록 다스릴 때에는 예가 아니라면 불가하다. 그렇기 때문에 예가 큼이 된다.

孔疏 ●“所以治禮, 敬爲大”者, 禮以敬爲主, 故欲治禮者, 則先須敬, 故敬爲其大也.

번역 ●經文: “所以治禮, 敬爲大”. ○예(禮)는 공경을 위주로 삼는다. 그렇기 때문에 예를 다스리려고 한다면, 우선적으로 공경을 시행해야 한다. 그렇기 때문에 공경함이 예에 있어서 큼이 된다.

孔疏 ●“敬之至矣, 大昏爲大”者, 敬有大小, 若敬至極之中, 大昏爲大. 大昏, 謂天子·諸侯之昏也.

번역 ●經文: “敬之至矣, 大昏爲大”. ○공경함에는 크고 작은 차이가 있는데, 만약 공경을 지극히 하는 것들 중이라면 성대한 혼례가 큼이 된다. ‘대혼(大昏)’은 천자와 제후의 혼례를 뜻한다.

孔疏 ●“大昏”至“矣者”, 美大昏, 是敬中至極也.

번역 ●經文: “大昏”~“矣者”. ○성대한 혼례를 찬미한 것은 공경함 중에서도 지극한 것이 되기 때문이다.

孔疏 ●“大昏旣至, 冕而親迎, 親之也”者, 上親, 猶自也; 下親, 親愛也. 言大昏旣是至敬, 故國君雖尊, 而服其冕服, 以自迎也. 所以自迎者, 欲親此婦也, 故云“親之”也.

번역 ●經文: “大昏旣至, 冕而親迎, 親之也”. ○‘친영(親迎)’의 ‘친(親)’자는 본인[自]을 뜻하며, ‘친지(親之)’의 ‘친(親)’자는 친애함을 뜻한다. 즉 성대한 혼례는 이미 지극히 공경스러운 것이다. 그렇기 때문에 군주가 비록 존귀한 신분이라 하더라도, 면복(冕服)을 착용하여 직접 아내를 맞이한다는 뜻이다. 직접 맞이하는 것은 그의 부인을 친애하고자 해서이다. 그렇기 때문에 “친애한다.”라고 말했다.

孔疏 ●“親之也者, 親之也”, 謂所以親此婦人, 亦親己也, 是故君子興敬爲親者, 言君子冕而親迎, 興起敬心, 爲欲相親也.

번역 ●經文: “親之也者, 親之也”. ○부인을 친애하는 것은 또한 본인을 친애하게 하는 방법이라는 뜻이다. 이러한 까닭으로 군자가 공경을 일으켜 친애함으로 삼는 것인데, 즉 군자가 면복(冕服)을 착용하고 친영(親迎)을 하여 공경하는 마음을 일으키는 것은 서로 친애하고자 해서라는 뜻이다.

孔疏 ●“舍敬是遺親也”者, 若不冕而親迎, 則是捨夫敬心, 是遺棄相親之道也.

번역 ●經文: “舍敬是遺親也”. ○만약 면복(冕服)을 착용하여 친영(親迎)을 하지 않는다면, 이것은 공경하는 마음을 버리는 것이니, 서로 친애하는 도리를 버리는 꼴이 된다.

孔疏 ●"弗愛不親"者, 若夫不愛重, 不自親迎, 則夫婦之情不相親愛矣.

번역 ●經文: "弗愛不親". ○만약 깊이 사랑하지 않아서 직접 친영(親迎)을 하지 않는다면, 부부의 정은 서로 친애하지 않게 된다.

孔疏 ●"弗敬不正"者, 若夫不冕服親迎, 是不敬於婦, 則室家之道不正矣.

번역 ●經文: "弗敬不正". ○면복(冕服)을 착용하여 친영(親迎)을 하지 않는 것은 부인에 대해 공경하지 않는 것이니, 가정의 도리가 바르지 않게 된다.

孔疏 ●"愛與敬, 其政之本與"者, 愛謂親愛, 則仁也; 敬謂尊敬, 則義也. 是仁義爲政敎之本也.

번역 ●經文: "愛與敬, 其政之本與". ○사랑함은 친애함을 뜻하니 인(仁)에 해당한다. 공경함은 존경함을 뜻하니 의(義)에 해당한다. 이것은 인(仁)과 의(義)가 정치 및 교화의 근본이 됨을 뜻한다.

集解 大昏, 謂天子諸侯之昏也. 爲國以禮, 而禮以敬爲本, 而敬之至極之中, 尤莫大於大昏也. 大昏旣爲敬之至極, 故國君雖尊, 必服冕服以親迎也. 士親迎服爵弁, 則親迎皆服其上服. 公袞冕, 侯伯鷩冕, 子男毳冕也. 蓋夫婦之道, 乃父子·君臣之所從出. 哀公以妾爲妻, 國人不服, 則夫婦失其正, 而父子·君臣從之矣. 故問所以行三言之道, 而孔子特以大昏之重告之.

번역 '대혼(大昏)'은 천자와 제후의 혼례를 뜻한다. 나라를 다스릴 때에는 예(禮)로써 하고, 예는 공경함을 근본으로 삼으며, 공경함이 지극한 것 중에서는 성대한 혼례보다 큰 것이 없다. 성대한 혼례는 이미 공경이 지극한 것이기 때문에, 군주가 비록 존귀한 신분이라 하더라도 반드시 면복(冕服)을 착용하고 친영(親迎)을 한다. 사가 친영을 할 때에는 작변(爵弁)6)을 착용하니, 친영을 할 때에는 모두 자신이 착용할 수 있는 상등의 복장을 입는다. 따라서 공작은 곤면(衮冕)[7]을 착용하고, 후작·백작은 별면(鷩冕)[8]을 착용하며, 자작·남작은 취면(毳冕)[9]을 착용한다. 부부의 도는 곧 부자관계 및 군신관계가 도출되는 대상이다. 애공이 첩을 부인으로 삼아서 나라 사람들이 그것을 수긍하지 않는다면, 부부관계는 올바름을 잃게 되고, 부자관계 및 군신관계도 그에 따라 올바름을 잃게 된다. 그렇기 때문에 세 가지를 시행하는 도에 대해 질문했을 때, 공자는 특별히 성대한 혼례의 중대성

---

6) 작변(爵弁)은 고대의 예관(禮冠) 중 하나로, 면류관[冕] 다음 등급에 해당한다. '작(爵)'자는 관의 모습이 참새의 머리처럼 생겼기 때문에 붙여진 명칭이다. 적색과 은미한 흑색이 나는 30승(升)의 포(布)로 만든다. 또한 '작변'은 작변복(爵弁服)을 지칭하기도 한다. 예복(禮服)의 경우 착용하는 관(冠)에 따라서 그 복장의 명칭을 붙이기도 하기 때문이다. '작변복'은 작변의 관, 분홍색의 하의, 명주로 만든 상의, 검은색의 대(帶), 매겹(韎韐)이라는 슬갑을 착용한다.

7) 곤면(衮冕)은 곤룡포와 면류관을 뜻한다. 본래 천자의 제사복장으로, 비교적 중요한 제사 때 입는다. 윗옷과 아랫도리에 새겨진 무늬 등은 9가지이다. 『주례』「춘관(春官)·사복(司服)」편에는 "享先王則衮冕."이라는 기록이 있다. 이에 대한 정현의 주에서는 "冕服九章, 登龍於山, 登火於宗彝, 尊其神明也. 九章, 初一曰龍, 次二曰山, 次三曰華蟲, 次四曰火, 次五曰宗彝, 皆畫以爲繢. 次六曰藻, 次七曰粉米, 次八曰黼, 次九曰黻, 皆希以爲繡. 則衮之衣五章, 裳四章, 凡九也."라고 풀이했다. 즉 '곤면'의 윗옷에는 용(龍), 산(山), 화충(華蟲), 화(火), 종이(宗彝) 등 5가지 무늬를 그려놓고, 아랫도리에는 조(藻), 분미(粉米), 보(黼), 불(黻) 등 4가지를 수놓았다.

8) 별면(鷩冕)은 별의(鷩衣)와 면류관을 뜻한다. 천자 및 제후가 입던 복장으로, 선공(先公)에 대한 제사 및 향사례(饗射禮)를 시행할 때 착용했다. '별의'에는 꿩의 무늬를 수놓게 되는데, 이 무늬를 화충(華蟲)이라고도 부른다. 상의에는 3종류의 무늬를 수놓고, 하의에는 4종류의 무늬를 수놓게 되어, 총 7가지의 무늬가 들어가게 된다. 『주례(周禮)』「춘관(春官)·사복(司服)」편에는 "享先公, 饗射則鷩冕."이라는 기록이 있고, 이에 대한 정현의 주에서는 "鷩, 畫以雉, 謂華蟲也. 其衣三章, 裳四章, 凡七也."라고 풀이했다.

9) 취면(毳冕)은 취의(毳衣)와 면류관을 뜻한다. 천자가 사망(四望) 등 산천(山川)에 대한 제사 때 착용했던 복장이다. '취의'에는 호랑이와 원숭이를 수놓게 되는데, 이 무늬를 종이(宗彝)라고도 부른다. 상의에는 3종류의 무늬를 수놓고, 하의에는 2종류의 무늬를 수놓게 되어, 총 5가지 무늬가 들어가게 된다. 『주례(周禮)』「춘관(春官)·사복(司服)」편에는 "祀四望山川則毳冕."이라는 기록이 있고, 이에 대한 정현의 주에서는 "毳畫虎蜼, 謂宗彝也. 其衣三章, 裳二章, 凡五也."라고 풀이했다.

으로 알려준 것이다.

集解 胡氏安國曰: 娶妻必親迎, 禮之正也. 天子不親迎, 使卿逆, 公監之, 禮也. 若夫邦君, 以爵則有尊卑, 以國則有大小, 以道塗則有遠邇, 或迎之於其國, 或迎之於境上, 或迎之於所館, 禮之節也.

번역 호안국[10]이 말하길, 아내를 들일 때 반드시 친영(親迎)을 하는 것은 예(禮)의 올바름이다. 천자의 경우라면 친영을 하지 않고 경(卿)을 시켜서 맞이하도록 하며 공(公)이 감독을 하는 것이 올바른 예이다. 만약 제후국의 군주라면, 작위에 따라 존비의 차등이 있고, 나라에 따라 크고 작은 차이가 있으며, 길에 따라서는 멀고 가까운 차이가 있으니, 어떤 경우에는 그 나라 안에서 맞이하고, 또 어떤 경우에는 국경에서 맞이하기도 하며, 또 어떤 경우에는 숙소에서 맞이하기도 하니, 이것은 예에 따른 규범이다.

集解 愚謂: 下文言"合二姓之好", "以爲天地·宗廟·社稷之主", 朱子以爲通天子而言, 則天子亦親迎矣. 春秋十二公皆不書出國迎夫人, 惟桓公書"會齊侯于讙", 則以齊侯親送女故也. 然則天子諸侯之昏, 皆於其國爲館而行親迎之禮與. 胡氏謂"天子不親迎", 及言諸侯親迎遠邇之差, 恐皆未然.

번역 내가 생각하기에, 아래문장에서는 "두 성씨의 우호를 합친다."라고 했고, "천지·종묘·사직의 주인으로 삼는다."라고 했는데, 주자는 천자까지도 통용된다는 뜻으로 설명을 했으니, 천자 또한 친영(親迎)을 하는 것이다. 『춘추』에서는 12명의 군주들에 대해서 모두 국경을 벗어나 부인을 맞이한다는 말을 기록하지 않았고, 오직 환공(桓公)에 대해서만 "환공이 제(齊)나라의 후작과 환(讙)에서 회합을 가졌다."[11]라고 기록했으니, 제나라

---

10) 호안국(胡安國, A.D.1074~A.D.1138) : =무이호씨(武夷胡氏)·안정호씨(安定胡氏). 남송(南宋) 때의 학자이다. 자(字)는 강후(康侯)이고, 호(號)는 무이(武夷)이며, 시호(諡號)는 문정(文定)이다. 저서로는 『춘추호씨전(春秋胡氏傳)』 등이 있다.
11) 『춘추』「환공(桓公) 3년」: 九月, 齊侯送姜氏于讙. 公會齊侯于讙, 夫人姜氏至自齊.

후작이 직접 여식을 전송했기 때문이다. 그렇다면 천자와 제후의 혼례에
있어서는 모두 그 나라에 숙소를 마련하여, 친영의 의례를 시행했을 것이
다. 호씨는 "천자는 친영을 하지 않는다."라고 했고, 제후가 친영을 할 때에
는 거리의 멀고 가까운 차등이 있다고 했는데, 아마도 모두 그렇지는 않았
을 것이다.

참고 원문비교

예기대전·애공문(哀公問) 孔子對曰, "古之爲政, 愛人爲大. 所以治愛人,
禮爲大. 所以治禮, 敬爲大. 敬之至矣, 大昏爲大, 大昏至矣. 大昏旣至, 冕而親
迎, 親之也. 親之也者, 親之也. 是故君子興敬爲親, 舍敬是遺親也. 弗愛不親,
弗敬不正. 愛與敬, 其政之本與."

대대례기·애공문어공자(哀公問於孔子) 孔子對曰, "古之爲政, 愛人爲
大. 所以治愛人, 禮爲大. 所以治禮, 敬爲大. 敬之至也, 大昏爲大, 大昏至矣.
大昏旣至, 冕而親迎, 親之也. 親之也者, 親之也. 是故君子興敬爲親, 舍敬是
遺親也. 弗愛不親, 弗敬不正. 愛與敬, 其政之本與."

공자가어·대혼해(大婚解) 孔子對曰, "古之政, 愛人爲大. 所以治愛人,
禮爲大. 所以治禮, 敬爲大. 敬之至矣, 大婚爲大, 大婚至矣. 大昏旣至, 冕而親
迎, 親迎者, 敬之也. 是故君子興敬爲親, 捨敬則是遺親也. 弗親弗敬弗尊也.
此愛與敬, 其政之本與."

● 그림 5-1 면관[冕]과 변관[弁]

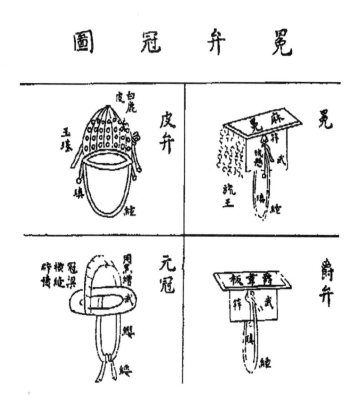

※ 출처: 『향당도고(鄕黨圖考)』 1권

● 그림 5-2 사의 작변복(爵弁服)

弁 爵

※ **출처**: 『삼례도집주(三禮圖集注)』 1권

그림 5-3 상공(上公)의 곤면(袞冕)

※ 출처: 『삼례도집주(三禮圖集注)』1권

그림 5-4 후작[侯]과 백작[伯]의 별면(鷩冕)

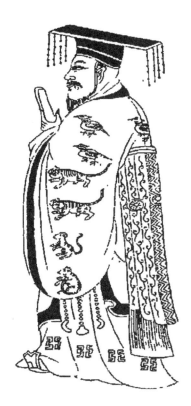

※ 출처: 『삼례도집주(三禮圖集注)』 1권

그림 5-5   자작[子]과 남작[男]의 취면(毳冕)

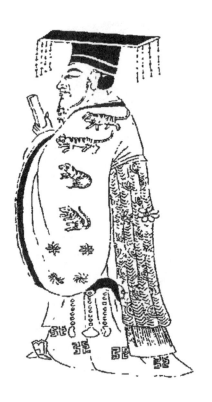

※ 출처: 『삼례도집주(三禮圖集注)』 1권

【594c】

公曰, "寡人願有言. 然冕而親迎, 不已重乎?" 孔子愀然作色而對曰, "合二姓之好, 以繼先聖之後, 以爲天地·宗廟·社稷之主, 君何謂已重乎?" 公曰, "寡人固. 不固, 焉得聞此言也? 寡人欲問, 不得其辭, 請少進."

직역 公이 曰, "寡人은 願컨대 言이 有라. 然이나 冕하고 親히 迎함은 已重이 不오?" 孔子는 愀然히 色을 作하고 對하여 曰, "二姓의 好를 合하여, 先聖의 後를 繼하고, 이로써 天地·宗廟·社稷의 主로 爲한데, 君은 何히 已重이라 謂합니까?" 公이 曰, "寡人은 固라. 不固라면, 焉히 此言을 得聞이리오? 寡人은 問을 欲한데, 그 辭를 不得하니, 請컨대 少進오."

의역 애공이 "과인은 그에 대한 설명을 듣고자 원합니다. 그러나 면복(冕服)을 입고 친영(親迎)을 하는 것은 지나치게 중시 여기는 것이 아닙니까?"라고 묻자, 공자는 송구스럽게 생각하며 낯빛을 고치고 "두 성씨의 우호를 합하여, 선성의 후사를 잇고, 이를 통해 천지·종묘·사직의 제사를 지내는 주인으로 삼는 일인데, 군주께서는 어찌 지나치게 중시 여긴다고 하십니까?"라고 대답했다. 애공이 "과인은 고루한 사람입니다. 만약 고루하지 않았다면 어찌 이러한 말을 들을 수 있었겠습니까? 과인은 묻고자 했는데 아직 그 말을 이해하지 못했으니, 청컨대 나를 가르쳐서 조금이라도 진척이 되도록 해주시오."라고 했다.

集說 已重, 太重也. 寡人固, 自言其固陋也. 不固焉得聞此言者, 言若不固陋, 則不以此爲問, 安得聞此言乎? 請少進者, 幸孔子更略有以進敎我也.

번역 '이중(已重)'은 너무 중시한다는 뜻이다. '과인고(寡人固)'는 스스로 자신이 고루하다고 말한 것이다. "고루하지 않다면 어찌 이러한 말을 들을 수 있었겠는가."라는 말은 만약 본인이 고루하지 않았다면, 이러한 질문을 하지 않았을 것이니, 어찌 이에 대한 말을 들을 수 있었겠느냐는 뜻이다. '청소진(請少進)'은 공자가 재차 나를 가르쳐주길 바란다는 뜻이다.

集說 石梁王氏曰: 倂言天地, 非止諸侯之禮也.

번역 석량왕씨가 말하길, '천지(天地)'에 대해서도 함께 언급을 했으니, 제후에게만 한정된 예법이 아니다.

大全 慶源輔氏曰: 願有言然者, 疑似之意, 不敢以爲是也.

번역 경원보씨가 말하길, '원유언연(願有言然)'이라는 말은 의심스럽다는 뜻으로, 감히 옳다고 여길 수 없다는 의미이다.

大全 臨川吳氏曰: 言配合二姓爲夫婦, 以繼續先聖之後, 祭祀之時, 君爲外主, 夫人爲內主, 故曰爲天地宗廟社稷之主. 諸侯不得祭天地, 此泛言之, 因及天子爾. 天地社稷之祭, 后夫人不與, 以宗伯攝獻, 是亦后夫人爲之主也.

번역 임천오씨가 말하길, 두 성씨를 합하여 부부가 되고, 이를 통해 선성의 후사를 잇고, 제사를 지낼 때 군주는 바깥주인이 되고, 부인은 안주인이 된다. 그렇기 때문에 천지·종묘·사직의 주인이 된다고 말했다. 제후는 천지에 대한 제사를 지낼 수 없으니, 이곳에서는 범범하게 언급하여 천자에 대한 내용까지도 언급한 것일 뿐이다. 천지와 사직의 제사에서 왕후와 제후의 부인은 참여하지 않고, 종백(宗伯)12)을 대신 시켜서 술을 바치게

---

12) 종백(宗伯)은 대종백(大宗伯)이라고도 부른다. 주(周)나라 때에는 육경(六卿) 중 하나에 해당하는 고위 관직이었다. 『주례』의 체제 속에서는 춘관(春官)의 수장이 된다. 종묘(宗廟)에 대한 제사 등 주로 예제(禮制)와 관련된 일을 담당하였다. 후대의 관직체계에서는 예부(禮部)에 해당하기 때문에, 예부상서(禮部尚書)를 또한 '대종백' 혹은 '종백'이라고도 부른다. 『서』「주서(周書)·주관(周官)」편에는 "宗伯掌邦禮, 治神人, 和上下."라는 기록이 있다. 또 『주례』「춘관(春官)·종백(宗伯)」편에는 "乃立春官宗伯, 使帥其屬而掌邦禮, 以佐王和邦國."이라는 기록이 있는데, 이에 대한 정현의 주에서는 "宗伯, 主禮之官."이라고 풀이했다. 한(漢)나라 때에는 태재(太宰)라는 이름으로 관직명을 고치기도 했다. 한편 진(秦)나라 때에는 종실(宗室)의 일들을 담당하는 종정(宗正)이라는 관리가 있었는데, 한나라 때에는 이 관직명을 '종백'으로 고치기도 했다.

하니,13) 이것은 또한 왕후(王后)14)와 제후의 부인(夫人)15)을 그 제사의 주인으로 삼았음을 뜻한다.

鄭注 已, 猶大也. 怪親迎乃服祭服. 先聖, 周公也. 固不固, 言吾由鄙固故也. 請少進, 欲其爲言以曉己.

번역 '이(已)'자는 너무[大]라는 뜻이다. 친영(親迎)을 할 때 제사 복장을 착용해야 한다는 것을 괴이하게 여긴 것이다. '선성(先聖)'은 주공(周公)을 뜻한다. 고루하거나 고루하지 않다는 말은 나의 고루함에서 비롯되었기 때문임을 뜻한다. '청소진(請少進)'은 말을 해서 자신을 깨우쳐주기 바란다는 뜻이다.

釋文 大音泰. 好, 呼報反. 焉, 於虔反. 爲, 于僞反.

번역 '大'자의 음은 '泰(태)'이다. '好'자는 '呼(호)'자와 '報(보)'자의 반절음이다. '焉'자는 '於(어)'자와 '虔(건)'자의 반절음이다. '爲'자는 '于(우)'자와 '僞(위)'자의 반절음이다.

孔疏 ●"冕而親迎, 不已重乎"者, 冕則祭服也, 天子則衮冕, 諸侯以下各用

---

13) 『주례』「춘관(春官)·대종백(大宗伯)」 : 凡大祭祀, 王后不與, 則攝而薦豆籩徹.
14) 왕후(王后)는 천자의 본부인을 뜻한다. 후대에는 황후(皇后)라고 부르기도 하였다. 고대에는 천자(天子)를 왕(王)이라고 불렀기 때문에, 천자의 부인을 '왕후'라고 부른다. 또한 '왕'자를 생략하여 '후(后)'라고도 부른다.
15) 부인(夫人)은 제후의 부인을 뜻한다. 『예기』「곡례하(曲禮下)」편에는 "公侯有夫人, 有世婦, 有妻, 有妾."이라는 기록이 있다. 즉 공작과 후작은 정부인인 부인(夫人)을 두고, 그 외에 세부(世婦), 처(妻), 첩(妾)을 둔다. 또한 『논어』「계씨(季氏)」편에는 "邦君之妻, 君稱之曰夫人. 夫人自稱曰小童."이라는 기록이 있다. 즉 군주의 처를 군주가 직접 부를 때에는 부인(夫人)이라고 부르며, 부인(夫人)이 자신을 지칭할 때에는 소동(小童)이라고 부른다. 참고적으로 천자의 부인은 후(后)라고 부르고, 대부(大夫)의 부인은 유인(孺人)이라고 부르며, 사(士)의 부인은 부인(婦人)이라고 부르고, 서인(庶人)의 부인은 처(妻)라고 부른다. 그러나 이러한 구분은 일률적으로 적용되는 것은 아니다.

助祭之服, 故士昏禮主人爵弁服是也. 已, 猶大也. 君身著祭服而親迎, 不亦大
重乎!

번역 ●經文: "冕而親迎, 不已重乎". ○면복(冕服)은 제사를 지낼 때의
복장으로, 천자는 곤면(袞冕)에 해당하고, 제후로부터 그 이하의 계층은 각
각 제사를 도울 때 착용하는 복장을 이용한다. 그렇기 때문에 『의례』「사혼
례(士昏禮)」편에서 주인은 작변복(爵弁服)을 착용한다고 한 것이다.16) '이
(已)'자는 너무[大]라는 뜻이다. 군주 본인이 제사 복장을 착용하고서 친영
(親迎)을 하는 것은 너무 중시 여기는 것이 아니냐는 뜻이다.

孔疏 ◎注"怪親迎乃服祭服". ○正義曰: 昏禮迎婦, 二傳不同. 春秋公羊
說自天子至庶人皆親迎; 左氏說天子至尊無敵, 故無親迎之禮, 諸侯有故, 若
疾病, 則使上卿逆, 上公臨之. 許氏謹按: "高祖時, 皇太子納妃, 叔孫通制禮,
以爲天子無親迎, 從左氏義." 玄駁之云: "大姒之家在渭之涘, 文王親迎於渭,
卽天子親迎明文也." 引禮記: "'冕而親迎', '繼先聖之後, 以爲天地·宗廟·社稷
之主', 非天子則誰乎?" 如鄭此言, 從公羊義也. 又詩說云: "文王親迎於渭,
紂尙南面, 文王猶爲西伯耳." 以左氏義爲長, 鄭駁未定.

번역 ◎鄭注: "怪親迎乃服祭服". ○혼례에서 부인을 맞이하는 것에 대
해 두 전문의 기록이 동일하지 않다. 공양학파는 천자로부터 서인에 이르
기까지 모두 친영(親迎)을 한다고 주장하고, 좌전학파는 천자는 지극히 존
귀하여 대등한 자가 없기 때문에 친영의 예법이 없으며, 제후에게 변고가
있을 때, 예를 들어 질병에 걸린 경우라면 상경(上卿)17)을 시켜서 맞이하게
하고 상공(上公)18)이 그 일을 감독한다고 했다. 허신은 "고조 때 황태자가

---

16) 『의례』「사혼례(士昏禮)」: 主人爵弁, 纁裳緇袘.
17) 상경(上卿)은 주(周)나라 제도에서, 경(卿) 중에서 가장 높은 자들을 뜻한다.
    주나라 제도에서 천자 및 제후들은 모두 경을 두었으며, 상·중·하 세 등급으
    로 구분하였다.
18) 상공(上公)은 주(周)나라 제도에 있었던 관직 등급이다. 본래 신하의 관직 등
    급은 8명(命)까지이다. 주나라 때에는 태사(太師), 태부(太傅), 태보(太保)와
    같은 삼공(三公)들이 8명의 등급에 해당했다. 그런데 여기에 1명을 더하게

부인을 맞이하는데, 숙손통이 의례를 제정하여 천자에게는 친영이 없다고
했으니, 좌전학파의 주장에 따른 것이다."라고 했다. 그러자 정현은 그 말을
반박하며, "태사(太姒)[19]의 집이 위수(渭水)의 물가에 있어서, 문왕은 위수
에서 친영을 했으니, 천자가 친영을 한다는 명확한 근거가 된다."라고 했다.
그리고 『예기』의 기록을 인용하여, "'면복(冕服)을 착용하고 친영을 한다.'
라고 했고, '선성의 후사를 이어서 천지·종묘·사직의 주인으로 삼는다.'라고
했으니, 천자가 아니라면 누구에게 해당한단 말인가?"라고 했다. 정현의
이러한 주장에 따른다면, 이것은 공양학파의 주장에 따른 것이다. 또 『시설』
에서는 "문왕이 위수에서 친영을 했을 때 주왕은 여전히 남면을 하는 군왕
의 지위에 있었고, 문왕은 여전히 서백으로 자처했을 따름이다."라고 했다.
이를 통해 살펴보면 좌전학파의 주장이 더 나은 것 같으니, 정현의 반박
내용은 완전하지 않다.

孔疏 ◎注云"先聖, 周公也". ○正義曰: 以哀公所問, 當問己諸侯, 唯魯出
周公, 故解先聖爲周公. 又魯得郊天, 故云"天地·宗廟·社稷之主". 若異義駁所
云, 則以先聖及天地據天子, 以事含兩義, 故彼此各擧一邊.

번역 ◎鄭注: "先聖, 周公也". ○애공이 질문한 내용은 본인에게 해당하
는 제후에 대한 질문인데, 다만 노(魯)나라는 주공의 후손국이기 때문에
선성(先聖)을 주공으로 풀이한 것이다. 또 노나라는 하늘에 대한 교(郊)제
사[20]를 지낼 수 있었기 때문에, '천지·종묘·사직의 주인'이라고 했다. 『오경

되면 9명이 되어, 특별직인 '상공'이 된다. 『주례』「춘관(春官)·전명(典命)」편
에는 "上公九命爲伯, 其國家宮室車旗衣服禮儀, 皆以九爲節."이라는 기록이
있고, 이에 대한 정현의 주에서는 "上公, 謂王之三公有德者, 加命爲二伯. 二
王之後亦爲上公."이라고 풀이하였다. 즉 '상공'은 삼공 중에서도 유덕(有德)
한 자에게 1명을 더해주어, 제후들을 통솔하는 '두 명의 백(伯)[二伯]'으로 삼
았다. 또한 제후의 다섯 등급을 나열할 경우, 공작(公爵)을 '상공'이라고 부르
기도 한다.
19) 태사(太姒)는 '대사(大姒)'라고도 부른다. 유신씨(有莘氏)의 딸이며, 문왕(文
王)의 처이자 무왕(武王)의 모친이다.
20) 교제(郊祭)는 '교사(郊祀)'라고도 부른다. 교외(郊外)에서 천지(天地)에 제사

이의』²¹⁾에서 언급한 내용에 따른다면, 선성 및 천지는 모두 천자에게 기준을 둔 내용인데, 그 사안이 이러한 두 의미를 포함하고 있기 때문에 피차 각각 한 가지 측면을 제시한 것이다.

孔疏 ●"公曰"至"本與". ○"固不固"者, 上固是彼固, 下固, 故也. 言寡人由鄙固之故, 所以得聞此言, 由其固陋, 殷重問之, 故得聞此言. 皇氏用王肅之義, 二固皆爲固陋, 上固言己之固陋, 下固言若不鄙固則不問, 不問, 焉得聞此言哉!

번역 ●經文: "公曰"~"本與". ○경문의 '고불고(固不固)'에 대하여. 앞의 고(固)자는 상대의 고루함을 뜻하고, 뒤의 '고(固)'자는 연고[故]를 뜻한다. 즉 과인은 고루한 연유로 인해 이러한 말을 들을 수 있었는데, 고루함으로 말미암아 거듭 질문을 하였기 때문에 또 이러한 말을 들을 수 있었다는 의미이다. 황간은 왕숙²²⁾의 주장에 따라서 2개의 고(固)자를 모두 고루하다고 여기고, 앞의 '고(固)'자는 자신의 고루함이며, 뒤의 '고(固)'자는 만약 고루하지 않다면 질문을 하지 않았을 것이고, 질문을 하지 않았다면 어떻게 이러한 말을 들을 수 있었겠느냐는 의미로 풀이하였다.

를 지녔기 때문에 붙여진 명칭이다. 음양설(陰陽說)이 성행했던 한(漢)나라 때에는 하늘에 대한 제사는 양(陽)의 뜻을 따라 남교(南郊)에서 지냈고, 땅에 대한 제사는 음(陰)의 뜻을 따라 북교(北郊)에서 지냈다. 『한서』「교사지하(郊祀志下)」편에는 "帝王之事莫大乎承天之序, 承天之序莫重於郊祀. …… 祭天於南郊, 就陽之義也. 地於北郊, 卽陰之象也."라는 기록이 있다. 한편 '교사'는 후대에 제사를 범칭하는 용어로도 사용되었다. '교사' 중의 '교(郊)'자는 규모가 큰 제사를 뜻하며, '사(祀)'는 비교적 규모가 작은 제사들을 뜻한다.

21) 『오경이의(五經異義)』는 후한(後漢) 때의 학자인 허신(許愼)이 지은 책이다. 유실되었는데, 송대(宋代) 때 학자들이 다시 모아서 엮었다. 오경(五經)에 관한 고금(古今)의 유설(遺說)과 이의(異義)를 싣고, 그에 대한 시비(是非)를 판별한 내용들이다.

22) 왕숙(王肅, A.D.195~A.D.256): =왕자옹(王子雍). 위진남북조(魏晉南北朝) 때의 위(魏)나라 경학자이다. 자(字)는 자옹(子雍)이다. 출신지는 동해(東海)이다. 부친 왕랑(王朗)으로부터 금문학(今文學)을 공부했으나, 고문학(古文學)의 고증적인 해석을 따랐다. 『상서(尙書)』, 『시경(詩經)』, 『좌전(左傳)』, 『논어(論語)』 및 삼례(三禮)에 대한 주석을 남겼다.

孔疏 ●"寡人欲問, 不得其辭23), 請少進"者, 寡人更欲問所疑之事, 不能得其所問之辭. 請孔子少進, 言使簡約易了.

번역 ●經文: "寡人欲問, 不得其辭, 請少進". ○과인은 재차 의문스러운 사안에 대해서 질문을 하고 싶지만, 질문에 대답할 말을 터득할 수 없다는 뜻이다. 그래서 공자에게 청하여 조금 앞으로 나오도록 해서, 재차 간략히 대답해달라고 했다는 의미이다.

訓纂 春秋桓二年穀梁傳: 子貢曰, "冕而親迎, 不已重乎?" 孔子曰, "合二姓之好, 以繼萬世之後, 何謂已重乎?"

번역 『춘추』 환공(桓公) 2년에 대한 『곡량전』의 기록에서 말하길, 자공은 "면복(冕服)을 착용하고 친영(親迎)을 하는 것은 너무 중시 여기는 것이 아닙니까?"라고 묻자, 공자는 "두 성씨의 우호를 합하여 만세의 후사를 잇는 것인데, 어찌 너무 중시 여긴다고 말하느냐?"라고 했다.24)

集解 朱子曰: 天地, 蓋通天子而言.

번역 주자가 말하길, '천지(天地)'는 아마도 천자의 경우까지도 통괄해서 말했기 때문일 것이다.

集解 愚謂: 婦人不與外祭, 然后夫人蠶繅以爲衣服, 郊廟之服皆后夫人之

---

23) '사(辭)'자에 대하여. '사'자 뒤에는 본래 '지(之)'자가 기록되어 있었는데, 완원(阮元)의 『교감기(校勘記)』에서는 "혜동(惠棟)의 『교송본(校宋本)』에는 본래 '지'자가 없다."라고 했다.

24) 『춘추곡량전』 「환공(桓公) 3년」: 公子翬如齊逆女, 逆女, 親者也, 使大夫, 非正也, 九月, 齊侯送姜氏于讙. 禮送女, 父不下堂, 母不出祭門, 諸母兄弟不出闕門, 父戒之曰, 謹愼從爾舅之言, 母戒之曰, 謹愼從爾姑之言, 諸母般申之曰, 謹愼從爾父母之言. 送女踰竟, 非禮也, 公會齊侯于讙, 無譏乎, 曰, 爲禮也, 齊侯來也, 公之逆而會之可也, 夫人姜氏至自齊, 其不言翬之以來何也, 公親受之于齊侯也, <u>子貢曰, 冕而親迎, 不已重乎, 孔子曰, 合二姓之好, 以繼萬世之後, 何謂已重乎.</u>

所共也, 故曰爲天地宗廟社稷之主.

번역 내가 생각하기에, 부인은 외제(外祭)[25]에 참여하지 않지만, 왕후와 제후의 부인은 누에를 치고 실을 뽑아서 의복을 만드니, 교(郊)제사와 종묘 제사에 착용하는 복장은 모두 왕후와 부인이 공급하는 것이다.[26] 그렇기 때문에 "천지·종묘·사직의 주인으로 삼는다."라고 했다.

集解 舊以"寡人固不固"爲句, 陸氏佃讀"寡人固"爲句, 今從之.

번역 옛 주석에서는 '과인고불고(寡人固不固)'를 하나의 구문으로 해석했고, 육전[27]은 '과인고(寡人固)'를 하나의 구문으로 해석했는데, 여기에서는 육전의 주장에 따른다.

集解 固, 謂固陋也. 哀公自言固陋, 故不知大昏之重, 然若不固陋, 則不問, 不得聞孔子此言也. 蓋公欲再問, 而先爲謙辭以發其端也.

번역 '고(固)'자는 고루하다는 뜻이다. 애공은 자신이 고루하다고 말한 것이다. 그렇기 때문에 성대한 혼례의 중대성을 알지 못한 것인데, 만약

---

25) 외제(外祭)는 내제(內祭)와 상대되는 말이다. 교사(郊祀)를 가리키기도 하며, 왕이 사냥이나 출정 등으로 밖으로 나갔을 때 지내는 제사인 표맥(表貉)과 순수(巡守)를 시행할 때 산천(山川)에 지내는 제사 등을 가리킨다. 『주례』「지관(地官)·목인(牧人)」편에 기록된 '외제'에 대해, 정현의 주에서는 "外祭, 謂表貉及王行所過山川用事者."라고 풀이했고, 또 『예기』「제통(祭統)」편에는 "外祭則郊社是也."라는 기록이 있다.

26) 『예기』「월령(月令)·계춘(季春)」【197d】: 蠶事旣登, 分繭, 稱絲效功, 以共郊廟之服, 毋有敢惰. / 『맹자』「등문공하(滕文公下)」: 禮曰, "諸侯耕助以供粢盛, 夫人蠶繅, 以爲衣服. 犧牲不成, 粢盛不潔, 衣服不備, 不敢以祭. 惟士無田, 則亦不祭."

27) 산음육씨(山陰陸氏, A.D.1042~A.D.1102): =육농사(陸農師)·육전(陸佃). 북송(北宋) 때의 유학자이다. 자(字)는 농사(農師)이며, 호(號)는 도산(陶山)이다. 어려서 집안이 매우 가난했다고 전해지며, 왕안석(王安石)에게 수학하였으나 왕안석의 신법에 대해서는 반대하였다. 저서로는 『비아(埤雅)』, 『춘추후전(春秋後傳)』, 『도산집(陶山集)』 등이 있다.

고루하지 않았다면 물어보지 않아서, 공자가 이에 대해 설명하는 말을 듣지 못했을 것이라는 의미이다. 아마도 애공은 재차 질문을 하고자 했기 때문에, 먼저 겸사를 드러내어, 다음 질문에 대한 서두를 연 것이다.

참고 원문비교

예기대전 · 애공문(哀公問) 公曰, "寡人願有言. 然冕而親迎, 不已重乎?" 孔子愀然作色而對曰, "合二姓之好, 以繼先聖之後, 以爲天地·宗廟·社稷之主, 君何謂已重乎?" 公曰, "寡人固. 不固, 焉得聞此言也? 寡人欲問, 不得其辭, 請少進."

대대례기 · 애공문어공자(哀公問於孔子) 公曰, "寡人願有言. 然冕而親迎, 不已重乎?" 孔子愀然作色而對曰, "合二姓之好, 以繼先聖之後, 以爲天地·社稷·宗廟之主, 君何謂已重乎?" 公曰, "寡人固. 不固, 焉得聞此言也? 寡人欲問, 不得其辭, 請少進."

공자가어 · 대혼해(大婚解) 公曰, "寡人願有言也. 然冕而親迎, 不已重乎?" 孔子愀然作色而對曰, "合二姓之好, 以繼先聖之後, 以爲天下·宗廟·社稷之主, 君何謂已重焉①?" 公曰, "寡人實固②, 不固, 安得聞此言乎? 寡人欲問, 不能爲辭, 請少進."

王注-① 魯, 周公之後, 得郊天, 故言以爲天下之主也.

번역 노(魯)나라는 주공(周公)의 후손국이니, 하늘에 대한 교(郊)제사를 지낼 수 있었다. 그렇기 때문에 "천하의 주인으로 삼는다."라고 말했다.

王注-② 鄙陋也.

번역 고루하다는 뜻이다.

그림 5-6 천자의 곤면(袞冕)

※ **출처:** 『삼례도집주(三禮圖集注)』 1권

예(禮)와 정치

【594d】

> 孔子曰, "天地不合, 萬物不生. 大昏, 萬世之嗣也, 君何謂已
> 重焉?" 孔子遂言曰, "內以治宗廟之禮, 足以配天地之神明.
> 出以治直言之禮, 足以立上下之敬. 物恥足以振之, 國恥足以
> 興之, 爲政先禮, 禮其政之本與."

직역　孔子가 日, "天地가 不合하면, 萬物이 不生합니다. 大昏은 萬世의 嗣인데,
君은 何히 已重이라 謂합니까?" 孔子는 遂히 言하여 日, "內로 이로써 宗廟의 禮를
治하면, 足히 天地의 神明에 配합니다. 出로 이로써 直言의 禮를 治하면, 足히 上下
의 敬를 立합니다. 物恥는 足히 振하고, 國恥는 足히 興하니, 政을 爲하며 禮를
先하니, 禮는 그 政의 本일 것입니다."

의역　애공의 질문에 대해 공자는 "천지가 합치되지 않으면 만물이 생겨나지
않습니다. 따라서 천지를 상징하는 남녀는 성대한 혼례를 치름으로써 만세를 잇는
것인데, 군주께서는 어찌하여 너무 중시 여긴다고 하십니까?"라고 대답했다. 그리
고 공자는 "안으로 종묘의 예(禮)를 다스리면 천지의 신명과 짝할 수 있습니다.
또 밖으로 조정의 예를 다스리면 상하계층의 공경함을 세울 수 있습니다. 사물의
치욕은 이를 통해 진작시켜 없앨 수 있으며, 나라의 치욕은 이를 통해 흥기시켜
없앨 수 있으니, 정치를 시행할 때에는 예가 급선무입니다. 따라서 예는 정치의
근본일 것입니다."라고 말했다.

集說　直言二字未詳, 或云當作朝廷.

번역 '직언(直言)'이라는 두 글자의 뜻에 대해서는 잘 모르겠는데, 어떤 자는 마땅히 '조정(朝廷)'으로 기록해야 한다고 했다.

集說 陸氏曰: 物以不振爲恥, 國以不興爲恥.

번역 육씨가 말하길, 사물은 진작되지 않음을 치욕으로 여기고, 나라는 흥성하지 않음을 치욕으로 여긴다.

集說 應氏曰: 物恥, 謂事物之汙陋; 國恥, 謂國體之卑辱. 內外之禮交治, 則國家安富尊榮, 何恥之不伸? 是時魯微弱, 哀公欲振而興之, 而不知禮之爲急, 故夫子以是告之.

번역 응씨가 말하길, '물치(物恥)'는 사물의 더러움과 누추함을 뜻하며, '국치(國恥)'는 국가의 본체가 낮고 욕됨을 뜻한다. 내외의 예(禮)에 따라 상호 다스리게 된다면 국가는 안정되고 부유해지며 존귀하고 영화롭게 되는데, 어찌 치욕이 펼쳐질 수 있겠는가? 당시에 노(魯)나라는 힘이 미약하여 애공은 진작시키고 흥기시키려고 했지만 예가 급선무가 됨을 알지 못했다. 그렇기 때문에 공자가 이러한 사실을 알려준 것이다.

大全 嚴陵方氏曰: 天地合而後萬物生, 猶之二姓合而後人道成焉, 故曰大昏萬世之嗣也. 以其傳萬世之嗣, 則親迎之禮, 不爲過矣.

번역 엄릉방씨가 말하길, 천지가 합한 뒤에 만물이 생겨나는 것은 두 성씨의 남녀가 결혼한 이후에 인도가 완성되는 것과 같다. 그렇기 때문에 "성대한 혼례는 만세를 잇는 것이다."라고 했다. 만세의 후사를 전수하므로, 친영(親迎)의 예를 중시하는 것은 지나친 일이 아니다.

大全 石林葉氏曰: 昏以繼萬世之嗣, 而爲先祖後, 與之共事宗廟社稷, 以及天地, 所謂主也. 君共粢盛, 夫人共祭服, 則內足以治宗廟之禮. 推而大之,可以配天地. 天則神也, 地則明也, 故以配天地之神明. 夫婦正則名正, 名正則言順, 故出則足以治直言之禮. 推而廣之, 凡君臣父子, 皆所正也, 故以立上下之敬. 至於事之廢墜, 可恥者足以正之, 國之衰弱, 可恥者足以興之, 爲政之本, 孰有先於此乎? 然而昏姻之禮, 人倫之常也. 其效若此者何也? 蓋大王之所以興國者, 以其有姜女, 文王之所以造周者, 以其有后妃, 幽王之所以亡天下也, 亦以褒姒而已. 王化之本, 取諸家, 而推之, 則天下無不治.

번역 석림섭씨가 말하길, 혼인을 통해서 만세의 후사를 잇고, 선조의 후손이 되며, 부인과 더불어 종묘와 사직에 대해 함께 제사를 지내고, 천지의 제사에 미치게 되니, 주인이라고 부른 이유이다. 군주는 자성(粢盛)[1]을 바치고, 부인은 제복을 바치니, 내적으로는 종묘의 예(禮)를 다스릴 수 있다. 이를 확대하면 천지에 짝할 수 있다. 하늘의 신은 신(神)이고 땅의 신은 명(明)이다. 그렇기 때문에 천지의 신명(神明)에 짝한다. 부부관계가 바르게 되면 명분이 바르게 되고, 명분이 바르게 되면 말이 순화된다. 그렇기 때문에 밖으로는 직언의 예를 다스릴 수 있다. 이를 확대하면 군신 및 부자관계가 모두 이것을 바른 것으로 삼기 때문에, 이를 통해 상하의 공경함을 세울 수 있다. 사안이 폐지되는 것에 있어서도 치욕스러운 것들을 바르게 할 수 있고, 나라가 쇠약해지는 것에 있어서도 치욕스러운 것들을 바로잡아 흥성하게 만들 수 있으니, 정치를 시행하는 근본 중 그 무엇이 이보다 앞설 수 있겠는가? 그러므로 혼인의 예는 인륜의 항상된 도이다. 그런데 그 효과가 이와 같은 것은 어째서인가? 태왕이 나라를 흥성하게 했던 것은 강녀(姜女)[2]가 있었기 때문이고, 문왕이 주나라를 건국할 수 있었던 것은

---

1) 자성(粢盛)은 제성(齊盛)이라고도 부른다. 자(粢)자는 곡식의 한 종류인 기장을 뜻하고, 성(盛)자는 그릇에 기장을 풍성하게 채워놓은 모양을 뜻한다. 따라서 '자성'은 제기(祭器)에 곡물을 가득 채워놓은 것을 뜻하며, 제물(祭物)로 사용되었다. 『춘추공양전』「환공(桓公) 14년」편에는 "御廩者何, 粢盛委之所藏也."라는 기록이 있는데, 이에 대한 하휴(何休)의 주에서는 "黍稷曰粢, 在器曰盛."이라고 풀이하였다.

2) 대강(大姜)은 '강녀(姜女)'라고도 부른다. 주나라 태왕의 부인이자 문왕의 조모이다. 성(姓)이 강(姜)이라서 추존하여 '대강'이라고 부르며, 또한 주강(周姜)이라고도 부른다.

후비가 있었기 때문이며, 유왕이 천하를 잃게 된 것은 또한 포사(褒姒)가 있었기 때문이다. 천자가 시행하는 교화의 근본은 가정에서 취하니, 이를 확대하면 천하에 다스려지지 않는 것이 없게 된다.

鄭注 宗廟之禮, 祭宗廟也. 夫婦配天地, 有日月之象焉. 禮器曰: "君在阼, 夫人在房, 大明生於東, 月生於西, 此陰陽之分, 夫婦之位也." 直, 猶正也, 正言謂出政教也. 政教有夫婦之禮焉. 昏義曰: "天子聽外治, 后聽內職, 教順成俗, 外內和順, 國家理治, 此之謂盛德." 物, 猶事也. 事恥, 臣恥也. 振, 猶救也. 國恥, 君恥也. 君臣之行有可恥者, 禮足以救之, 足以興復之.

번역 종묘의 예(禮)는 종묘에서 제사를 지낸다는 뜻이다. 부부는 천지에 짝하여 해와 달의 상을 가지고 있다. 『예기』「예기(禮器)」편에서는 "군주가 종묘에 위치할 때에는 동쪽에 머물게 되고, 부인은 서쪽에 있는 방(房)에 위치하며, 태양은 동쪽에서 생겨나고 달은 서쪽에서 생겨나니, 이것은 음양에 따른 구분이자 부부의 위치에 해당한다."3)라고 했다. '직(直)'자는 "바르다[正]."는 뜻이다. 바른 말은 정치와 교화를 창출한다는 의미이다. 정치와 교화에는 부부의 예가 포함되어 있다. 『예기』「혼의(昏義)」편에서는 "천자는 외적인 다스림을 듣고, 왕후는 내적인 직무를 듣는다. 순종의 미덕을 가르치고 풍속을 완성하며, 내외적으로 화목하고 순종하여, 국가가 다스려진다. 이것은 곧 '성덕(盛德)'을 뜻한다."4)라고 했다. '물(物)'자는 사안[事]을 뜻한다. '사치(事恥)'는 신하의 치욕을 뜻한다. '진(振)'자는 "구원하다[救]."는 뜻이다. '국치(國恥)'는 군주의 치욕을 뜻한다. 군주와 신하의 행

---

3) 『예기』「예기(禮器)」【311c】: 天道至教, 聖人至德. 廟堂之上, 罍尊在阼, 犧尊在西; 廟堂之下, 縣鼓在西, 應鼓在東. <u>君在阼, 夫人在房, 大明生於東, 月生於西, 此陰陽之分, 夫婦之位也</u>. 君西酌犧象, 夫人東酌罍尊. 禮交動乎上, 樂交應乎下, 和之至也.

4) 『예기』「혼의(昏義)」【694c~d】: 古者天子后立六宮 · 三夫人 · 九嬪 · 二十七世婦 · 八十一御妻, 以聽天下之內治, 以明章婦順, 故天下內和而家理. 天子立六官 · 三公 · 九卿 · 二十七大夫 · 八十一元士, 以聽天下之外治, 以明章天下之男教, 故外和而國治. 故曰天子聽男教, 后聽女順; 天子理陽道, 后治陰德; <u>天子聽外治, 后聽內職. 教順成俗, 外內和順, 國家理治, 此之謂盛德</u>.

실 중 치욕스러울 만한 점이 있다면, 예(禮)는 충분히 그것들을 구원할 수 있고 또한 흥기시키고 회복시킬 수 있다.

釋文 分, 扶問反. 治, 直吏反, 下同. 行, 下孟反, 下"君之行"同.

번역 '分'자는 '扶(부)'자와 '問(문)'자의 반절음이다. '治'자는 '直(직)'자와 '吏(리)'자의 반절음이며, 아래문장에 나오는 글자도 그 음이 이와 같다. '行'자는 '下(하)'자와 '孟(맹)'자의 반절음이며, 아래문장 중 '君之行'에서의 '行'자도 그 음이 이와 같다.

孔疏 ●"內以治宗廟之禮, 足以配天地之神明"者, 謂君祼獻·后夫人亞獻之屬, 是治宗廟之禮也. 天地, 謂日月也, 夫配日, 婦配月, 注引禮器文是也.

번역 ●經文: "內以治宗廟之禮, 足以配天地之神明". ○군주가 땅에 술을 뿌려 신을 강림시키고, 시동에게 술을 바치며, 왕후와 부인이 두 번째로 술을 따라 바치는 일들은 종묘의 예(禮)를 다스리는 일이다. '천지(天地)'는 해와 달을 뜻하니, 남편은 해에 짝하고 부인은 달에 짝한다. 정현의 주에서 『예기』「예기(禮器)」편의 문장을 인용한 것이 바로 이러한 사실을 나타낸다.

孔疏 ●"出以治直言之禮, 足以立上下之敬"者, 直, 正也. 若夫婦出在於外, 治理政直·言敎之禮, 足以立君臣上下之恭敬也, 則注引昏義文是也.

번역 ●經文: "出以治直言之禮, 足以立上下之敬". ○'직(直)'자는 "바르다[正]."는 뜻이다. 만약 부부가 나가서 밖에 있다면, 정치의 강직함 및 말과 교화의 예(禮)를 다스리니, 이를 통해 군신 및 상하관계의 공손함과 공경함을 세울 수 있다. 정현의 주에서 『예기』「혼의(昏義)」편의 문장을 인용한 것이 바로 이러한 사실을 나타낸다.

孔疏 ●"物恥足以振之"者, 物, 事也; 振, 救也. 謂臣之職事有可恥愧者,其禮足以救之.

번역 ●經文: "物恥足以振之". ○'물(物)'자는 사안[事]을 뜻하며, '진(振)'자는 "구원하다[救]."는 뜻이다. 신하의 직무와 맡은 일 중에 치욕스러울 만한 점이 있다면, 관련 예(禮)를 통해서 구원할 수 있다는 뜻이다.

孔疏 ●"國恥足以興之"者, 謂君於治國有可恥愧, 其禮足以興起之也.

번역 ●經文: "國恥足以興之". ○군주가 나라를 다스리는데 있어서 부끄러워할 만한 점이 있다면, 관련 예(禮)를 통해서 흥기시킬 수 있다는 뜻이다.

孔疏 ●"爲政先禮, 禮其政之本與"者, 言欲爲國家之政, 先行於禮. 禮, 謂夫婦之道, 內則治宗廟·配天地, 外則施政敎·立上下, 故爲政敎之本與!

번역 ●經文: "爲政先禮, 禮其政之本與". ○국가의 정치를 시행하고자 한다면 우선적으로 예(禮)를 시행해야 한다는 뜻이다. 예는 부부관계에서의 도리이니, 내적으로는 종묘의 제사를 다스리고 천지에 짝하는 것이며, 외적으로는 정치와 교화에 시행하고 상하의 공경함을 세우는 것이다. 그렇기 때문에 정치와 교화의 근본이 된다.

集解 大昏者, 所以繼祖宗, 延嗣續, 故上以"繼先聖之後"明其重, 此又以"萬世之嗣"明其重也. 宗廟之禮, 謂祭祀之禮也. 宗廟之中, 君在阼, 以象日之生於東, 夫人在房, 以象月之生於西, 所謂"配天地之神明"也. 直, 正也. 言, 謂敎令也. 名不正則言不順, 言不順則不足以服人而致其敬. 若夫婦之分定, 則名正言順, 所出之敎令皆合於禮, 而上而朝廷, 下而萬民, 莫敢不敬矣. 如哀公爲妾齊衰, 而曰"魯人以妻我", 則其有愧於心而言之不直甚矣. 故其立也, 則宗人辭之, 國人惡之, 其喪也, 則有若譏之, 其何以取敬於人哉. 物, 事也. 物恥, 謂事之廢壞而可恥. 國恥, 謂國之衰弱而可恥也. 有禮則綱紀立, 國家安,故物恥可振而國恥可興也.

번역　성대한 혼례는 조상의 뒤를 잇는 것이며 후사를 잇게 만드는 것이다. 그렇기 때문에 앞에서는 "선성의 뒤를 잇다."라고 하여 그 중대성을 드러내었고, 이곳에서는 또한 '만세의 후사'라고 하여 중대성을 드러낸 것이다. 종묘의 예(禮)는 제사를 지내는 예를 뜻한다. 종묘 안에서 군주는 동쪽 계단에 위치하여 해가 동쪽에서 떠오르는 것을 상징하며, 부인은 방(房)에 위치하여 달이 서쪽에서 생겨나는 것을 상징하니, 이것이 바로 "천지의 신명에 짝한다."는 뜻이다. '직(直)'자는 "바르다[正]."는 뜻이다. '언(言)'자는 교화와 정령을 뜻한다. 명분이 바르지 않으면 말이 순하지 않고,5) 말이 순하지 않으면 남을 감복시켜서 공경함을 지극히 할 수 없다. 만약 부부의 명분이 확정된다면 명분이 바르고 말이 순하게 되어, 그곳에서 비롯된 교화와 정령은 모두 예(禮)에 부합하고, 위로는 조정에서 시행되고 아래로는 백성에게 시행되어, 감히 공경하지 않는 자가 없게 된다. 애공은 첩을 위해 자최복(齊衰服)6)을 착용하고, "노나라 사람들이 그녀를 나의 본처라고 부르고 있다."7)라고 했으니, 그에게는 마음에 부끄러운 점이 있어 말을 곧게 하지 못함이 매우 심했다. 그렇기 때문에 그녀를 본부인으로 세우려고 했을 때 종인(宗人)8)이 그러한 예는 없다고 사양을 했고 나라 사람들이 싫어

---

5) 『논어』「자로(子路)」: <u>名不正, 則言不順</u>, 言不順, 則事不成, 事不成, 則禮樂不興, 禮樂不興, 則刑罰不中, 刑罰不中, 則民無所錯手足.

6) 자최복(齊衰服)은 상복(喪服) 중 하나로, 오복(五服)에 속한다. 거친 삼베를 사용해서 만들며, 자른 부위를 꿰매어 가지런하게 정리하기 때문에, '자최복'이라고 부른다. 이 복장을 입게 되는 기간에도 여러 종류가 있는데, 3년 동안 입는 경우는 죽은 계모(繼母)나 자모(慈母)를 위한 경우이고, 1년 동안 입는 경우는 손자가 죽은 조부모를 위해 입는 경우와 남편이 죽은 아내를 입는 경우 등이다. 그리고 1년 동안 '자최복'을 입는 경우, 그 기간을 자최기(齊衰期)라고도 부른다. 또 5개월 동안 입는 경우는 죽은 증조부나 증조모를 위한 경우이며, 3개월 동안 입는 경우는 죽은 고조부나 고조모를 위한 경우 등이다.

7) 『예기』「단궁하(檀弓下)」【131b】: 悼公之母死, 哀公爲之齊衰. 有若曰: "爲妾齊衰, 禮與?" 公曰: "吾得已乎哉! <u>魯人以妻我.</u>"

8) 종인(宗人)은 고대 관직명이다. 소종백(小宗伯)으로 여기기도 하며, 일반적으로 제사 및 종묘(宗廟)에서 시행되는 예법을 담당하는 자로 여기기도 한다. 『서』「주서(周書)·고명(顧命)」편에는 "上宗曰饗, 太保受同, 降, 盥以異同,

했던 것이며,[9] 그녀의 상을 치를 때에는 유약(有若)이 비판을 했던 것인데, 어떻게 남에 대해서 공경을 받을 수 있겠는가? '물(物)'자는 사안[事]을 뜻한다. '물치(物恥)'는 사안이 폐지되어 치욕으로 여길 만함을 뜻한다. '국치(國恥)'는 국가의 힘이 쇠약해져서 치욕으로 여길 만함을 뜻한다. 예가 있다면 기강이 확립되고 국가가 안정되기 때문에, 사안의 치욕스러운 점은 진작시킬 수 있고 국가의 치욕스러운 점은 다시 흥기시킬 수 있다.

참고 원문비교

예기대전・애공문(哀公問) 孔子曰, "天地不合, 萬物不生. 大昏, 萬世之嗣也, 君何謂已重焉?" 孔子遂言曰, "內以治宗廟之禮, 足以配天地之神明. 出以治直言之禮, 足以立上下之敬. 物恥足以振之, 國恥足以興之, 爲政先禮, 禮其政之本與."

대대례기・애공문어공자(哀公問於孔子) 孔子曰, "天地不合, 萬物不生. 大昏, 萬世之嗣也, 君何⬚以⬚謂已重焉?" 孔子遂⬚有⬚言曰, "內以治宗廟之禮, 足以配天地之神明. 出以治直言之禮, 足以立上下之敬. 物恥足以振之, 國恥足以興之, 爲政先禮, 禮⬚者⬚政之本與."

공자가어・대혼해(大婚解) 孔子曰, "天地不合, 萬物不生. 大⬚婚⬚, 萬世之嗣也, 君何謂已重焉?" 孔子遂言曰, "內以治宗廟之禮, 足以配天地之神①. 出以直言之禮, 足以立上下之敬②. 物恥⬚則⬚足以振之③, 國恥足以興之④, ⬚故⬚爲

秉璋以酢, 授宗人同, 拜, 王荅拜."라는 기록이 있고, 이에 대한 공안국(孔安國)의 전문(傳文)에서는 "宗人, 小宗伯."이라고 풀이했다. 또한『의례』「사관례(士冠禮)」편에는 "徹筵席, 宗人告事畢, 主人戒賓, 賓禮辭許."라는 기록이 있고, 이에 대한 정현의 주에서는 "宗人, 有司主禮者."라고 풀이했다.

9)『춘추좌씨전』「애공(哀公) 24년」: 公子荊之母嬖, 將以爲夫人, 使宗人釁夏獻其禮. 對曰, "無之." 公怒曰, "女爲宗司, 立夫人, 國之大禮也, 何故無之?" 對曰, "周公及武公娶於薛, 孝・惠娶於商, 自桓以下娶於齊, 此禮也則有. 若以妾爲夫人, 則固無其禮也." 公卒立之, 而以荊爲大子, 國人始惡之.

政先乎禮, 禮其政之本與."

王注-① 言宗廟天地神之次.

번역 종묘의 제사방법을 고안하는 것은 천지의 신에 대한 것 다음에 한다는 뜻이다.

王注-② 夫婦正, 則始可以治正言禮矣. 身正, 然可以正人者也.

번역 남편과 부인이 바르게 된다면, 비로소 바르게 다스리고 예(禮)를 말할 수 있다. 자신이 바르게 되었으므로 남도 바르게 할 수 있다.

王注-③ 恥事不知, 禮足以振救之.

번역 사안에 대해 모르는 것을 부끄럽게 여기니, 예(禮)는 그것을 진작시켜 구원할 수 있다.

王注-④ 恥國不知, 禮足以興起者也.

번역 나라에 대해 모르는 것을 부끄럽게 여기니, 예(禮)는 흥기시킬 수 있다.

그림 6-1 자최복(齊衰服) 착용 모습

※ 출처: 『삼재도회(三才圖會)』「의복(衣服)」 3권

█ 그림 6-2 █ 자최복(齊衰服) 각부 명칭

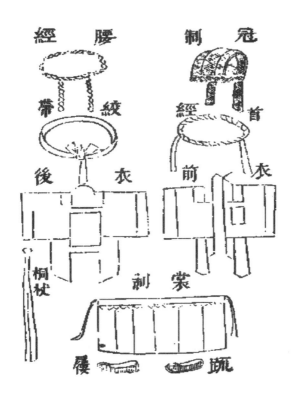

※ 출처: 『삼재도회(三才圖會)』「의복(衣服)」 3권

• 제 7 절 •

경(敬)과 정치

【595b~c】

孔子遂言曰, "昔三代明王之政, 必敬其妻子也, 有道. 妻也者, 親之主也, 敢不敬與? 子也者, 親之後也, 敢不敬與? 君子無不敬也, 敬身爲大. 身也者, 親之枝也, 敢不敬與? 不能敬其身, 是傷其親. 傷其親, 是傷其本. 傷其本, 枝從而亡. 三者, 百姓之象也. 身以及身, 子以及子, 妃以及妃, 君行此三者, 則愾乎天下矣, 大王之道也. 如此, 則國家順矣."

직역 孔子는 遂히 言하여 曰, "昔에 三代 明王의 政은 必히 그 妻子를 敬함에, 道가 有합니다. 妻라는 者는 親의 主인데, 敢히 不敬할 수 있습니까? 子라는 者는 親의 後인데, 敢히 不敬할 수 있습니까? 君子는 不敬함이 無한데, 身을 敬함이 大가 爲합니다. 身이라는 者는 親의 枝인데, 敢히 不敬할 수 있습니까? 能히 그 身을 敬하길 不하면, 是는 그 親을 傷합니다. 그 親을 傷하면, 是는 그 本을 傷합니다. 그 本을 傷하면, 枝는 從하여 亡합니다. 三者는 百姓의 象입니다. 身하여 身에게 及하고, 子하여 子에게 及하며, 妃하여 妃에게 及하니, 君이 此三者를 行하면, 天下에 愾하니, 大王의 道입니다. 此와 如하면, 國家가 順합니다."

의역 그리고 공자는 "예전 삼대(三代)[1] 시대처럼 현명한 천자가 정치를 시행할 때에는 반드시 자신의 처와 자식을 공경함에도 도가 있었습니다. 처는 부모를 섬기는 집안의 주인이니, 감히 공경하지 않을 수 있겠습니까? 또 자식은 부모의

---

1) 삼대(三代)는 하(夏), 은(殷), 주(周)의 세 왕조를 말한다. 『논어』「위령공(衛靈公)」편에는 "斯民也, <u>三代</u> 之所以直道而行也."라는 기록이 있고, 이에 대한 형병(邢昺)의 소(疏)에서는 "三代, 夏殷周也."로 풀이했다.

후손이 되니, 감히 공경하지 않을 수 있겠습니까? 군자는 공경하지 않는 대상이 없지만, 자신을 공경하는 것을 큰 것으로 삼습니다. 그 이유는 본인은 부모의 몸에서 나온 가지가 되는데, 감히 공경하지 않을 수 있겠습니까? 자신을 공경할 수 없다면, 이것은 부모에 대해서도 해를 끼치는 것입니다. 부모에게 해를 끼치는 것은 근본을 해치는 일입니다. 근본을 해치게 되면 그에게서 파생된 가지 또한 뒤따라 망하게 됩니다. 그리고 이 세 가지는 백성들의 상이 됩니다. 따라서 자신에게 공경스럽게 대하여 백성들까지도 공경스럽게 대하고, 자신의 자식에게 공경스럽게 대하여 백성들의 자식까지도 공경스럽게 대하며, 자신의 부인에게 공경스럽게 대하여 백성들의 부인까지도 공경스럽게 대해야 하니, 군자가 이러한 세 가지 도의를 시행한다면, 그 교화가 천하에 두루 퍼지게 될 것이니, 이것은 태왕이 실천했던 도입니다. 따라서 이처럼 하게 된다면, 국가의 모든 사람들이 순종하게 됩니다."라고 말했다.

集說 敬吾身以及百姓之身, 敬吾子以及百姓之子, 敬吾妻以及百姓之妻. 慨, 猶至也, 曁也, 如朔南曁聲敎之意. 大王, 愛民之君也, 嘗言不以養人者害人, 故曰大王之道也.

번역 내 몸을 공경스럽게 대하여 백성의 몸을 공경스럽게 대하는 경지에 도달하고, 내 자식을 공경스럽게 대하여 백성의 자식들을 공경스럽게 대하는 경지에 도달하며, 내 처를 공경스럽게 대하여 백성의 처들을 공경스럽게 대하는 경지에 도달하는 것이다. '개(慨)'자는 "~에 이르다[至]."는 뜻이며, "~에 다다르다[曁]."는 뜻이니, "북쪽과 남쪽에 이르러 말씀과 교화가 퍼지다."[2]라고 했을 때의 뜻과 같다. 태왕은 백성들을 사랑했던 군주인데, 일찍이 사람을 길러주는 것으로 사람을 해치지 말라고 말했다.[3] 그렇기 때문에 태왕의 도라고 말했다.

---

2) 『서』「하서(夏書)·우공(禹貢)」: 東漸于海, 西被于流沙, <u>朔南曁聲敎</u>, 訖于四海. 禹錫玄圭, 告厥成功.

3) 『맹자』「양혜왕하(梁惠王下)」: 乃屬其耆老而告之曰, "狄人之所欲者, 吾土地也. 吾聞之也, 君子<u>不以其所以養人者害人</u>. 二三子何患乎無君? 我將去之."

集說 方氏曰: 冕而親迎, 所以敬其妻也; 冠於阼階, 所以敬其子也. 爲主於內者, 妻也, 故曰親之主, 傳後於下者, 子也, 故曰親之後. 內非有主, 則外不足以治其國家矣; 下非有後, 則上不足以承其祖考矣. 此所以不敢不敬也. 君子雖無所不敬, 又以敬身爲大焉, 非苟敬身也, 以其爲親之枝故也. 身之於親, 猶木之有枝; 親之於身, 猶木之有本, 相須而共體, 又非特爲主爲後而已, 此尤不敢不敬也.

번역 방씨가 말하길, 면복(冕服)을 착용하고 친영(親迎)을 하는 것은 처를 공경스럽게 대하는 방법이다. 동쪽 계단에서 관례(冠禮)를 치러주는 것⁴⁾은 자식을 공경스럽게 대하는 방법이다. 집안의 주인으로 삼는 대상은 처이다. 그렇기 때문에 "부모를 모시는 주인이다."라고 했다. 후사를 그 뒤로 전수하는 대상은 자식이다. 그렇기 때문에 "부모의 뒤이다."라고 했다. 안으로 주인으로 삼는 대상이 없다면, 밖으로 국가를 다스리기에 부족하다. 아래로 후사로 삼는 대상이 없다면, 위로 조부와 부친을 계승하기에 부족하다. 이것이 바로 공경하지 않을 수 없는 이유이다. 군자는 비록 공경하지 않는 대상이 없지만, 또한 자신을 공경하는 것을 큼으로 삼는데, 단지 자신만을 공경하고자 해서가 아니며, 본인은 부모에게서 나온 가지가 되기 때문이다. 본인은 부모에 대해서 나무에 달려 있는 가지와 같고, 부모는 본인에 대해서 나무에 있는 뿌리와 같으니, 서로를 필요로 하는 공동체가 되므로, 또한 단지 부모를 섬기는 주인이 되고 후사가 되는 자만을 위해서만 공경하는 것이 아니며, 자신에 대해서도 더욱 공경하지 않을 수가 없다.

大全 長樂劉氏曰: 君子所以敬其身, 非爲我而自尊也. 身雖在我, 其氣與性, 則受之於親, 傳之於祖, 非己得以輕而辱之也, 故曰不敬其身, 是傷其親也. 猶傷其根本者, 枝幹必從之而亡, 敢不敬愼而培之以禮乎? 三者, 非君獨然也, 百姓亦然也, 故其身也妻也子也, 莫不肖象於我, 靡有以異也.

---

4) 『예기』「교특생(郊特牲)」【335c】: 適子冠於阼, 以著代也. 醮於客位, 加有成也. 三加彌尊, 喩其志也. 冠而字之, 敬其名也.

번역 장락유씨5)가 말하길, 군자가 자신을 공경하는 것은 자신을 위해서 스스로만 존귀해지려고 하는 것이 아니다. 몸이라는 것은 비록 자신에게 속해 있지만 기운과 본성은 부모에게 받은 것이고 조상으로부터 전수받은 것이니, 자신이 경솔히 다뤄서 욕보이게 할 수 없다. 그렇기 때문에 "자신을 공경하지 않는 것은 부모를 해치는 일이다."라고 말한 것이다. 그리고 이것은 나무의 뿌리를 해치면 가지와 줄기가 반드시 그에 따라 죽게 되는 것과 같으니, 감히 공경하고 신중히 다뤄서 예(禮)로써 북돋지 않을 수 있겠는 가? 이 세 가지는 군자에게만 해당하는 것이 아니니 백성 또한 이러하다. 그렇기 때문에 자신, 처, 자식에게 있어서 나와 닮지 않은 것이 없으니, 차이를 두어서는 안 된다.

大全 石林葉氏曰: 三者, 君行於上, 而民傚於下, 故曰百姓之象也. 百姓象其行, 莫不敬其身, 亦莫不敬其妻子, 所謂愻乎天下也. 大王愛厥妃, 終至於內無怨女, 外無曠夫, 蓋得於政矣.

번역 석림섭씨가 말하길, 세 가지는 군자가 위에서 시행하여 백성들이 아래에서 본받는 것이다. 그렇기 때문에 백성들이 본받는 것이라고 했다. 백성들이 그 행실을 본받아서 자신을 공경하지 않는 자가 없고 또 자신의 처와 자식에 대해서 공경하지 않는 자가 없는 것이 바로 "천하에 두루 미친 다."는 뜻이다. 태왕은 자신의 아내를 사랑했는데, 종국에는 안으로 원망하는 여자가 없고 밖으로 홀아비가 없게 되었으니,6) 정치의 도리를 터득했기 때문이다.

---

5) 장락유씨(長樂劉氏, A.D.1017~A.D.1086): =유씨(劉氏)·유이(劉彝)·유집중(劉執中). 북송(北宋) 때의 성리학자이다. 자(字)는 집중(執中)이다. 복주(福州) 출신이며, 어려서 호원(胡瑗)에게서 학문을 배웠다. 『정속방(正俗方)』, 『주역주(周易注)』를 지었으나 현존하지 않는다. 『칠경중의(七經中議)』, 『명선집(明善集)』, 『거이집(居易集)』 등이 남아 있다.
6) 『맹자』「양혜왕하(梁惠王下)」: 對曰, "昔者太王好色, 愛厥妃. 詩云, '古公亶父, 來朝走馬, 率西水滸, 至于岐下, 爰及姜女, 聿來胥宇.' 當是時也, 內無怨女, 外無曠夫. 王如好色, 與百姓同之, 於王何有?"

鄭注 愾, 猶至也. 大王居豳, 爲狄所伐, 乃曰: "土地, 所以養人也. 君子不以其所養害所養", 乃去之岐, 是言百姓之身猶吾身也, 百姓之妻·子猶吾妻·子也, 不忍以土地之故而害之. 去之岐, 而王迹興焉.

번역 '개(愾)'자는 "~에 이르다[至]."는 뜻이다. 태왕이 빈(豳)땅에 살았을 때, 적인에게 침략을 당하자 "땅은 사람을 길러주는 것이다. 군자는 사람을 길러주는 것으로 기르는 대상을 해칠 수 없다."라고 말하며, 기산(岐山)으로 떠났다고 했으니, 이것은 백성들의 몸을 자신처럼 여겼음을 뜻하며, 백성들의 처와 자식을 자신의 처와 자식처럼 여겼으므로, 토지 때문에 차마 해를 끼칠 수 없었다는 의미이다. 기산으로 떠나게 되어 결국 천자의 과업이 일어나게 되었다.

釋文 妃, 芳非反. 愾, 詐乞反, 又許氣反. 大音泰, 注同. 豳, 彼貧反.

번역 '妃'자는 '芳(방)'자와 '非(비)'자의 반절음이다. '愾'자는 '詐(사)'자와 '乞(걸)'자의 반절음이며, 또한 '許(허)'자와 '氣(기)'자의 반절음도 된다. '大'자의 음은 '泰(태)'이며, 정현의 주에 나오는 글자도 그 음이 이와 같다. '豳'자는 '彼(피)'자와 '貧(빈)'자의 반절음이다.

孔疏 ●"孔子"至"順矣". ○上經孔子答哀公以問政之事, 邃更廣言三代明王爲政之道, 敬其妻·子及敬其身, 乃可施政敎於天下, 言"敬其妻·子也, 有道"者, 謂三代敬其妻·子, 必有道理, 故言"有道"也.

번역 ●經文: "孔子"~"順矣". ○앞의 경문은 애공이 정치를 질문한 사안에 대해 공자가 대답을 한 것이고, 뒤이어 삼대 때 현명한 천자가 정치를 시행한 도리를 폭넓게 설명했으니, 자신의 처와 자식을 공경하고 자신을 공경하면, 천하에 정치와 교화를 시행할 수 있다는 의미이며, "처와 자식을 공경함에 도가 있었다."라는 말은 삼대 때에는 자신의 처와 자식을 공경함에 분명히 도리가 있었다는 의미이다. 그렇기 때문에 "도가 있다."라고 말했다.

孔疏 ●"妻也者, 親之主也", 言妻所以供粢盛祭祀, 與親爲主, 故云"親之主"也.

번역 ●經文: "妻也者, 親之主也". ○처는 제사에서 자성(粢盛)을 공급하여 부모를 섬기는 일에 있어 주인이 된다. 그렇기 때문에 "부모를 섬기는 주인이다."라고 했다.

孔疏 ●"三者, 百姓之象也"者, 謂身也·子也·妃也. 若愛百姓, 先須敬身及子及妃, 乃能及百姓, 故云"百姓之象也".

번역 ●經文: "三者, 百姓之象也". ○본인, 자식, 처를 뜻한다. 만약 백성들을 사랑한다면, 먼저 자신을 공경하고 자식을 공경하며 처를 공경해야 하니, 이처럼 해야만 백성들에게까지 미칠 수 있다. 그렇기 때문에 "백성들의 상이다."라고 했다.

孔疏 ●"身以及身, 子以及子, 妃以及妃"者, 此言百姓之象, 能愛己身, 則以及百姓之身. 能愛己子, 則以及百姓之子. 能愛己妃, 則以及百姓之妃. 是身與妻·子, 還是百姓身與妻·子, 故云"百姓之象"也. 前汎言, 故云妻, 此論人君治國政, 故云妃.

번역 ●經文: "身以及身, 子以及子, 妃以及妃". ○이것은 백성들의 상에 대해서 말한 것으로, 자신을 사랑할 수 있다면 백성들 본인에게 미칠 수 있다. 자신의 자식을 사랑할 수 있다면 백성들의 자식에게 미칠 수 있다. 자신의 처를 사랑할 수 있다면 백성들의 처에게 미칠 수 있다. 본인·처·자식은 바로 백성들 본인·처·자식에게 해당한다. 그렇기 때문에 "백성들의 상이다."라고 했다. 앞에서는 범범하게 언급했기 때문에 '처(妻)'라고 말했는데, 이곳에서는 군주가 국가의 정치를 다스리는 일을 논의하였기 때문에 '비(妃)'라고 말했다.

孔疏 ●"君行此三者, 則愷乎天下矣, 大王之道也"者, 言人君行此三事, 從近而能廣至於天下矣, 唯大王能然, 故云"大王之道也".

번역 ●經文: "君行此三者, 則愷乎天下矣, 大王之道也". ○군주가 이러한 세 가지 사안을 시행하여, 가까운 곳으로부터 널리 미쳐 천하에 두루 미치게 되는데, 이것은 오직 태왕만이 잘 할 수 있었다. 그렇기 때문에 "태왕의 도이다."라고 했다.

孔疏 ●"如此國家順矣"者, 旣能愛百姓之身及妻·子如似己身及己之妻·子也, 則天下懷德, 無不順從, 故云"國家順矣".

번역 ●經文: "如此國家順矣". ○이미 백성들과 그들의 처 및 자식을 사랑하길 자신 및 자신의 처와 자식을 사랑하는 것처럼 할 수 있다면, 천하의 모든 사람들은 그의 덕을 흠모하여 순종하지 않는 자가 없게 된다. 그렇기 때문에 "국가가 순종한다."라고 했다.

孔疏 ◎注"愷猶"至"興焉". ○正義曰: 愷, 音近愒, 愒爲息, 息是至之義, 故云"愷, 猶至也". 云大王居豳, 爲狄所伐者, 毛詩傳文. 按詩稱: "大王居豳, 狄人侵之, 事之以皮幣, 不得免焉. 事之以犬馬, 不得免焉. 事之以珠玉, 不得免焉. 乃屬其耆老而告之曰: '狄人之所欲, 吾土地. 吾聞之, 土地所以養人, 君子不以其所養人而害人.' 遂去之, 邑於岐山之下." 毛傳所引者, 皆孟子文. 又莊子及呂氏春秋稱大王亶父曰: "與人之兄居而殺其弟, 與人之父居而殺其子, 吾不忍也. 且吾聞之, 不以其所養害所養. 於是乃策杖而去. 民相隨而從之, 遂成國於岐山之下." 又書傳略說云: "事之以菽·粟·貨財, 狄人攻而不止, 遂策杖而去. 國人束脩奔走而從者三千乘[7], 止而民成三千戶之邑也." 此注"君子不

---

7) '승(乘)'자에 대하여. '승'자는 본래 '성(成)'자로 기록되어 있었는데, 완원(阮元)의 『교감기(校勘記)』에서는 "혜동(惠棟)의 『교송본(校宋本)』에는 '성'자를 '승'자로 기록했다. 살펴보니 『시』「면(緜)」편의 소에서 인용하고 있는 『서전약설(書傳略說)』에서도 '승'자로 기록하고 있다."라고 했다.

以其所養害所養", 取莊子·呂氏春秋文也.

번역 ◎鄭注: "憇猶"~"輿焉". ○'개(憇)'자의 음은 게(愒)자에 가깝고, '게(愒)'자는 식(息)자가 되는데, '식(息)'자는 "~에 이른다[至]."는 뜻에 해당한다. 그렇기 때문에 "'개(憇)'자는 '~에 이르다[至].'는 뜻이다."라고 했다. 정현이 "태왕이 빈(豳)땅에 살았을 때, 적인에게 침략을 당했다."라고 했는데, 이것은 『모시』의 전문(傳文)에 기록된 문장이다.[8] 『시』를 살펴보면, "태왕이 빈땅에 살았는데, 적인들이 침략하여 폐물을 바치며 섬겼지만 침략을 면할 수 없었다. 개와 말 등의 희생물을 바치며 섬겼지만 침략을 면할 수 없었다. 구슬과 옥을 바치며 섬겼지만 침략을 면할 수 없었다. 그래서 곧 노인들을 불러 모아서 그들에게 알리며, '적인이 바라는 것은 내가 소유하고 있는 땅이다. 내가 듣기로, 토지는 사람을 길러주는 것이며, 군자는 사람을 길러주는 것으로 사람을 해치지 않는다.'라고 했다. 그리고는 곧 떠나가서 기산(岐山) 밑에 도읍을 마련했다."라고 했다. 『모전』에서 인용한 것은 모두 『맹자』에 나오는 문장이다.[9] 또 『장자』[10]와 『여씨춘추』[11]에서도 태왕인 고공단보를 지칭하며, "남의 형과 함께 살며 그 동생을 죽이고, 남의 부모와 함께 살며 그 자식을 죽이는 일을 나는 차마 할 수 없다. 또 내가 듣기로 사람을 길러주는 것으로 길러주는 대상을 해칠 수 없다고 했

---

8) 이 문장은 『시』「대아(大雅)·면(緜)」편의 "古公亶父, 陶復陶穴, 未有家室."이라는 기록에 대한 전문(傳文)이다.

9) 『맹자』「양혜왕하(梁惠王下)」: 孟子對曰, "昔者大王居邠, 狄人侵之. 事之以皮幣, 不得免焉, 事之以犬馬, 不得免焉, 事之以珠玉, 不得免焉. 乃屬其耆老而告之曰, '狄人之所欲者, 吾土地也. 吾聞之也, 君子不以其所以養人者害人. 二三子何患乎無君? 我將去之.' 去邠, 踰梁山, 邑于岐山之下居焉."

10) 『장자(莊子)』「양왕(讓王)」: 大王亶父居邠, 狄人攻之. 事之以皮帛而不受, 事之以犬馬而不受, 事之以珠玉而不受. 狄人之所求者土地也. 大王亶父曰, "與人之兄居而殺其弟, 與人之父居而殺其子, 吾不忍也. 子皆勉居矣! 爲吾臣與爲狄人臣奚以異! 且吾聞之, 不以所用養害所養." 因杖筴而去之. 民相連而從之, 遂成國於岐山之下.

11) 『여씨춘추(呂氏春秋)』「심위(審爲)」: 太王亶父居邠, 狄人攻之, 事以皮帛而不受, 事以珠玉而不肯, 狄人之所求者地也. 太王亶父曰, "與人之兄居而殺其弟, 與人之父處而殺其子, 吾不忍爲也. 皆勉處矣, 爲吾臣與狄人臣奚以異! 且吾聞之, 不以所以養害所養." 杖策而去, 民相連而從之, 遂成國於岐山之下.

다. 이에 지팡이를 짊어지고 떠나갔다. 백성들이 서로 그를 따라 결국 기산 아래에 국가를 세웠다.”라고 했다. 또『서전약설』에서는 “콩·조·재물로 섬 겼지만 적인들이 공격하는 것을 그치지 않아서 결국 지팡이를 짊어지고 떠나갔다. 나라 사람들은 예물을 갖춰 분주히 달려가서 그를 뒤따르는 수 레가 삼천 여대에 이르렀고, 어느 땅에 이르러 멈추자 백성들이 삼천 여 가구의 읍을 이루었다.”라고 했다. 이곳 주석에서는 “군자는 사람을 길러주 는 것으로 기르는 대상을 해칠 수 없다.”라고 했으니, 이것은『장자』및 『여씨춘추』의 기록에서 가져온 내용이다.

訓纂 王子雍曰: 大王愛姜女, 國無鰥民, 是愛己之身及己之妻子, 推而愛 民之身及民之妻子也.

번역 왕자옹이 말하길, 태왕은 강녀를 사랑하여 나라의 백성 중에는 홀 아비가 없게 되었으니, 이것은 본인을 사랑하고 자신의 처와 자식을 사랑 하여, 이를 확장해서 백성들과 백성들의 처 및 자식을 사랑한 것이다.

訓纂 段氏玉裁曰: 愾, 假愾爲訖.

번역 단옥재[12]가 말하길, ‘개(愾)’자는 개(愾)자를 가차하여 “~에 도달 하다[訖].”는 뜻으로 쓴다.

訓纂 家語大婚篇與此同, 王注曰, “愾, 滿也.”

번역 『공자가어』「대혼」편과 이곳의 기록이 동일한데,[13] 왕숙의 주에서

---

12) 단옥재(段玉裁, A.D.1735~A.D.1815) : 청(淸)나라 때의 학자이다. 자(字)는 약응(若膺)이고, 호(號)는 무당(懋堂)이다. 저서로는 『설문해자주(說文解字 注)』, 『육서음균표(六書音均表)』, 『고문상서찬이(古文尚書撰異)』 등이 있다.

13) 『공자가어(孔子家語)』「대혼해(大婚解)」: 孔子遂言曰, “昔三代明王, 必敬妻子 也, 蓋有道焉. 妻也者, 親之主也, 子也者, 親之後也, 敢不敬與. 是故君子無不 敬, 敬也者, 敬身爲大. 身也者, 親之支也, 敢不敬與. 不敬其身, 是傷其親. 傷其 親, 是傷本也. 傷其本, 則支從之而亡. 三者, 百姓之象也. 身以及身, 子以及子,

는 "개(愾)자는 가득 차다는 뜻이다."라고 했다.

訓纂 王氏念孫曰: 愾, 訓爲滿, 於義爲長.

번역 왕념손14)이 말하길, '개(愾)'자를 가득 차다는 뜻으로 풀이하는 것이 의미상 더 낫다.

集解 方氏慤曰: 三者, 百姓之象, 言身與妻子者百姓之象也. 蓋能敬其身, 則能敬百姓之身矣, 以至妻也子也, 亦莫不然.

번역 방각이 말하길, 세 가지가 백성의 상(象)이라는 말은 본인 및 본인의 처와 자식은 백성들의 상이 된다는 뜻이다. 무릇 자신을 공경할 수 있다면 백성들을 공경할 수 있고, 처와 자식에 있어서도 그렇지 않음이 없기 때문이다.

참고 원문비교

예기대전·애공문(哀公問) 孔子遂言曰, "昔三代明王之政, 必敬其妻子也, 有道. 妻也者, 親之主也, 敢不敬與? 子也者, 親之後也, 敢不敬與? 君子無不敬也, 敬身爲大. 身也者, 親之枝也, 敢不敬與? 不能敬其身, 是傷其親. 傷其親, 是傷其本. 傷其本, 枝從而亡. 三者, 百姓之象也. 身以及身, 子以及子, 妃以及妃, 君行此三者, 則愾乎天下矣, 大王之道也. 如此, 則國家順矣."

대대례기·애공문어공자(哀公問於孔子) 孔子遂言曰, "昔三代明王之政, 必敬其妻子也, 有道. 妻也者, 親之主也, 敢不敬與? 子也者, 親之後也, 敢不

妃以及妃, 君以修此三者, 則大化愾乎天下矣. 昔太王之道也, 如此國家順矣."

14) 왕념손(王念孫, A.D.1744~A.D.1832): 청(淸)나라 때의 학자이다. 자(字)는 회조(懷租)이고, 호(號)는 석구(石臞)이다. 부친은 왕안국(王安國)이고, 아들은 왕인지(王引之)이다. 대진(戴震)에게 학문을 배웠다. 저서로는『독서잡지(讀書雜志)』등이 있다.

敬與? 君子無不敬也, 敬身爲大. 身也者, 親之枝也, 敢不敬與? 不能敬其身, 是傷其親. 傷其親, 是傷其本. 傷其本, 枝從而亡. 三者, 百姓之象也. 身以及身, 子以及子, 配以及配, 君子行此三者, 則愾乎天下矣, 大王之道也. 如此, 則國家順矣."

공자가어 · 대혼해(大婚解) 孔子遂言曰, "昔三代明王, 必敬妻子也, 蓋有道焉. 妻也者, 親之主也, 子也者, 親之後也, 敢不敬與? 是故君子無不敬, 敬也者, 敬身爲大. 身也者, 親之枝也, 敢不敬與? 不敬其身, 是傷其親. 是傷本也. 傷其本, 則枝從之而亡. 三者, 百姓之象也①. 身以及身, 子以及子, 妃以及妃, 君能修此三者, 則大化愾乎天下②, 昔太王之道也③, 如此國家順矣."

王注-① 言百姓之所法而行.

번역 백성들이 본받아서 따라한다는 뜻이다.

王注-② 愾滿, 愾猶暨也.

번역 '개(愾)'자는 가득 차다는 뜻이며, '개(愾)'자는 '기(暨)'자와 같다.

王注-③ 太王出亦姜女, 入亦姜女, 國無鰥民. 愛其身, 以及人之身, 愛其子, 以及人之子, 故曰太王之道.

번역 태왕이 나간 것 또한 강녀 때문이며, 들어간 것 또한 강녀 때문이니, 나라에 홀아비가 없어졌다. 자신을 사랑하여 남에게까지 미치고, 자신의 자식을 사랑하여 남의 자식에게까지 미친다. 그렇기 때문에 "태왕의 도이다."라고 했다.

• 제 8 절 •

자신에 대한 경(敬)

【596a】

公曰, "敢問何謂敬身?" 孔子對曰, "君子過言則民作辭, 過動則民作則. 君子言不過辭, 動不過則, 百姓不命而敬恭, 如是則能敬其身. 能敬其身, 則能成其親矣."

직역 公이 曰, "敢히 問하니 何를 身을 敬이라 謂오?" 孔子가 對하여 曰, "君子가 言을 過라면 民은 辭를 作하고, 動을 過하면 民은 則을 作합니다. 君子가 言이 辭를 不過하고, 動이 則을 不過하면, 百姓은 不命이라도 敬恭하니, 是와 如라면 能히 그 身을 敬합니다. 能히 그 身을 敬하면, 能히 그 親을 成합니다."

의역 애공이 "감히 묻겠으니, 무엇을 두고 자신을 공경한다고 말합니까?"라고 묻자 공자가 대답하길, "군자가 말을 지나치게 하더라도 백성들은 그것을 말에 대한 규범으로 삼고, 행동을 지나치게 하더라도 백성들은 그것을 행동에 대한 규범으로 삼습니다. 따라서 군자가 말에 있어서 규범을 벗어나지 않게 하고 행동에 있어서 규범을 벗어나지 않게 한다면, 백성들은 따로 명령을 내리지 않더라도 저절로 공경하게 될 것이니, 이처럼 한다면 자신에 대해서 공경할 수 있습니다. 자신에 대해 공경할 수 있다면, 부모의 명성을 이룰 수 있습니다."라고 했다.

集說 君子, 以位言也. 在上者言雖過, 民猶以爲辭, 辭者, 言之成文者也; 動雖過, 民猶以爲則, 則者, 動之成法者也. 此所以君子之言動不敢有過, 俱無過, 則民不待命令之及, 而自知敬其上矣. 民皆敬上, 則君之身不爲人所辱, 方謂之能敬身. 成其親者, 不使親名爲人所毁也.

번역 '군자(君子)'는 지위를 기준으로 한 말이다. 위정자가 말을 비록 지나치게 하더라도 백성들은 오히려 그것을 사(辭)로 여기는데, '사(辭)'라는 것은 말 중에서도 격식을 갖춘 것이다. 그리고 행동을 비록 지나치게 하더라도 백성들은 오히려 그것을 칙(則)으로 삼는데, '칙(則)'은 행동 중에서도 법도를 갖춘 것이다. 이것은 군자의 말과 행동에 감히 지나침이 생기지 않게 하여, 모두 허물이 없게 된다면, 백성들은 명령이 도달할 때까지 기다리지 않고 스스로 위정자를 공경해야 할 줄 알게 된다는 뜻이다. 백성들이 모두 위정자를 공경한다면, 군주 본인은 남들로부터 모욕을 당하지 않으니, 이것을 두고 자신을 공경할 수 있다고 부른다. "부모를 이룬다."는 말은 부모의 명성을 남들이 훼손시키지 못하도록 한다는 뜻이다.

大全 馬氏曰: 言動者, 敬身之所宜愼也. 擬之而後, 言則無過言, 議之而後, 動則無過動. 過言而民作辭, 過動而民作則, 以其貴者賤者之所矜式也. 上者, 下之所視傚也, 言而世爲天下法, 動而世爲天下則. 不命而民敬恭, 能敬身之效也. 能敬其身, 則能立其身, 能揚其名, 以顯父母, 故曰能敬其身, 則能成其親.

번역 마씨가 말하길, 말과 행동은 자신을 공경하게 대할 때 마땅히 신중히 해야 하는 대상이다. 그것들을 잘 헤아린 이후에야 말을 하게 되면 지나친 말이 없게 되고, 의론을 한 이후에야 행동을 하게 되면 지나친 행동이 없게 된다. 말을 지나치게 했는데 그것을 백성들이 말에 대한 규범으로 여기고, 행동을 지나치게 했는데 백성들이 그것을 행동에 대한 규범으로 여기는 것은 존귀한 자나 미천한 자에 상관없이 모두가 그것을 존중하여 본받기 때문이다. 윗사람은 아랫사람이 본받아 따르는 대상이니, 군주의 말은 대대로 천하의 법도가 되고, 행동은 대대로 천하의 법칙이 된다. 명령을 하지 않아도 백성들이 공경하는 것이 자신을 공경할 수 있을 때 나타나는 효과이다. 자신을 공경할 수 있다면, 자신을 바르게 확립할 수 있고 자신의 명성을 드날릴 수 있어서, 이를 통해 부모의 명예를 드높인다. 그렇기 때문에 "자신을 공경할 수 있다면, 부모의 명성을 이룰 수 있다."라고 말한 것이다.

大全　慶源輔氏曰: 愼言謹行, 以敬其身, 則百姓不命而恭敬焉, 所謂身以及身也, 故曰成己所以成物也.

번역　경원보씨가 말하길, 말을 신중히 하고 행동을 조심하여 자신을 공경하게 된다면, 백성들은 명령을 내리지 않아도 저절로 공손하고 공경하게 되니, 이른바 자신을 통해서 백성들에게까지 미치는 것이다. 그렇기 때문에 "자신을 이루는 것은 사물을 이루는 방법이다."[1]라고 했다.

鄭注　則, 法也. 民者, 化君者也, 君之言雖過, 民猶稱其辭. 君之行雖過, 民猶以爲法.

번역　'칙(則)'자는 법도[法]를 뜻한다. 백성들은 군주에게 감화되는 자들이니, 군주의 말이 비록 지나치더라도 백성들은 오히려 그 말을 칭송하게 된다. 그리고 군주의 행동이 비록 지나치더라도 백성들은 오히려 그 행동을 법도로 삼게 된다.

孔疏　●"公曰"至"親矣". ○正義曰: 以前經對哀公爲政, 在於敬身. 故此經公問敬身之事, 孔子對以敬身之理.

번역　●經文: "公曰"~"親矣". ○앞의 경문에서는 애공에 대해 정치를 시행하는 것이 자신을 공경하는데 달려 있다고 대답했다. 그렇기 때문에 이곳 경문에서는 애공이 자신을 공경하는 사안에 대해 질문하여, 공자가 자신을 공경하는 이치를 대답해준 것이다.

孔疏　●"君子過言, 則民作辭"者, 以君爲民表, 下之所從. 假令過誤出言, 民猶法之, 稱作其辭.

번역　●經文: "君子過言, 則民作辭". ○군주는 백성들의 지표가 되어 아

---

1) 『중용』「25장」: 誠者, 非自成己而已也, 所以成物也. 成己, 仁也. 成物, 知也. 性之德也, 合外內之道也, 故時措之宜也.

랫사람들이 따르는 대상이다. 가령 말을 잘못 내뱉게 된다면, 백성들은 오히려 그것을 법칙으로 삼고 그 말을 칭송하게 된다.

孔疏 ●"過動則民作則"者, 君子假令過誤擧動, 而民作其法則, 所以君子出言不得過誤其辭, 擧動不得過誤法則.

번역 ●經文: "過動則民作則". ○군자가 가령 행동거지를 잘못 하게 된다면, 백성들은 그것을 법도로 삼으니, 군자는 말을 할 때 잘못된 말을 칭송할 수 없도록 하고, 행동을 할 때 잘못된 행동을 법칙으로 삼을 수 없도록 해야 한다.

集解 愚謂: 敬於言而無過辭, 敬於動而無過則, 則百姓不命而敬恭矣. 未至於此, 則必我之敬有未至也. 故曰"如是, 則能敬其身."

번역 내가 생각하기에, 말에 대해서 공경스럽게 한다면 말의 규범에서 벗어나는 일이 없고, 행동에 대해서 공경스럽게 한다면 행동의 법칙에서 벗어나는 일이 없으니, 백성들은 명령을 내리지 않아도 저절로 공경하고 공손하게 된다. 이러한 경지에 도달하지 못한다면, 반드시 자신의 공경함에 부족한 점이 있는 것이다. 그렇기 때문에 "이처럼 한다면 자신을 공경할 수 있다."라고 했다.

참고 원문비교

예기대전·애공문(哀公問)　公曰, "敢問何謂敬身?" 孔子對曰, "君子過言
則民作辭, 過動則民作則. 君子言不過辭, 動不過則, 百姓不命而敬恭, 如是則
能敬其身. 能敬其身, 則能成其親矣."

대대례기·애공문어공자(哀公問於孔子)　公曰, "敢問何謂敬身?" 孔子對
曰, "君子過言則民作辭, 過動則民作則. 君子言不過辭, 動不過則, 百姓不命
而敬恭, 如是則能敬其身. 能敬其身, 則能成其親矣."

공자가어·대혼해(大婚解)　公曰, "敢問何謂敬身?" 孔子對曰, "君子過言
則民作辭, 過行則民作則. 言不過辭, 動不過則, 百姓恭敬以從命, 若是則可謂
能敬其身, 則能成其親矣."

● 제9절 ●

성친(成親)과 성신(成身)

【596b~c】

> 公曰, "敢問何謂成親?" 孔子對曰, "君子也者, 人之成名也.
> 百姓歸之名, 謂之君子之子, 是使其親爲君子也, 是爲成其親
> 之名也已." 孔子遂言曰, "古之爲政, 愛人爲大. 不能愛人,
> 不能有其身. 不能有其身, 不能安土. 不能安土, 不能樂天.
> 不能樂天, 不能成其身."

직역 公이 曰, "敢히 問하니 何를 親을 成이라 謂오?" 孔子가 對하여 曰, "君子
라는 者는 人이 成한 名입니다. 百姓이 그에게 名을 歸하여, 君子의 子라 謂하면,
是는 그 親으로 使하여 君子로 爲함이며, 是는 그 親의 名을 成하는 爲일 따름입니
다." 孔子가 遂히 言하여 曰, "古에 政을 爲함에는 人을 愛함을 大로 爲했습니다.
能히 人을 愛하길 不하면, 能히 그 身을 有하길 不합니다. 能히 그 身을 有하길
不하면, 能히 土를 安하길 不합니다. 能히 土를 安하길 不하면, 能히 天을 樂하길
不합니다. 能히 天을 樂하길 不하면, 能히 그 身을 成하길 不합니다."

의역 애공이 "감히 묻겠으니, 무엇을 부모의 명성을 이룬다고 말합니까?"라고
묻자 공자가 대답하길, "'군자(君子)'라는 단어는 사람들이 만들어준 명칭입니다.
따라서 백성들이 그에게 명칭을 부여하며, '그는 군자의 자식이다.'라고 말한다면,
이것은 자신의 부모를 군자로 만드는 것이니, 바로 부모의 명성을 이루는 것일 따
름입니다."라고 했다. 그리고 공자는 "고대에는 정치를 시행할 때 사람들을 사랑하
는 것을 큼으로 삼았습니다. 따라서 남을 사랑할 수 없다면, 자신을 보존할 수 없습
니다. 자신을 보존할 수 없다면, 국토를 편안하게 유지할 수 없습니다. 국토를 편안
하게 유지할 수 없다면, 천명에 대해 즐거워할 수 없습니다. 천명에 대해 즐거워할

수 없다면, 자신을 이룰 수 없습니다."라고 했다.

集說 方氏曰: 不能愛人, 則傷之者至矣, 故不能有其身. 不能有其身, 則一身無所容矣, 故不能安土. 安土, 則所居無所擇; 樂天, 則所遭無所怨. 俯能無所擇, 則仰亦無所怨矣. 故不能安土, 不能樂天. 能樂天, 則於理無所不順, 成身之道, 亦順其理而已.

번역 방씨가 말하길, 남을 사랑할 수 없다면 해침이 지극해진다. 그렇기 때문에 자신을 보존할 수 없다. 자신을 보존할 수 없다면 자기 한 몸에 대해 받아들이는 곳이 없게 된다. 그렇기 때문에 국토를 편안하게 유지할 수 없다. 국토를 편안하게 유지한다면 머무는 곳에 대해 가릴 것이 없고, 천명을 즐거워한다면 접하는 것에 대해 원망함이 없다. 밑으로 가릴 것이 없을 수 있다면 위로도 원망할 것이 없게 된다. 그렇기 때문에 국토를 편안하게 유지할 수 없다면 천명을 즐거워할 수 없다. 천명을 즐거워할 수 있다면 이치에 대해 순응하지 못하는 것이 없는데, 자신을 이루는 도는 또한 이치에 순응하는 것일 따름이다.

大全 延平周氏曰: 君子, 有君國子民之道者也. 以其有君國子民之道, 然後能充其人道之成名. 然豈特成己之名耳? 又將成其親之名也.

번역 연평주씨가 말하길, 군자는 나라를 다스리고 백성들을 자식처럼 여기는 도를 갖춘 자이다. 나라를 다스리고 백성들을 자식처럼 여기는 도를 갖춘 뒤에야 인도를 통해 이룬 명성을 확충할 수 있다. 그러므로 어찌 자신의 명성만 이룰 따름이겠는가? 또한 부모의 명성도 이루게 된다.

大全 張子曰: 愛人然後保其身, 能保其身, 則不擇地而安, 不擇地而安, 蓋所達者天矣. 夫達於天, 則成性而成身矣.

번역 장자1)가 말하길, 사람을 사랑한 뒤에야 자신을 보존하니, 자신을 보존할 수 있다면 땅을 가리지 않아도 편안하게 거주하며, 땅을 가리지 않아도 편안하게 거주하는 것은 통달한 것이 하늘의 도이기 때문이다. 무릇 하늘의 도에 통달한다면 본성을 이루고 자신을 이루게 된다.

鄭注 有, 猶保也, 不能保身者, 言人將害之也. 不能安土, 動移失業也. 不能樂天, 不知己過而怨天也.

번역 ‘유(有)’자는 “보존하다[保].”는 뜻이니, 자신을 보존할 수 없다는 것은 사람들이 그를 해치게 된다는 뜻이다. 땅을 편안하게 여길 수 없다는 것은 이주하여 본업을 잃기 때문이다. 천명을 즐거워할 수 없다는 말은 자신의 잘못을 모르고서 하늘만 원망하기 때문이다.

釋文 樂天, 音洛, 下及注同. 怨, 於元反, 又於願反.

번역 ‘樂天’에서의 ‘樂’자는 그 음이 ‘洛(낙)’이며, 아래문장 및 정현의 주에 나오는 글자도 그 음이 이와 같다. ‘怨’자는 ‘於(어)’자와 ‘元(원)’자의 반절음이며, 또한 ‘於(어)’자와 ‘願(원)’자의 반절음도 된다.

孔疏 ●“公曰”至“其身”. ○正義曰: 前經對哀公敬身則能成親, 故此經明公更問敬身之事何以成親, 夫子答以成親之義, 遂廣明成身之理.

번역 ●經文: “公曰”~“其身”. ○앞의 경문에서는 애공에게 자신을 공경한다면 부모의 명성을 이룰 수 있다고 대답했다. 그렇기 때문에 이곳 경문에서는 애공이 재차 자신을 공경하는 사안이 어떻게 부모의 명성을 이룰 수 있느냐고 질문하여, 공자가 부모의 명성을 이루는 뜻을 대답한 것이니, 결국 자신을 이루는 이치에 대해 폭넓게 나타낸 것이다.

---

1) 장재(張載, A.D.1020~A.D.1077) : =장자(張子)·장횡거(張橫渠). 북송(北宋) 때의 유학자이다. 북송오자(北宋五子) 중 한 사람으로 칭해진다. 자(字)는 자후(子厚)이다. 횡거진(橫渠鎭) 출신으로, 이곳에서 장기간 강학을 했기 때문에 횡거선생(橫渠先生)으로 일컬어지기도 한다.

孔疏 ●“君子也者, 人之成名也”者, 言凡謂之君子者, 人之成就美名. 王肅云: “君上位, 子下民.”

번역 ●經文: “君子也者, 人之成名也”. ○‘군자(君子)’라고 부르는 말은 사람들이 붙여 준 아름다운 명칭이라는 뜻이다. 왕숙은 “윗자리에서 군주 노릇을 하고, 백성들을 자식처럼 여긴다는 뜻이다.”라고 했다.

孔疏 ●“百姓歸之名, 謂之君子之子”者, 言己若能敬身, 則百姓歸己善名, 謂己爲君子所生之子, 是己之脩身, 使其親有君子之名, 是脩身成其親也.

번역 ●經文: “百姓歸之名, 謂之君子之子”. ○자신이 만약 본인을 공경할 수 있다면 백성들은 그에게 아름다운 명칭을 붙여주게 되니, 즉 본인은 군자가 낳은 자식으로 칭송된다는 뜻으로, 이것은 자신이 스스로를 수양하는 것이 곧 부모에게 군자의 명칭을 부여하게 만든다는 뜻이며, 자신을 수양하는 것이 부모의 명성을 이루는 일임을 의미한다.

孔疏 ●“不能有其身, 不能安土”者, 旣不能汎愛於人, 人則害之, 故不能保有其身避其禍害, 流移失業, 是不能安土.

번역 ●經文: “不能有其身, 不能安土”. ○이미 사람들에 대해서 널리 사랑할 수 없어서, 사람들이 그를 해치게 된다. 그렇기 때문에 자신을 보존시켜 재난을 피할 수 없으며, 떠돌며 본업을 잃기 때문에 땅에서 안주할 수 없게 된다.

孔疏 ●“不能樂天”者, 身旣失業, 不知己過所招, 乃更怨天, 是不能愛樂於天也.

번역 ●經文: “不能樂天”. ○본인이 이미 본업을 잃었는데, 자신의 잘못이 그러한 화근을 초래한줄 모르고, 곧 하늘을 원망하게 된다. 이것이 하늘에 대해서 사랑하거나 즐거워할 수 없다는 뜻이다.

孔疏 ●"不能成其身"者, 旣不能樂天, 不自知其罪, 將謂天之濫罰, 罪惡之事, 無所不爲, 是不能成其身.

번역 ●經文: "不能成其身". ○이미 하늘을 즐거워할 수 없고 스스로 자신의 잘못을 깨닫지 못하여, 하늘이 죄를 남발한다고 떠들며, 죄악에 해당하는 일 중 하지 못할 것이 없으니, 이것은 자신을 이룰 수 없는 것이다.

集解 方氏慤曰: 君子者, 君國子民之稱也. 達則能居是位, 窮則能全是德, 如是則成而無虧矣, 故曰"人之成名也". 祭義所謂"不遺父母惡名"者, 如是而已.

번역 방각이 말하길, '군자(君子)'는 나라를 다스리고 백성들을 자식처럼 여길 수 있는 자의 칭호이다. 두루 통하게 되면 그 지위에 머물 수 있고, 다하게 되면 그 덕을 온전히 할 수 있으니, 이처럼 한다면 완성되어 이지러지는 일이 없게 된다. 그렇기 때문에 "사람들이 이루어준 명칭이다."라고 했다. 『예기』「제의(祭義)」편에서 "부모에게 오명을 끼쳐서는 안 된다."[2]라고 한 말 또한 이와 같은 이유 때문이다.

集解 愚謂: 君子者, 道德成就之名. 己能立身行道, 以顯父母, 推本其所從來者, 未嘗不歸美於其親焉, 故曰"是使其親爲君子也".

번역 내가 생각하기에, '군자(君子)'는 도덕을 성취했다는 칭호이다. 본인이 자신을 확립하고 도를 시행할 수 있어서 부모의 명성을 드날리고 더 확장하여 유래된 시초에 근본을 두니, 일찍이 부모에게 아름다운 공을 되돌리지 않은 적이 없기 때문에 "부모로 하여금 군자로 만든다."라고 했다.

---

2) 『예기』「제의(祭義)」【566a~b】: 亨孰羶薌, 嘗而薦之, 非孝也, 養也. 君子之所謂孝也者, 國人稱願然曰, '幸哉有子如此.' 所謂孝也已. 衆之本敎曰孝, 其行曰養. 養可能也, 敬爲難. 敬可能也, 安爲難. 安可能也, 卒爲難. 父母旣沒, 愼行其身, 不遺父母惡名, 可謂能終矣. 仁者仁此者也, 禮者履此者也, 義者宜此者也, 信者信此者也, 强者强此者也. 樂自順此生, 刑自反此作.

集解 朱子曰: 不能有其身, 謂不能持守其身而陷於非僻. 安土, 謂安其所處之位而無外求. 樂天, 謂樂循天理. 講義曰, 我與人本無有異, 不能愛人, 決不能自愛, 不能自愛, 則雖有此身, 猶無有也. 有其身者, 知有其身而不至於自棄也. 不能有其身, 則心隨放蕩, 豈能安土? 不能安土, 則以欲·惡而爲欣·戚, 豈能樂天? 安土者, 無適而不自得之謂. 樂天者, 以禍福得喪一歸之於天, 而順之之謂也. 人能安於平易之地, 至迫於利害, 鮮有不動者, 是未識樂天之理也. 故惟樂天, 而後身之成可必.

번역 주자가 말하길, 자신을 보존할 수 없다는 말은 자신을 견지할 수 없어서 그릇되고 잘못된 길로 빠진다는 뜻이다. 땅을 편안히 여긴다는 말은 자기가 머물러 있는 자리를 편안히 여겨 밖으로 더 구하는 일이 없다는 뜻이다. 천명을 즐거워한다는 말은 하늘의 이치를 즐거워하며 따른다는 뜻이다. 『강의』에서는 나와 남은 본래부터 차이가 없으니, 남을 사랑할 수 없다면 결코 자신을 사랑할 수 없고, 자신을 사랑할 수 없다면 비록 육신을 가지고 있더라도 실제로는 가지고 있는 것이 아니다. 자신을 보존할 수 있는 자는 자신을 보존해야 함을 알아서 스스로를 포기하는 지경에 이르지 않는다. 자신을 보존할 수 없다면 마음이 방만하게 되는데 어찌 처한 곳에서 편안히 여길 수 있겠는가? 처한 곳에서 편안히 여길 수 없다면 바라고 싫어하는 것에 따라서 즐거워하고 슬퍼하게 되는데, 어찌 천명을 즐거워할 수 있겠는가? 처한 곳에서 편안히 여긴다는 말은 가는 곳마다 스스로 얻지 못하는 것이 없다는 뜻이다. 천명을 즐거워한다는 말은 재앙과 복을 얻고 잃음에 대해서 모두 하늘의 뜻으로 돌리고, 그에 순종한다는 뜻이다. 사람은 평탄한 곳에서는 편안하게 여길 수 있지만, 이해에 급박하게 되면 흔들리지 않는 자가 드므니, 하늘의 이치를 즐거워해야 할 줄 모르는 것이다. 그렇기 때문에 오직 천명을 즐거워한 뒤에야 자신을 이루는 일에 대해서 기필할 수 있다.

참고 원문비교

예기대전·애공문(哀公問) 公曰, "敢問何謂成親?" 孔子對曰, "君子也者, 人之成名也. 百姓歸之名, 謂之君子之子, 是使其親爲君子也, 是爲成其親之名也已." 孔子遂言曰, "古之爲政, 愛人爲大. 不能愛人, 不能有其身. 不能有其身, 不能安土. 不能安土, 不能樂天. 不能樂天, 不能成其身."

대대례기·애공문어공자(哀公問於孔子) 公曰, "敢問何謂成親?" 孔子對曰, "君子也者, 人之成名也. 百姓歸之名, 謂之君子之子, 是使其親爲君子也, 是爲成其 親名 也已." 孔子遂言曰, "古之爲政, 愛人爲大. 不能愛人, 不能有其身. 不能有其身, 不能安土. 不能安土, 不能樂天. 不能樂天, 不能 成身."

공자가어·대혼해(大婚解) 公曰, "何謂成其親?" 孔子對曰, "君子者, 乃 人之成名也. 百姓 興 名, 謂之君子, 則 是 成 其親爲君 而爲其子也." 孔子遂言曰, "愛政而 不能愛人, 則 不能 成 其身. 不能 成 其身, 則 不能安 其 土. 不能安其土, 則 不能樂天①."

王注-① 天道也.

번역 하늘의 도를 뜻한다.

【596d】

公曰, "敢問何謂成身?" 孔子對曰, "不過乎物."

직역 公이 曰, "敢히 問하니 何를 身을 成이라 謂오?" 孔子가 對하여 曰, "物을 不過함입니다."

의역 애공이 “감히 묻겠으니, 무엇을 두고 자신을 이룬다고 말합니까?”라고 묻자 공자가 대답하길, “사물의 마땅한 이치에서 벗어나지 않는 것입니다.”라고 했다.

集說 應氏曰: 物者, 實然之理也. 性分之內, 萬物皆備, 仁人孝子不過乎物者, 卽其身之所履, 皆在義理之內而不過焉, 猶大學之“止於仁”·“止於孝”也. 違則過之, 止則不過矣. 夫物有定理, 理有定體, 雖聖賢豈能加毫末於此哉? 亦盡其當然而止耳.

번역 응씨가 말하길, ‘물(物)’자는 확실히 그러한 이치를 뜻한다. 성명의 테두리 안에는 만물이 모두 갖춰져 있으니, 인자한 자와 효자가 사물의 이치에서 벗어나지 않는 것이 바로 자신이 실천해야 할 대상이다. 그러므로 이 모두는 의리의 테두리에 있으면서 벗어나지 않는 것으로, 『대학』에서 “인(仁)에 그치다.”라고 말하고, “효에 그치다.”라고 말한 것과 같다.3) 어기면 벗어나게 되고 그치면 벗어나지 않게 된다. 사물에게는 정해진 이치가 있고 이치에는 정해진 본체가 있으니, 비록 성현이라 하더라도 어찌 여기에 한 터럭이라고 추가할 수 있겠는가? 또한 마땅함을 다하고서 그칠 따름이다.

大全 嚴陵方氏曰: 不過乎物, 卽仁人不過乎物, 孝子不過乎物, 是也. 不過乎物, 則性分之內, 成而無虧也.

번역 엄릉방씨가 말하길, “사물의 이치에서 벗어나지 않는다.”라는 것은 “인(仁)한 자는 사물의 이치에서 벗어나지 않고, 효자는 사물의 이치에서 벗어나지 않는다.”4)라고 한 말에 해당한다. 사물의 이치에서 벗어나지 않는다면, 본성의 테두리 안에서 완성하여 이지러짐이 없게 된다.

---

3) 『대학』「전(傳)3장」: 詩云, “穆穆文王, 於緝熙敬止.” 爲人君, <u>止於仁</u>, 爲人臣, 止於敬. 爲人子, <u>止於孝</u>. 爲人父, 止於慈. 與國人交, 止於信.
4) 『예기』「애공문」【597c】: 孔子蹴然辟席而對曰, “<u>仁人不過乎物, 孝子不過乎物</u>. 是故仁人之事親也如事天, 事天如事親. 是故孝子成身.” 公曰, “寡人旣聞此言也, 無如後罪何?” 孔子對曰, “君之及此言也, 是臣之福也.”

鄭注 物, 猶事也.

번역 '물(物)'자는 사안[事]과 같다.

孔疏 ●“公曰”至“乎物”. ○正義曰: 以前經對哀公以成身, 故此經明公問成身, 夫子答以成身之事.

번역 ●經文: “公曰”~“乎物”. ○앞의 경문에서는 애공에게 자신을 이룬다는 내용을 대답했다. 그렇기 때문에 이곳 경문에서는 애공이 자신을 이룬다는 것을 질문하여, 공자가 자신을 이루는 사안을 대답했던 것을 나타내었다.

孔疏 ●“不過乎物”者, 過, 謂過誤; 物, 事也. 言成身之道, 不過誤其事, 但萬事得中, 不有過誤, 則諸行並善, 是所以成身也.

번역 ●經文: “不過乎物”. ○‘과(過)’자는 과오를 범한다는 뜻이며, ‘물(物)’자는 사안[事]을 뜻한다. 즉 자신을 이루는 도리는 그 사안에 대해서 과오를 범하지 않는 것이니, 다만 모든 사안이 마땅함을 얻게 되면 과오를 범하는 일이 생기지 않아서, 모든 행실이 선하게 된다. 이것이 자신을 이루는 방법이다.

集解 朱子曰: 家語作“夫其行己也不過乎物, 謂之成身. 不過乎物, 是天道也”. 以上下文推之, 當從家語.

번역 주자가 말하길, 『공자가어』에서는 “자신을 시행함에 사물의 이치에서 벗어나지 않는 것을 자신을 이룬다고 부른다. 사물의 이치에서 벗어나지 않는 것은 천도에 해당한다.”[5]라고 했다. 앞뒤의 문맥으로 따져본다면, 마땅히 『공자가어』의 기록에 따라야 한다.

---

5) 『공자가어(孔子家語)』「대혼해(大婚解)」 : 公曰, “敢問何能成身?” 孔子對曰, “夫其行己不過乎物, 謂之成身, 不過乎, 合天道也.”

集解 周氏謂曰: 詩云, "天生蒸民, 有物有則", 孟子曰, "萬物皆備於我矣", 則凡在我身者, 雖一毫髮之微, 莫不具性命之理, 則求其所以成身者, 其能過此乎.

번역 주서가 말하길, 『시』에서는 "하늘이 백성을 낳으시니, 만물이 있으면 법칙이 있다."6)라고 했고, 『맹자』에서는 "만물이 모두 나에게 갖춰져 있다."7)라고 했으니, 나 자신에게 있어서 비록 한 터럭의 미미한 점이 있을지라도 본성의 이치를 구비하지 않은 자가 없다면, 자신을 이루는 방법을 찾는 것은 여기에서 벗어나지 않는 것이다.

集解 應氏鏞曰: 物者, 實然之理也. 易曰"言有物", 大學言"格物", 蓋性分之內, 萬物皆備, 卽物而觀, 其理尤實. 仁人孝子, 不過乎物者, 卽其身之所履, 皆在義理之內, 而不過焉, 猶大學所謂"止於仁"·"止於孝"也. 違則過之, 止則不過矣. 夫物有定理, 理有定體, 雖聖人豈能加毫末於是哉? 亦循循然而不過耳.

번역 응용이 말하길, '물(物)'자는 확실히 그러한 이치를 뜻한다. 『역』에서는 "말에 사물의 이치가 있다."8)라고 했고, 『대학』에서는 "사물에 이른다."9)라고 했는데, 성명의 테두리 안에는 만물이 모두 갖춰져 있어서, 사물에 나아가서 살펴본다면 그 이치가 더욱 확실해진다. 인자한 자와 효자가 사물의 이치에서 벗어나지 않는 것이 바로 자신이 실천해야 할 대상이며, 의리의 테두리에 있으면서 벗어나지 않는 것으로, 『대학』에서 "인(仁)에 그치다."라고 말하고, "효에 그치다."라고 말한 것과 같다. 어기면 벗어나게

---

6) 『시』「대아(大雅)·증민(烝民)」: 天生烝民, 有物有則. 民之秉彝, 好是懿德. 天監有周, 昭假于下, 保茲天子, 生仲山甫.
7) 『맹자』「진심상(盡心上)」: 孟子曰, "萬物皆備於我矣. 反身而誠, 樂莫大焉. 强恕而行, 求仁莫近焉."
8) 『역』「가인괘(家人卦)」: 象曰, 風自火出, 家人, 君子以, 言有物而行有恒.
9) 『대학』「경(經) 1장」: 古之欲明明德於天下者, 先治其國. 欲治其國者, 先齊其家. 欲齊其家者, 先修其身. 欲修其身者, 先正其心. 欲正其心者, 先誠其意. 欲誠其意者, 先致其知. 致知在格物.

되고 그치면 벗어나지 않게 된다. 사물에게는 정해진 이치가 있고 이치에는 정해진 본체가 있으니, 비록 성현이라 하더라도 어찌 여기에 한 터럭이라도 추가할 수 있겠는가? 또한 차근차근 따르며 여기에서 벗어나지 않을 따름이다.

集解 愚謂: 不過乎物, 則於一事一物莫不有以止乎至善之地, 而性無不盡, 形無不踐矣. 天生蒸民, 有物有則, 故不過乎物者, 是乃天道之本然也.

번역 내가 생각하기에, 사물에서 벗어나지 않는다는 것은 한 가지 사안이나 한 가지 사물에 있어서도 지극히 선한 경지에 그치지 않음이 없어서, 본성에 대해서는 다하지 않음이 없고, 형기에 대해서는 실천하지 않음이 없는 것이다. "하늘이 백성을 낳으시니, 만물이 있으면 법칙이 있다."라고 했기 때문에, 사물에서 벗어나지 않는 것은 곧 천도에 따른 본연성에 해당한다.

참고 원문비교

예기대전·애공문(哀公問) 公曰, "敢問何謂成身?" 孔子對曰, "不過乎物."

대대례기·애공문어공자(哀公問於孔子) 公曰, "敢問何謂成身?" 孔子對曰, "不過乎物."

공자가어·대혼해(大婚解) 公曰, "敢問何能成身?" 孔子對曰, "夫其行己 不過乎物, 謂之成身, 不過乎物, 合天道也."

● 제 10절 ●

군자와 천도(天道)

【596d~597a】

公曰, "敢問君子何貴乎天道也?" 孔子對曰, "貴其不已, 如
日月東西相從而不已也, 是天道也. 不閉其久, 是天道也. 無
爲而物成, 是天道也. 已成而明, 是天道也."

직역 公이 曰, "敢히 問하니 君子는 何히 天道를 貴오?" 孔子가 對하여 曰, "그
不已함을 貴하니, 日月이 東西로 相히 從하며 不已함과 如하니, 是는 天道입니다.
그 久를 不閉하니, 是는 天道입니다. 爲가 無하되 物이 成하니, 是는 天道입니다.
已히 成하여 明하니, 是는 天道입니다."

의역 애공이 "감히 묻겠으니, 군자는 어찌하여 천도를 존귀하게 여깁니까?"라
고 묻자 공자가 대답하길, "그치지 않는 작용을 존귀하게 여기는 것이니, 마치 해와
달이 동과 서로 서로 뒤따라 운행하며 그치지 않는 것이 바로 천도입니다. 또 오래
되도록 닫히지 않는 것이 바로 천도입니다. 또 인위적으로 행위함이 없는데도 사물
이 이루어지는 것이 바로 천도입니다. 이미 이루어지고도 밝게 빛나는 것이 바로
천도입니다."라고 했다.

集說 日月相從不已, 繼明照于四方也. 不閉其久, 窮則變, 變則通也. 無爲
而成, 不言而信, 不怒而威也. 已成而明, 爲法於天下, 可傳於後世也.

번역 해와 달이 서로 뒤따라 운행하며 그치지 않는 것은 연속하여 사방
에 빛을 비춰준다는 뜻이다.[1] 오래됨을 폐지하지 않는 것은 다하게 되면

---

1) 『역』「리괘(離卦)」: 象曰, 明兩作, 離, 大人以, <u>繼明照于四方</u>.

변하고 변하면 통한다는 뜻이다.[2] 인위적으로 행위함이 없는데도 이루는
것은 말을 하지 않아도 믿고 성내지 않아도 위엄을 갖춘다는 뜻이다.[3] 이
미 이루어져서 밝다는 것은 천하에 모범이 되어 후세에 전할 수 있다는
뜻이다.[4]

集說 劉氏曰: 天道至誠無息, 所謂"維天之命, 於穆不已"也. 君子貴之, 純
亦不已焉. 然其不已者, 一動一靜互爲其根, 如日往則月來, 月往則日來, 是以
不窮其久. 無思無營, 而萬物自然各得其成, 及其旣成, 皆粲然可見也. 蓋其機
緘密運而不已者, 雖若難名, 而成功則昭著也. 無爲而成者, 不見其爲之之迹,
而但見有成也. 此"唯天爲大, 唯堯則之, 蕩蕩乎民無能名焉, 巍巍乎其有成功
也, 煥乎其有文章"之謂也.

번역 유씨가 말하길, 천도는 지극히 성실하고 쉼이 없으니,[5] 바로 "하늘
의 명이 오! 심원하여 그치지 않는구나."[6]라는 뜻에 해당한다. 군자가 존귀

---

2) 『역』「계사하(繫辭下)」: 易窮則變, 變則通, 通則久, 是以"自天祐之, 吉无不利".
3) 『예기』「악기(樂記)」【485c】: 君子曰, "禮樂不可斯須去身." 致樂以治心, 則易
直子諒之心油然生矣. 易直子諒之心生則樂, 樂則安, 安則久, 久則天, 天則神.
天則不言而信, 神則不怒而威, 致樂以治心者也. / 『예기』「제의(祭義)」【565a~
c】: 君子曰, "禮樂不可斯須去身." 致樂以治心, 則易·直·子·諒之心油然生矣.
易·直·子·諒之心生, 則樂; 樂則安, 安則久, 久則天, 天則神. 天則不言而信, 神
則不怒而威, 致樂以治心者也. 致禮以治躬則莊敬, 莊敬則嚴威. 心中斯須不和不
樂, 而鄙詐之心入之矣; 外貌斯須不莊不敬, 而慢易之心入之矣. 故樂也者, 動於
內者也; 禮也者, 動於外者也. 樂極和, 禮極順, 內和而外順, 則民瞻其顔色而不
與爭也, 望其容貌而衆不生慢易焉. 故德煇動乎內, 而民莫不承聽; 理發乎外, 而
衆莫不承順. 故曰, "致禮樂之道, 而天下塞焉, 舉而措之無難矣." 樂也者, 動於
內者也; 禮也者, 動於外者也. 故禮主其減, 樂主其盈. 禮減而進, 以進爲文; 樂
盈而反, 以反爲文. 禮減而不進, 則銷; 樂盈而不反, 則放. 故禮有報而樂有反.
禮得其報則樂, 樂得其反則安. 禮之報, 樂之反, 其義一也.
4) 『맹자』「이루하(離婁下)」: 是故君子有終身之憂, 無一朝之患也. 乃若所憂則有
之, 舜, 人也, 我, 亦人也. 舜爲法於天下, 可傳於後世, 我由未免爲鄕人也, 是則
可憂也.
5) 『중용』「26장」: 故至誠無息.
6) 『시』「주송(周頌)·유천지명(維天之命)」: 維天之命, 於穆不已. 於乎不顯, 文王
之德之純. 假以溢我, 我其收之. 駿惠我文王, 曾孫篤之.

하게 여기는 것은 순수하고 또한 그치지 않기 때문이다.[7] 그런데 그치지 않는 것은 한 번 움직이고 한 번 고요하여 서로에 대해 근원이 되는 것이니, 예를 들어 해가 지면 달이 떠오르고 달이 지면 해가 떠오르는 것과 같다. 이러한 까닭으로 오래됨을 다하지 않는다. 생각함도 없고 계획함도 없지만, 만물은 자연히 각각 완성됨을 얻게 되고, 이미 이루어지게 되면 모두 찬란하게 드러날 수 있다. 숨어서 은밀하게 운행하며 그치지 않는 것은 비록 이름을 붙이기가 어렵지만 공을 이루게 된다면 밝게 드러난다. 인위적으로 행위함이 없는데도 이루어지는 것은 실제로 시행하는 자취를 보지 못하고, 단지 이룬 것만을 볼 수 있기 때문이다. 이것은 "오직 하늘만이 위대한데 오직 요임금만이 그것을 본받아 넓고도 넓어 백성들이 이름을 붙일 수 없고, 높고도 높구나 그 공적을 이룸이여, 찬란하구나 그 문장을 갖춤이여."[8] 라고 한 말에 해당한다.

大全 嚴陵方氏曰: 天道之不已, 不特在日月之相從, 此言亦據可見之象而已. 且天道之大在陰陽, 日者陽之象, 月者陰之象, 以是言天道又宜矣. 易曰, 天行健, 君子以, 自强不息, 此君子所以貴天道也. 不閉者, 不寒也, 凡物開之則通, 閉之則塞, 能不閉其久之道, 是以其久可久也. 易曰, 終則有始, 天行也, 其謂是與.

번역 엄릉방씨가 말하길, 천도가 그치지 않는 것은 단지 해와 달이 서로 뒤따르며 운행하는 것에만 한정되지 않지만, 이 말은 또한 볼 수 있는 형상을 제시한 것일 뿐이다. 또 천도의 큼은 음양에 해당하는데, 해는 양(陽)을 형상하고 달은 음(陰)을 형상하니, 이를 통해 천도를 말하는 것 또한 마땅하다. 『역』에서는 "하늘의 운행이 굳건하니 군자가 그것을 본받아 스스로 힘쓰고 쉬지 않는다."[9]라고 했으니, 이것은 군자가 천도를 존귀하게 여기

---

7) 『중용』「26장」: 曰, "惟天之命, 於穆不已." 蓋曰天之所以爲天也. "於乎不顯! 文王之德之純." 蓋曰文王之所以爲文也, 純亦不已.

8) 『논어』「태백(泰伯)」: 子曰, "大哉堯之爲君也! 巍巍乎! 唯天爲大, 唯堯則之. 蕩蕩乎, 民無能名焉. 巍巍乎! 其有成功也, 煥乎其有文章!"

9) 『역』「건괘(乾卦)」: 象曰, 天行健, 君子以, 自强不息.

는 까닭이다. 닫지 않는 것은 막히지 않는 것이니, 무릇 사물들은 열리면 통하게 되고 닫히면 막히게 되니, 오래도록 지속되는 도를 막지 않을 수 있기 때문에, 오래 지속됨을 오래도록 유지할 수 있다.『역』에서 "끝나면 시작됨이 있는 것이 하늘의 운행이다."[10]라고 말한 것도 바로 이러한 뜻을 나타낸다.

鄭注 已, 猶止也. 是天道也者, 言人君法之, 當如是也. 日月相從, 君臣相朝會也. 不閉其久, 通其政敎, 不可以倦. 無爲而成, 使民不可以煩也. 已成而明, 照察有功.

번역 '이(已)'자는 "그치다[止]."는 뜻이다. "이것이 천도이다."라는 말은 군주가 그것을 본받아서 마땅히 이처럼 해야 한다는 뜻이다. 해와 달이 서로 뒤따르는 것은 군주와 신하가 상호 조회를 하는 것에 해당한다. 오래됨을 막지 않는 것은 정치와 교화를 두루 통하게 하며, 태만하게 시행하지 않는 것이다. 인위적으로 행위함이 없는데도 이루어지는 것은 백성들을 부릴 때 번거롭게 하지 않는 것이다. 이미 이루어져서 밝은 것은 공적을 세운 자에 대해서 밝게 살핀다는 뜻이다.

釋文 朝, 宣遙反. 炤音照, 本亦作照.

번역 '朝'자는 '宣(선)'자와 '遙(요)'자의 반절음이다. '炤'자의 음은 '照(조)'이며, 판본에 따라서는 또한 '照'자로도 기록한다.

孔疏 ●"公曰"至"道也". ○正義曰: 以前經孔子對以成身之事, 公更無疑, 更改問君子何貴乎天道. 孔子又答以貴天道之事.

번역 ●經文: "公曰"~"道也". ○앞의 경문에서는 공자가 자신을 이루

---

10) 『역』「고괘(蠱卦)」: 彖曰, 蠱, 剛上而柔下, 巽而止蠱. 蠱, 元亨而天下治也. "利涉大川", 往有事也. "先甲三日, 後甲三日", <u>終則有始, 天行也</u>.

는 사안에 대해서 대답을 했는데, 애공은 재차 의문이 들지 않았으므로, 질문을 고쳐서 군자는 어찌하여 천도를 존귀하게 여기냐고 물어본 것이다. 공자는 또한 천도를 존귀하게 여기는 사안으로 대답을 해주었다.

孔疏 ●“如日月東西相從而不已也, 是天道也”者, 言天體無形, 運行不息, 如似日月東西相從而不休已, 是天道也. 人君設法, 當則上天之道, 君臣朝會往來不已也.

번역 ●經文: “如日月東西相從而不已也, 是天道也”. ○하늘의 본체는 형체가 없고 운행을 하면서 그치지 않으니, 마치 해와 달이 동과 서로 서로 뒤따르며 쉬지 않는 것과 같고, 이것이 천도이다. 군주가 법도를 제정할 때에는 마땅히 하늘의 도를 본받아야 하므로, 군주와 신하가 조회를 하며 왕래하는 것도 그치지 않아야 한다.

孔疏 ●“不閉其久, 是天道也”者, 言天開生萬物, 不使閉塞, 其能久長, 是天道也. 謂人君施政, 當則天道, 施爲政敎, 開通萬物, 而能長久不懈倦也, 故云“是天道也”.

번역 ●經文: “不閉其久, 是天道也”. ○하늘이 열리면 만물을 태어나게 하며 닫히고 막히지 않도록 하고 오래도록 지속될 수 있으니, 이것이 천도이다. 즉 군주가 정치를 시행할 때에는 마땅히 천도를 본받아서 정치와 교화로 시행하여, 만물을 열어주고 소통하게 만들며, 오래도록 지속하며 태만하게 시행하지 않아야 한다. 그렇기 때문에 “이것이 천도이다.”라고 했다.

孔疏 ●“無爲而物成, 是天道也”者, 言春生夏長, 無見天之所爲, 而萬物得成, 是天道. 謂人君當則天道, 以德潛化, 無所營爲而天下治理, 故云“是天道也”.

번역 ●經文: “無爲而物成, 是天道也”. ○봄에는 태어나고 여름에는 장

성하게 되는데, 하늘이 시행하는 것은 볼 수 없는데도 만물은 완성되니, 이것이 천도이다. 즉 군주는 마땅히 천도를 본받아서 덕을 통해 은은하게 교화를 하여 계획적으로 시행함이 없는데도 천하가 다스려진다. 그렇기 때문에 "이것이 천도이다."라고 했다.

孔疏 ●"已成而明, 是天道也"者, 言天之生物已能成就而功之明著, 是天道. 人君當則天道, 化民治理, 而功成大平. 故云"是天道也".

번역 ●經文: "已成而明, 是天道也". ○하늘이 만물을 생성하여, 이미 성취를 할 수 있어 공적이 밝게 드러나니, 이것이 천도이다. 군주는 마땅히 천도를 본받아서 백성들을 교화하고 다스려야 하며, 공적을 완성하여 태평성세를 이루어야 한다. 그렇기 때문에 "이것이 천도이다."라고 했다.

集解 朱子曰: 不閉其久, 當從家語作"不閉而能久".

번역 주자가 말하길, '불폐기구(不閉其久)'라는 말은 마땅히 『공자가어』의 기록에 따라서 "닫지 않고 오래도록 할 수 있다."[11]라고 기록해야 한다.

集解 方氏愨曰: 物成而功可見, 故曰已成而明.

번역 방각이 말하길, 물이 완성되어 공적을 볼 수 있기 때문에 "이미 이루어져서 드러난다."라고 했다.

集解 愚謂: 孔子言"不過乎物"·"是天道也", 故哀公又以天道爲問. 天道如此, 君子貴之, 而其法天也, 純亦不已, 篤恭而天下平焉.

번역 내가 생각하기에, 공자는 "사물에서 벗어나지 않는다."라고 했고,

---

11) 『공자가어(孔子家語)』「대혼해(大婚解)」: 公曰, "君子何貴乎天道也?" 孔子曰, "貴其不已也. 如日月東西相從而不已也, 是天道也. <u>不閉而能久</u>, 是天道也. 無爲而物成, 是天道也. 已成而明之, 是天道也."

"이것이 천도이다."라고 했다. 그렇기 때문에 애공은 재차 천도에 대해서 질문한 것이다. 천도가 이와 같으므로, 군자가 그것을 존귀하게 여기고, 하늘을 본받아서, 순수하고 또한 그치지 않으며,12) 공손함을 독실하게 하여 천하가 평안해진다.13)

참고 원문비교

예기대전 · 애공문(哀公問)　公曰, "敢問君子何貴乎天道也?" 孔子對曰, "貴其不已, 如日月東西相從而不已也, 是天道也. 不閉其久, 是天道也. 無爲而物成, 是天道也. 已成而明, 是天道也."

대대례기 · 애공문어공자(哀公問於孔子)　公曰, "敢問君何貴乎天道也?" 孔子對曰, "貴其不已, 如日月西東相從而不已也, 是天道也. 不閉其久也, 是天道也. 無爲物成, 是天道也. 已成而明, 是天道也."

공자가어 · 대혼해(大婚解)　公曰, "君子何貴乎天道也?" 孔子曰, "貴其不已也, 如日月東西相從而不已也, 是天道也. 不閉而能久①, 是天道也. 無爲而物成, 是天道也. 已成而明之, 是天道也."

王注-①　不閉, 常通, 而能久, 言無極也.

번역 닫지 않는다는 말은 항상 소통된다는 뜻이고, 오래될 수 있다는 말은 다함이 없다는 뜻이다.

---

12) 『중용』「26장」: 曰, "惟天之命, 於穆不已." 蓋曰天之所以爲天也. "於乎不顯! 文王之德之純." 蓋曰文王之所以爲文也, 純亦不已.
13) 『중용』「33장」: 詩曰, "不顯惟德, 百辟其刑之." 是故, 君子篤恭而天下平.

• 제11절 •

사친(事親)과 사천(事天)

【597b】

公曰, "寡人惷愚冥煩, 子志之心也."

직역 公이 曰, "寡人은 惷愚하고 冥煩하니, 子가 心에 志하시오."

의역 애공이 "과인은 기질에 가려 우둔하고 이치에 어두우며 자질구레한 데에 얽매여 있어서, 그대가 가르쳐준 내용들을 깨우칠 수 없으니, 그대는 간략하고 핵심적인 말로 내 마음에 그것들을 새겨주시오."라고 했다.

集說 惷愚, 蔽於氣質也; 冥者, 暗於理; 煩者, 累於事. 志, 讀如字. 哀公自言其不能敏悟所敎, 欲孔子以簡切之語, 志記於我心. 故孔子下文所對, 是擧其要者言之.

번역 '용우(惷愚)'는 기질에 가려져 있다는 뜻이며, '명(冥)'자는 이치에 어둡다는 뜻이고, '번(煩)'자는 자질구레한 사안들에 얽매여 있다는 뜻이다. '지(志)'자는 글자대로 읽는다. 애공 스스로 가르쳐준 내용들에 대해서 민첩히 깨달을 수 없다고 말하여, 공자가 간략하고 핵심적인 말로 자신의 마음에 새겨주길 바란 것이다. 그렇기 때문에 공자는 아래문장에서 대답을 하며, 핵심적인 사안을 제시하여 말한 것이다.

鄭注 志, 讀爲識, 識, 知也. 冥煩者, 言不能明理此事. 子之心所知也, 欲其要言, 使易行.

번역 '지(志)'자는 식(識)자로 풀이하니, '식(識)'자는 "안다[知]."는 뜻이다. '명번(冥煩)'은 이러한 사안에 대해서 명쾌하게 이해할 수 없다는 뜻이다. 그대의 마음에 알고 있는 내용을 뜻하니, 핵심적인 말을 통해서 쉽게 시행하고자 했던 것이다.

釋文 憃, 如容反, 徐昌容反, 又湯邦反, 一音丁絳反. 字林: "丑凶反, 又丑絳反, 愚也." 冥, 莫亭反, 徐亡定反. 志, 依注音識, 徐音試. 易, 以豉反.

번역 '憃'자는 '如(여)'자와 '容(용)'자의 반절음이며, 서음(徐音)은 '昌(창)'자와 '容(용)'자의 반절음이고, 또 '湯(탕)'자와 '邦(방)'자의 반절음이며, 다른 음은 '丁(정)'자와 '絳(강)'자의 반절음이다. 『자림』[1]에서는 "'丑(축)'자와 '凶(흉)'자의 반절음이며, 또 '丑(축)'자와 '絳(강)'자의 반절음으로, 어리석다는 뜻이다."라고 했다. '冥'자는 '莫(막)'자와 '亭(정)'자의 반절음이며, 서음은 '亡(망)'자와 '定(정)'자의 반절음이다. '志'자는 정현의 주에 따르면 그 음은 '識(식)'이니, 서음은 '試(시)'이다. '易'자는 '以(이)'자와 '豉(시)'자의 반절음이다.

孔疏 ●"公曰"至"成身". ○正義曰: 前經明天道之事, 人君當則之無已. 公欲孔子要陳所行何事能得如天不已, 孔子答以所行不已之事.

번역 ●經文: "公曰"~"成身". ○앞의 경문에서는 천도에 대한 사안을 나타내며, 군주는 마땅히 그것을 본받으며 그침이 없어야 한다고 했다. 애공은 어떠한 일들을 시행해야 하늘처럼 그치지 않을 수 있는지를 공자가 핵심적인 내용들로 진술하길 바란 것이고, 공자는 시행하며 그치지 않는 사안으로 대답을 하였다.

---

1) 『자림(字林)』은 고대의 자서(字書)이다. 진(晉)나라 때 학자인 여침(呂忱)이 지었다. 원본은 일실되어 전해지지 않고, 다른 문헌들 속에 일부 기록들만 남아 있다.

孔疏 ●"寡人憃愚"者, 是哀公謙退, 言己憃然愚蔽, 無所了解.

번역 ●經文: "寡人憃愚". ○애공이 겸손하게 자신을 낮춘 것으로, 자신은 아둔하고 어리석어서 이해한 것이 없다고 말한 것이다.

孔疏 ●"冥煩, 子志之心也", 皇氏云: "子志, 夫子之志. 志是知也. 言我之心冥煩不能明理此事, 子心所知也. 今謂志是識知也, 言孔子識知廣博, 故己欲使夫子出要言以示己."

번역 ●經文: "冥煩, 子志之心也". ○황간은 "'자지(子志)'는 공자의 지(志)를 말한다. '지(志)'자는 안다는 뜻이다. 즉 내 마음은 어리석고 어두워서 이러한 사안들에 대해 명쾌하게 이해할 수 없는데, 이것은 그대의 마음으로도 알고 있는 바라는 뜻이다. 현재 '지(志)'자를 지식[識知]으로 풀이한다면, 공자의 지식은 해박하기 때문에, 자신은 공자로 하여금 핵심적인 말을 통해서 자신에게 제시해주고자 바란다는 뜻이 된다."라고 했다.

訓纂 說文: 憃, 愚也.

번역 『설문』에서 말하길, '용(憃)'자는 어리석다는 뜻이다.

訓纂 鄭注周禮司刺: 憃愚, 生而癡騃童昏者也.

번역 『주례』「사자(司刺)」편에 대한 정현의 주에서 말하길, '용우(憃愚)'는 태어나면서부터 어리석고 무지한 자를 뜻한다.[2]

集解 今按: 志, 如字.

번역 현재 살펴보니, '志'자는 글자대로 읽는다.

---

2) 이 문장은 『주례』「추관(秋官)·사자(司刺)」편의 "壹赦曰幼弱, 再赦曰老旄, 三赦曰憃愚."편에 대한 정현의 주이다.

集解 惷, 亦愚也. 冥者, 暗於理; 煩者, 亂於事. 志, 猶記也. 哀公言己之愚昧不明, 乃孔子素所志記於心者, 欲其告以要言, 而使之易曉也.

번역 '준(惷)'자 또한 어리석다는 뜻이다. '명(冥)'자는 이치에 어둡다는 뜻이며, '번(煩)'자는 사안들에 대해 혼란스럽다는 뜻이다. '지(志)'자는 "기억하다[記]."는 뜻이다. 애공은 자신이 우매하고 밝지 못하다고 말하여, 공자가 평소에 마음에 기억해두고 있던 것 중에서도 핵심적인 말로 알려주어, 쉽게 깨우칠 수 있도록 하고자 한 것이다.

참고 원문비교

예기대전 · 애공문(哀公問) 公曰, "寡人惷愚冥煩, 子志之心也."

대대례기 · 애공문어공자(哀公問於孔子) 公曰, "寡人惷愚冥煩, 子 識 之心也."

공자가어 · 대혼해(大婚解) 公曰, "寡人 且 愚冥①, 幸煩子之於 心②."

공자가어번역 애공이 말하길, "과인이 어리석고 또 이치에 어두워서, 그대의 마음만 번거롭게 만듭니다."라고 했다.

王注-① 言惷愚冥暗也

번역 어리석고 이치에 어둡다는 뜻이다.

王注-② 欲煩孔子, 議識其心所能行也.

번역 공자에게 재차 답변하게 해서, 마음으로 시행할 수 있는 일들을 의논하여 알고자 한 것이다.

【597c】

孔子蹴然辟席而對曰, "仁人不過乎物, 孝子不過乎物. 是故仁人之事親也如事天, 事天如事親. 是故孝子成身." 公曰, "寡人既聞此言也, 無如後罪何?" 孔子對曰, "君之及此言也, 是臣之福也."

직역 孔子가 蹴然히 席을 辟하고 對하여 曰, "仁人은 物에서 不過하고, 孝子는 物에서 不過합니다. 是故로 仁人이 親을 事함은 天을 事함과 如하며, 天을 事함은 親을 事함과 如합니다. 是故로 孝子는 身을 成합니다." 公이 曰, "寡人은 既히 此言을 聞했는데, 後罪와 如함이 無라면 何오?" 孔子가 對하여 曰, "君이 此言에 及하니, 是는 臣의 福입니다."

의역 공자는 몸가짐을 고쳐 엄숙하고 공경스러운 태도를 취하고 자리를 피하여 대답하길, "인(仁)한 자는 사물의 이치에서 벗어나지 않고, 효자는 사물의 이치에서 벗어나지 않습니다. 이러한 까닭으로 인한 자는 부모를 섬길 때 하늘을 섬기는 것처럼 하고, 하늘을 섬길 때 부모를 섬기는 것처럼 합니다. 그러므로 효자는 자신을 이루게 됩니다."라고 했다. 애공은 "과인은 이미 이러한 말을 들었지만, 어쩔 수 없이 이후에 죄를 범하게 된다면 어찌하면 좋단 말이오?"라고 했고, 공자는 "군주께서 이러한 말씀을 하시게 된 것은 바로 신하의 복입니다."라고 대답했다.

集說 蹴然, 變容爲肅敬貌. 無如後罪何, 言雖聞此言, 然無奈後日過乎物而有罪何? 此言是有意於寡過矣, 故孔子以爲是臣之福.

번역 '축연(蹴然)'은 몸가짐을 바꿔서 엄숙하고 공손한 모습을 취한다는 뜻이다. '무여후죄하(無如後罪何)'는 비록 이러한 말을 들었지만, 어쩔 수 없이 이후에 사물의 이치에서 벗어나 죄를 짓게 된다면 어떻게 하느냐는 뜻이다. 이것은 과실을 줄이고자 하는데 뜻을 둔 것이기 때문에, 공자는 신하의 복이라고 여긴 것이다.

集說 方氏曰: 仁人者, 主事天言之也; 孝子者, 主事親言之也. 親則近而疑其不尊, 天則遠而疑其難格. 徒以近而不尊, 則父子之間, 或幾乎褻矣; 徒以遠而難格, 則天人之際, 或幾乎絶矣. 故事親如事天者, 所以致其尊而不欲其褻也; 事天如事親者, 所以求其格而不欲其疏也.

번역 방씨가 말하길, '인인(仁人)'은 하늘을 섬기는 것을 위주로 한 말이며, '효자(孝子)'는 부모를 섬기는 것을 위주로 한 말이다. 부모에 대해서는 관계가 가까워서 존귀하게 높이지 않아도 된다는 의심을 하게 되고, 하늘에 대해서는 관계가 멀어서 이르게 하기가 어렵다는 의심을 하게 된다. 그러나 단지 가깝다는 이유로 존귀하게 높이지 않는다면, 부모와 자식의 관계는 간혹 너무 버릇없는 지경에 이르게 되고, 단지 멀다는 이유로 이르게 하기가 어렵다고 여긴다면, 하늘과 사람의 관계는 간혹 끊어지는 지경에 이르게 된다. 그렇기 때문에 부모를 섬기는 것을 하늘을 섬기는 것처럼 하는 것이 바로 존귀하게 높이는 것을 지극히 하면서도 버릇없는 지경에 이르지 않도록 하는 방법이며, 하늘을 섬기는 것을 부모를 섬기는 것처럼 하는 것이 바로 이르게 하기를 바라면서도 소원한 지경에 이르지 않도록 하는 방법이다.

集說 石梁王氏曰: 仁人之事親也如事天, 事天如事親. 此兩句非聖人不能言.

번역 석량왕씨가 말하길, 인(仁)한 자는 부모를 섬길 때 하늘을 섬기는 것처럼 하며, 하늘을 섬길 때 부모를 섬기는 것처럼 한다고 했다. 이 두 구문은 성인이 아니라면 할 수 없는 말이다.

大全 吳興沈氏曰: 不過乎物, 鼻目口耳, 百骸四肢, 物也; 君臣·父子·兄弟·夫婦·朋友, 物也; 仁義禮智, 亦物也. 舉天地萬物之理, 備于我者, 皆物也. 是物也, 各有則焉, 人皆有是物則, 不可過也. 過則非天理也.

번역 오흥심씨[3]가 말하길, "물(物)에서 벗어나지 않는다."라고 했는데,

코·눈·입·귀, 모든 뼈마디와 사지는 물(物)에 해당하고, 군주와 신하, 부모와 자식, 형제관계, 부부관계, 벗과의 관계도 모두 물(物)에 해당하며, 인(仁)·의(義)·예(禮)·지(智) 또한 물(物)에 해당한다. 천지 만물의 이치는 모두 나에게 갖춰져 있는데 이 모든 것이 물(物)에 해당한다. 따라서 이러한 물(物)에는 각각 해당하는 법칙이 있으니, 사람 또한 모두 이러한 사물의 법칙을 갖추고 있으므로, 그 이치를 벗어날 수 없다. 벗어난다면 하늘의 이치가 아니다.

大全 馬氏曰: 孝者, 仁之始, 仁者, 孝之終. 親則邇, 不嫌乎無愛, 嫌於無敬而已, 故事親如事天, 所以致其敬也. 天則遠, 不嫌乎無敬, 嫌於無愛而已, 故事天如事親, 所以致其愛也. 愛與敬兩得之, 而後孝子行全, 故曰成身. 成身者, 言其德之不虧也.

번역 마씨가 말하길, 효(孝)는 인(仁)의 시작이며 인(仁)은 효(孝)의 마침이다. 부모에 대해서는 관계가 가까워서 사랑함이 없다는 혐의는 받지 않지만, 공경함이 없다는 혐의는 받을 수도 있다. 그렇기 때문에 부모를 섬기며 하늘을 섬기는 것처럼 하는 것은 공경함을 지극히 하는 방법이다. 하늘에 대해서는 관계가 멀어서 공경함이 없다는 혐의는 받지 않지만, 사랑함이 없다는 혐의는 받을 수도 있다. 그렇기 때문에 하늘을 섬기며 부모를 섬기는 것처럼 하는 것은 사랑함을 지극히 하는 방법이다. 사랑함과 공경함을 모두 터득한 이후에야 효자의 행실이 온전하게 된다. 그렇기 때문에 "자신을 이룬다."라고 했다. 자신을 이룬다는 것은 그의 덕성에 이지러진 점이 없다는 뜻이다.

鄭注 蹴然, 敬貌. 物, 猶事也. 事親·事天, 孝·敬同也. 孝經曰: "事父孝, 故事天明." 舉無過事, 以孝事親, 是所以成身. 旣聞此言也者, 欲勤行之也, 無奈

---

3) 오흥심씨(吳興沈氏, ?~?) : =심청신(沈淸臣)·심정경(沈正卿). 이름은 청신(淸臣)이고, 자(字)는 정경(正卿)이다. 자세한 사항은 알려져 있지 않다.

後日過於事之罪何, 爲謙辭. 善哀公及此. 此言, 言善言也.

번역 '축연(蹴然)'은 공경스러운 태도를 뜻한다. '물(物)'자는 사안[事]을 뜻한다. 부모를 섬기고 하늘을 섬길 때, 효와 공경함은 동일하다. 『효경』에서는 "부친을 섬기며 효로써 하였기 때문에 하늘을 섬길 때에도 명철하였다."[4]라고 했다. 시행에 있어서 그 사안을 벗어나는 일이 없고, 효를 통해 부모를 섬기니, 이것은 자신을 이루는 방법이다. "이미 이러한 말을 들었다."는 말은 열심히 시행하고자 한다는 뜻인데, "어쩔 수 없이 이후에 그 사안을 지나치게 하는 죄를 범하게 된다면 어떻게 하느냐?"라고 한 것은 겸손하게 말했기 때문이다. 애공이 이러한 말을 하게 된 것을 좋게 여긴 것이다. '차언(此言)'은 좋은 말을 뜻한다.

釋文 蹴, 子六反, 又在育反. 辟音避.

번역 '蹴'자는 '子(자)'자와 '六(륙)'자의 반절음이며, 또한 '在(재)'자와 '育(육)'자의 반절음도 된다. '辟'자의 음은 '避(피)'이다.

孔疏 ●"孔子蹴然辟席而對曰"者, 以公謙退, 故蹴然恭敬, 辟席而起對.

번역 ●經文: "孔子蹴然辟席而對曰". ○애공이 겸손하게 자신을 낮췄기 때문에, 공자는 몸가짐을 바꿔 공손한 태도를 취하고, 자리를 피해 일어나서 대답한 것이다.

孔疏 ●"仁人不過乎物"者, 物, 事也. 言仁德之人不過失於其事, 言在事無過失也.

번역 ●經文: "仁人不過乎物". ○'물(物)'자는 사안[事]을 뜻한다. 인(仁)한 덕을 갖춘 사람은 그 사안에 대해서 잘못을 범하지 않는다는 뜻으로, 즉 그 사안에 대해서 과실이 없다는 의미이다.

---

4) 『효경』「감응장(感應章)」: 子曰, 昔者, 明王事父孝, 故事天明; 事母孝, 故事地察.

孔疏 ●"孝子不過乎物"者, 言孝子事親, 亦於事無過也.

번역 ●經文: "孝子不過乎物". ○효자가 부모를 섬길 때에도 그 사안에 대해서 잘못을 범하지 않는다는 뜻이다.

孔疏 ●"是故仁人之事親也如事天"者, 言仁人事親以敬, 如以事天相似, 言敬親與敬天同.

번역 ●經文: "是故仁人之事親也如事天". ○인(仁)한 자가 부모를 섬길 때에는 공경함으로써 하니, 마치 공경함으로써 하늘을 섬기는 것과 유사하다는 뜻이다. 즉 부모를 공경하는 것과 하늘을 공경하는 것은 같다는 의미이다.

孔疏 ●"事天如事親"者, 言仁人事天以孝愛, 如人事親孝愛相似, 言愛親與愛天同.

번역 ●經文: "事天如事親". ○인(仁)한 자가 하늘을 섬길 때에는 효와 사랑함으로써 하니, 마치 사람이 부모를 섬길 때 효와 사랑함으로써 하는 것과 유사하다는 뜻이다. 즉 부모를 사랑하는 것과 하늘을 사랑하는 것은 같다는 의미이다.

孔疏 ●"是故孝子成身"者, 上稱仁人, 則孝子也, 據其汎愛, 則稱仁人; 據其事親, 則稱孝子. 內則孝敬於父母, 外則孝敬於天地. 其間無所不行孝敬, 故云"孝子成身"也.

번역 ●經文: "是故孝子成身". ○앞에서는 인(仁)한 사람을 지칭했는데 이것은 효자에 해당하며, 널리 사랑하는 것에 기준을 둔다면 '인인(仁人)'을 지칭하고, 부모를 섬기는 것에 기준을 둔다면 '효자(孝子)'를 지칭한다. 내적으로는 부모에 대해서 효와 공경을 다하고, 외적으로는 천지에 대해서 효와 공경을 다한다. 그 사이에 효와 공경을 시행하지 않는 것이 없기 때문에, "효자는 자신을 이룬다."라고 했다.

孔疏 ●"公曰"至"福也". ○正義曰: 此一節明哀公問事畢, 有謙退之辭, 孔子答以君懼後罪, 是臣之福也.

번역 ●經文: "公曰"~"福也". ○이곳 문단은 애공이 질문하는 사안이 끝나자 겸손하게 자신을 낮추는 겸사를 했고, 공자는 군주가 이후에 죄를 짓게 될까 염려하는 것은 신하의 복이라는 말로 대답했음을 나타내고 있다.

孔疏 ●"無如後罪何"者, 如, 柰也. 言寡人以聞子之言, 勤力而行, 但己之才弱, 無柰後日過於其事而有罪戾何? 是謙退之辭.

번역 ●經文: "無如後罪何". ○'여(如)'자는 내(柰)자의 뜻이다. 즉 과인은 그대의 말을 들어서, 열심히 노력하여 시행하려고 하지만, 나의 재질이 유약하여 어쩔 수 없이 그 사안을 지나치게 시행하여 죄를 범하게 된다면 어떻게 하느냐는 뜻이니, 이것은 겸손하게 자신을 낮추는 말에 해당한다.

集解 眞氏德秀曰: 仁人之事親如事天, 事天如事親, 此與孝經明察之指略同. 先儒張氏作西銘, 卽事親以明事天之道. 大略謂: 天之予我以是理也, 莫非至善, 而我悖之, 卽天之不才子也. 具人之形而盡人之性, 卽天之克肖子也. 禍福吉凶之來, 當順其正. 天之福澤我者, 非私我也, 予之以爲善之資, 乃所以厚其責. 譬之事親, 則父母愛之, 喜而不忘也. 天之憂戚我者, 非厄我也, 將以拂亂其心志, 而增益其不能. 譬之事親, 則父母惡之, 懼而不怨也. 卽此推之, 親卽天也, 天卽親也, 其所以事之者, 豈容有二哉? 夫事親如天, 孝子事也, 而孔子以爲仁人, 蓋孝之至則仁矣.

번역 진덕수[5]가 말하길, "인(仁)한 자가 부모를 섬길 때에는 하늘을 섬

---

5) 서산진씨(西山眞氏, A.D.1178~A.D.1235) : =건안진씨(建安眞氏)·진덕수(眞德秀). 남송(南宋) 때의 성리학자이다. 자(字)는 경원(景元)이고, 호(號)는 서산(西山)이다. 저서로는 『독서기(讀書記)』, 『사서집론(四書集論)』, 『경연강의

기는 것처럼 하고, 하늘을 섬길 때에는 부모를 섬기는 것처럼 한다."라고 했는데, 이 말은『효경』에서 "명철하게 섬긴다."[6]라고 한 뜻과 대체적으로 동일하다. 선대 학자들 중 장재는「서명」을 지었는데, 그 내용은 부모를 섬기는 것을 통해 하늘을 섬기는 도를 밝힌 것이다.「서명」에서는 대략적으로 다음과 같이 말했다. 하늘이 나에게 이러한 이치를 부여했는데, 지극히 선하지 않은 것이 없으니, 내가 그것을 어긴다면, 곧 하늘의 못난 자식이 된다. 사람의 형체를 갖추고서 사람의 본성을 다한다면, 곧 하늘을 닮은 자식이 된다. 재앙과 복, 길과 흉이 도래하는 것은 마땅히 그 바름에 따르게 된다. 하늘이 복을 내려 나를 윤택하게 하는 것은 나를 사사롭게 여겨서가 아니니, 나에게 선을 시행할 수 있는 자질을 주어서, 그 책무를 두텁게 하는 것이다. 이것은 비유하자면 부모를 섬길 때, 부모가 자식을 사랑하여 기뻐하면서 그 마음을 잊지 않는 것과 같다. 하늘이 나를 근심하는 것은 나에게 재앙을 내리고자 하는 것이 아니니, 그 마음과 뜻을 어지럽게 해서, 할 수 없는 점을 보태주기 위해서이다. 이것은 비유하자면 부모를 섬길 때, 부모가 싫어하여 두려워하면서도 원망하지 않는 것과 같다. 이를 미루어보면, 부모는 곧 하늘이며 하늘은 곧 부모이니, 그들을 섬기는 방법에 있어서 어찌 서로 다른 방법이 있을 수 있겠는가? 무릇 부모를 섬길 때 하늘처럼 섬기는 것은 효자가 시행하는 일이고, 공자는 이것을 인(仁)한 자라고 여겼으니, 효의 지극함은 인(仁)이 되기 때문이다.

集解 愚謂: 仁人之事親如事天, 事天如事親, 此二語實張子西銘之所自出. 仁孝無二道, 事天與事親亦無二理, 故曰孝子成身.

번역 내가 생각하기에, "인(仁)한 자가 부모를 섬길 때에는 하늘을 섬기는 것처럼 하고, 하늘을 섬길 때에는 부모를 섬기는 것처럼 한다."라는 두 말은 실제로 장재의「서명」이 도출된 근원이 된다. 인(仁)과 효(孝)에는 두 가지 도리가 있는 것이 아니며, 하늘을 섬기고 부모를 섬길 때에도 두 가지

(經筵講義)』등이 있다.
6) 『효경』「감응장(感應章)」: 天地明察, 神明彰矣.

도리가 있는 것이 아니다. 그렇기 때문에 "효자가 자신을 이룬다."라고 했다.

集解 罪, 猶過也. 哀公旣聞孔子之言, 而自恐其行之不能無過也. 孔子言 "是臣之福"者, 以哀公有志於行而勉之也.

번역 '죄(罪)'자는 과실[過]을 뜻한다. 애공은 이미 공자가 한 말을 들었는데, 스스로 자신의 행실에 허물이 없을 수 없다고 염려한 것이다. 공자가 "이것은 신하의 복입니다."라고 했는데, 애공이 실천에 뜻을 두고 있어서, 그것을 독려했기 때문이다.

참고 원문비교

예기대전·애공문(哀公問) 孔子蹴然辟席而對曰, "仁人不過乎物, 孝子不過乎物. 是故仁人之事親也如事天, 事天如事親. 是故孝子成身." 公曰, "寡人旣聞此言也, 無如後罪何?" 孔子對曰, "君之及此言也, 是臣之福也."

대대례기·애공문어공자(哀公問於孔子) 孔子蹴然避席而對曰, "仁人不過乎物, 孝子不過乎物. 是仁人之事親也如事天, 事天如事親. 是故孝子成身." 公曰, "寡人旣聞是言也, 無如後罪何?" 孔子對曰, "君之及此言也, 是臣之福也."

공자가어·대혼해(大婚解) 孔子蹴然避席而對曰, "仁人不過乎物, 孝子不過乎親. 是故仁人之事親也如事天, 事天如事親. 此謂孝子成身." 公曰, "寡人旣聞如此言也, 無如後罪何?" 孔子對曰, "君子及此言, 是臣之福也."

◎ 가정본(嘉靖本) : 『가정본(嘉靖本)』에는 간행한 자의 정보가 기록되어 있지 않다. 『십삼경주소(十三經注疏)』의 판본이다. 20권으로 구성되어 있으며, 각 권의 뒤편에는 경문(經文)과 그에 따른 주(注)를 간략히 기록하고 있다. 단옥재(段玉裁)는 이 판본이 가정(嘉靖) 연간에 송본(宋本)을 모방하여 간행된 것이라고 여겼다.

◎ 감본(監本) : 『감본(監本)』은 명(明)나라 국자감(國子監)에서 간행한 『십삼경주소(十三經注疏)』의 판본이다.

◎ 개성석경(開成石經) : 『개성석경(開成石經)』은 당(唐)나라 만들어진 석경(石經)을 뜻한다. 돌에 경문(經文)을 새겼기 때문에, '석경'이라고 부른다. 당나라 때 만들어진 '석경'은 대화(大和) 7년(A.D.833)에 만들기 시작하여, 개성(開成) 2년(A.D.837)에 완성되었기 때문에, '개성석경'이라고도 부르는 것이다.

◎ 건안진씨(建安眞氏) : =서산진씨(西山眞氏)

◎ 견전(遣奠) : '견전'은 장차 장례(葬禮)를 치르고자 할 때, 지내게 되는 전제사[奠祭]를 뜻한다.

◎ 경사(京師) : '경사'는 그 나라의 수도를 뜻한다. 『시』「대아(大雅)·공유(公劉)」편에는 "京師之野, 于時處處."라는 기록이 있고, 이에 대해 마서신(馬瑞辰)의 『통석(通釋)』에서는 오두남(吳斗南)의 주석을 인용해

서, "京者, 地名. 師者, 都邑之稱. 如洛邑, 亦稱洛師之類."라고 풀이했
다. 즉 '경(京)'자는 단순한 지명이었고, '사(師)'자가 수도를 뜻하는 단
어였다. 이후에는 '경사'라는 단어를 그 나라의 수도를 가리키는 용어
로 사용하였다.

◎ 경원보씨(慶源輔氏, ?~?) : =보광(輔廣)・보한경(輔漢卿). 남송(南宋) 때
  의 학자이다. 자(字)는 한경(漢卿)이고, 호(號)는 잠암(潛庵)・전이(傳
  貽)이다. 여조겸(呂祖謙)과 주자(朱子)에게서 학문을 배웠다. 저서로는
  『사서찬소(四書纂疏)』, 『육경집해(六經集解)』 등이 있다.

◎ 고공기(考工記) : 『고공기(考工記)』는 『동관고공기(冬官考工記)』라고도
  부른다. 공인(工人)들에 대한 공예기술(工藝技術) 서적이다. 작자는 미
  상이다. 강영(江永)은 『고공기』의 작자를 제(齊)나라 사람으로 추정하
  였고, 곽말약(郭沫若)은 춘추시대(春秋時代) 말기에 제나라에서 제작
  된 관서(官書)와 관련이 깊다고 추정하였다. 『주례(周禮)』는 천관(天
  官), 지관(地官), 춘관(春官), 하관(夏官), 추관(秋官), 동관(冬官) 등 육
  관(六官)의 체제로 구성되어 있는데, 그 중 '동관'에 대한 기록이 누락
  되어 있어서, 한(漢)나라 무제(武帝) 때, 『고공기』를 가지고 누락된 부
  분을 보충하게 되었다. 그렇기 때문에 『고공기』를 또한 『동관고공기』
  라고도 부르는 것이다. 각종 공인들의 직책과 직무들이 기록되어 있다.

◎ 고문송판(考文宋板) : 『고문송판(考文宋板)』은 일본 학자 산정정(山井鼎)
  등이 출간한 『칠경맹자고문보유(七經孟子考文補遺)』에 수록된 『예기
  정의(禮記正義)』를 뜻한다. 산정정은 『예기정의』를 수록할 때, 송(宋)
  나라 때의 판본을 저본으로 삼았다.

◎ 곤면(袞冕) : '곤면'은 곤룡포와 면류관을 뜻한다. 본래 천자의 제사복장
  으로, 비교적 중요한 제사 때 입는다. 윗옷과 아랫도리에 새겨진 무늬
  등은 9가지이다. 『주례』「춘관(春官)・사복(司服)」편에는 "享先王則袞
  冕."이라는 기록이 있다. 이에 대한 정현의 주에서는 "冕服九章, 登龍
  於山, 登火於宗彝, 尊其神明也. 九章, 初一曰龍, 次二曰山, 次三曰華蟲,
  次四曰火, 次五曰宗彝, 皆畫以爲繢. 次六曰藻, 次七曰粉米, 次八曰黼,
  次九曰黻, 皆希以爲繡. 則袞之衣五章, 裳四章, 凡九也."라고 풀이했다.
  즉 '곤면'의 윗옷에는 용(龍), 산(山), 화충(華蟲), 화(火), 종이(宗彝) 등
  5가지 무늬를 그려놓고, 아랫도리에는 조(藻), 분미(粉米), 보(黼), 불
  (黻) 등 4가지를 수놓았다.

◎ 교감기(校勘記) : 『교감기(校勘記)』는 완원(阮元)이 학자들을 모아서 편
   차했던 『십삼경주소교감기(十三經註疏校勘記)』를 뜻한다.

◎ 교기(校記) : 『교기(校記)』는 손이양(孫詒讓)이 지은 『십삼경주소교기
   (十三經注疏校記)』를 뜻한다.

◎ 교제(郊祭) : '교제'는 '교사(郊祀)'라고도 부른다. 교외(郊外)에서 천지
   (天地)에 제사를 지냈기 때문에 붙여진 명칭이다. 음양설(陰陽說)이
   성행했던 한(漢)나라 때에는 하늘에 대한 제사는 양(陽)의 뜻을 따라
   남교(南郊)에서 지냈고, 땅에 대한 제사는 음(陰)의 뜻을 따라 북교(北
   郊)에서 지냈다. 『한서』「교사지하(郊祀志下)」편에는 "帝王之事莫大乎
   承天之序, 承天之序莫重於郊祀. …… 祭天於南郊, 就陽之義也. 地於北
   郊, 卽陰之象也."라는 기록이 있다. 한편 '교사'는 후대에 제사를 범칭
   하는 용어로도 사용되었다. '교사' 중의 '교(郊)'자는 규모가 큰 제사를
   뜻하며, '사(祀)'는 비교적 규모가 작은 제사들을 뜻한다.

◎ 금화응씨(金華應氏, ?~?) : =응용(應鏞)·응씨(應氏)·응자화(應子和). 이
   름은 용(鏞)이다. 자(字)는 자화(子和)이다. 『예기찬의(禮記纂義)』를 지
   었다.

ㄴ

◎ 남송석경(南宋石經) : 『남송석경(南宋石經)』은 송(宋)나라 고종(高宗) 때
   돌에 새긴 『십삼경주소(十三經注疏)』의 판본이다. 그러나 『예기(禮記)』
   에 대해서는 「중용(中庸)」 1편만을 기록하고 있다.

ㄷ

◎ 단옥재(段玉裁, A.D.1735~A.D.1815) : 청(淸)나라 때의 학자이다. 자(字)
   는 약응(若膺)이고, 호(號)는 무당(懋堂)이다. 저서로는 『설문해자주
   (說文解字注)』, 『육서음균표(六書音均表)』, 『고문상서찬이(古文尚書撰
   異)』 등이 있다.

◎ 대강(大姜) : '대강'은 '강녀(姜女)'라고도 부른다. 주나라 태왕의 부인이
   자 문왕의 조모이다. 성(姓)이 강(姜)이라서 추존하여 '대강'이라고 부
   르며, 또한 주강(周姜)이라고도 부른다.

◎ 대대(大帶) : '대대'는 예복(禮服)에 사용하는 허리띠이다. 허리띠에는 혁대(革帶)와 '대대'가 있는데, 혁대는 가죽으로 만들어서 패옥 등을 차는 것이며, '대대'는 혁대 위에 흰 비단이나 누인 명주 등으로 만든 띠를 뜻한다. 대부(大夫) 이상의 계급은 흰 비단으로 만들었으며, 폭을 4촌(寸)으로 만들었고, 사(士)는 누인 명주로 만들었으며, 폭은 2촌으로 만들었다. 『예기』「옥조(玉藻)」편에는 "大夫大帶四寸."이라는 기록이 있고, 이에 대한 정현의 주에서는 "大夫以上以素, 皆廣四寸, 士以練, 廣二寸."이라고 풀이했다.

◎ 대복(大卜) : '대복'은 거북점과 시초점을 치는 관부를 담당했던 관리이다. 『주례』의 체제에 따르면 하대부(下大夫) 2명이 담당했다.

◎ 마씨(馬氏) : =마희맹(馬晞孟)

◎ 마언순(馬彦醇) : =마희맹(馬晞孟)

◎ 마희맹(馬晞孟, ?~?) : =마씨(馬氏)·마언순(馬彦醇). 자(字)는 언순(彦醇)이다. 『예기해(禮記解)』를 찬술했다.

◎ 면복(冕服) : '면복'은 대부(大夫) 이상의 계층이 착용하는 예관(禮冠)과 복식을 뜻한다. 무릇 길례(吉禮)를 시행할 때에는 모두 면류관[冕]을 착용하는데, 복장의 경우에는 시행하는 사안에 따라서 달라진다.

◎ 모본(毛本) : 『모본(毛本)』은 명(明)나라 말기 급고각(汲古閣)에서 간행된 『십삼경주소(十三經注疏)』의 판본이다. 급고각은 모진(毛晋)이 지은 장서각이었으므로, 이러한 명칭이 생겼다.

◎ 목록(目錄) : 『목록(目錄)』은 정현이 찬술했다고 전해지는 『삼례목록(三禮目錄)』을 가리킨다. 『십삼경주소(十三經注疏)』에서 인용되고 있지만, 이 책은 『수서(隋書)』가 편찬될 당시에 이미 일실되어 존재하지 않았다. 『수서』「경적지(經籍志)」편에는 "三禮目錄一卷, 鄭玄撰, 梁有陶弘景注一卷, 亡."이라는 기록이 있다.

◎ 무이호씨(武夷胡氏) : =호안국(胡安國)

◎ 민본(閩本) : 『민본(閩本)』은 명(明)나라 가정(嘉靖) 연간 때 이원양(李元陽)이 간행한 『십삼경주소(十三經注疏)』 판본이다. 한편 『칠경맹자고문보유(七經孟子考文補遺)』에서는 이 판본을 『가정본(嘉靖本)』으로

지칭하고 있다.

ㅂ

◎ **방각(方慤)** : =엄릉방씨(嚴陵方氏)

◎ **방성부(方性夫)** : =엄릉방씨(嚴陵方氏)

◎ **방씨(方氏)** : =엄릉방씨(嚴陵方氏)

◎ **별록(別錄)** : 『별록(別錄)』은 후한(後漢) 때 유향(劉向)이 찬(撰)했다고 전해지는 책이다. 현재는 일실되어 존재하지 않으며, 『한서(漢書)』「예문지(藝文志)」편을 통해서 대략적인 내용만을 추측해볼 수 있다.

◎ **별면(鷩冕)** : '별면'은 별의(鷩衣)와 면류관을 뜻한다. 천자 및 제후가 입던 복장으로, 선공(先公)에 대한 제사 및 향사례(饗射禮)를 시행할 때 착용했다. '별의'에는 꿩의 무늬를 수놓게 되는데, 이 무늬를 화충(華蟲)이라고도 부른다. 상의에는 3종류의 무늬를 수놓고, 하의에는 4종류의 무늬를 수놓게 되어, 총 7가지의 무늬가 들어가게 된다. 『주례(周禮)』「춘관(春官)·사복(司服)」편에는 "享先公, 饗射則鷩冕."이라는 기록이 있고, 이에 대한 정현의 주에서는 "鷩, 畫以雉, 謂華蟲也. 其衣三章, 裳四章, 凡七也."라고 풀이했다.

◎ **보광(輔廣)** : =경원보씨(慶源輔氏)

◎ **보한경(輔漢卿)** : =경원보씨(慶源輔氏)

◎ **부인(夫人)** : '부인'은 제후의 부인을 뜻한다. 『예기』「곡례하(曲禮下)」편에는 "公侯有夫人, 有世婦, 有妻, 有妾."이라는 기록이 있다. 즉 공작과 후작은 정부인인 부인(夫人)을 두고, 그 외에 세부(世婦), 처(妻), 첩(妾)을 둔다. 또한 『논어』「계씨(季氏)」편에는 "邦君之妻, 君稱之曰夫人. 夫人自稱曰小童."이라는 기록이 있다. 즉 군주의 처를 군주가 직접 부를 때에는 부인(夫人)이라고 부르며, 부인(夫人)이 자신을 지칭할 때에는 소동(小童)이라고 부른다. 참고적으로 천자의 부인은 후(后)라고 부르고, 대부(大夫)의 부인은 유인(孺人)이라고 부르며, 사(士)의 부인은 부인(婦人)이라고 부르고, 서인(庶人)의 부인은 처(妻)라고 부른다. 그러나 이러한 구분은 일률적으로 적용되는 것은 아니다.

◎ **빙문(聘問)** : '빙문'은 국가 간이나 개인 간에 사람을 보내서 상대방을 찾아가 안부를 묻는 의식 절차를 통칭하는 말이다. 또한 제후가 신하

를 시켜서 천자에게 보내, 안부를 묻는 예법을 뜻하기도 한다.

◎ 산음육씨(山陰陸氏, A.D.1042∼A.D.1102) : =육농사(陸農師)·육전(陸佃).
북송(北宋) 때의 유학자이다. 자(字)는 농사(農師)이며, 호(號)는 도산
(陶山)이다. 어려서 집안이 매우 가난했다고 전해지며, 왕안석(王安石)
에게 수학하였으나 왕안석의 신법에 대해서는 반대하였다. 저서로는
『비아(埤雅)』, 『춘추후전(春秋後傳)』, 『도산집(陶山集)』 등이 있다.

◎ 삼대(三代) : '삼대'는 하(夏), 은(殷), 주(周)의 세 왕조를 말한다. 『논어』
「위령공(衛靈公)」편에는 "斯民也, 三代 之所以直道而行也."라는 기록
이 있고, 이에 대한 형병(邢昺)의 소(疏)에서는 "三代, 夏殷周也."로 풀
이했다.

◎ 삼왕(三王) : '삼왕'은 하(夏), 은(殷), 주(周) 삼대(三代)의 왕을 뜻한다.
『춘추곡량전』「은공(隱公) 8年」편에는 "盟詛不及三王."이라는 기록이
있고, 이에 대한 범녕(範寧)의 주에서는 '삼왕'을 하나라의 우(禹), 은나
라의 탕(湯), 주나라의 무왕(武王)을 지칭한다고 풀이했다. 그리고『맹
자』「고자하(告子下)」편에는 "五覇者, 三王之罪人也."이라는 기록이 있
고, 이에 대한 조기(趙岐)의 주에서는 '삼왕'을 범녕의 주장과 달리, 주
나라의 무왕 대신 문왕(文王)을 지칭한다고 풀이했다.

◎ 삼황(三皇) : '삼황'은 전설시대에 존재했다고 전해지는 세 명의 제왕을
뜻한다. 그러나 세 명이 누구였는지에 대해서는 이설(異說)이 많다. 첫
번째 주장은 복희(伏羲), 신농(神農), 황제(黃帝)를 '삼황'으로 보는 견
해이다. 『장자(莊子)』「천운(天運)」편에는 "余語汝三皇五帝之治天下."
라는 기록이 있는데, 이에 대한 성현영(成玄英)의 주에서는 "三皇者,
伏羲·神農·黃帝也."라고 풀이했다. 두 번째 주장은 복희(伏羲), 신농
(神農), 여왜(女媧)로 보는 견해이다. 『여씨춘추(呂氏春秋)』「용중(用
衆)」편에는 "此三皇五帝之所以大立功名也."라는 기록이 있는데, 이에
대한 고유(高誘)의 주에서는 "三皇, 伏羲·神農·女媧也."라고 풀이했
다. 세 번째 주장은 복희(伏羲), 신농(神農), 수인(燧人)으로 보는 견해
이다. 『백호통(白虎通)』「호(號)」편에는 "三皇者, 何謂也? 謂伏羲·神農
·燧人也."라는 기록이 있다. 네 번째 주장은 복희(伏羲), 신농(神農),

축융(祝融)으로 보는 견해이다. 『백호통』「호」편에는 "禮曰, 伏羲·神農·祝融, 三皇也."라는 기록이 있다. 다섯 번째 주장은 천황(天皇), 지황(地皇), 태황(泰皇)으로 보는 견해이다. 『사기(史記)』「진시황본기(秦始皇本紀)」편에는 "古有天皇, 有地皇, 有泰皇. 泰皇最貴."라는 기록이 있다. 여섯 번째 주장은 천황(天皇), 지황(地皇), 인황(人皇)으로 보는 견해이다. 『예문유취(藝文類聚)』에서는 『춘추위(春秋緯)』를 인용하며, "天皇, 地皇, 人皇, 兄弟九人, 分九州, 長天下也."라고 기록하였다.

◎ 상경(上卿) : '상경'은 주(周)나라 제도에서, 경(卿) 중에서 가장 높은 자들을 뜻한다. 주나라 제도에서 천자 및 제후들은 모두 경을 두었으며, 상·중·하 세 등급으로 구분하였다.

◎ 상공(上公) : '상공'은 주(周)나라 제도에 있었던 관직 등급이다. 본래 신하의 관직 등급은 8명(命)까지이다. 주나라 때에는 태사(太師), 태부(太傅), 태보(太保)와 같은 삼공(三公)들이 8명의 등급에 해당했다. 그런데 여기에 1명을 더하게 되면 9명이 되어, 특별직인 '상공'이 된다. 『주례』「춘관(春官)·전명(典命)」편에는 "上公九命爲伯, 其國家宮室車旗衣服禮儀, 皆以九爲節."이라는 기록이 있고, 이에 대한 정현의 주에서는 "上公, 謂王之三公有德者, 加命爲二伯. 二王之後亦爲上公."이라고 풀이하였다. 즉 '상공'은 삼공 중에서도 유덕(有德)한 자에게 1명을 더해주어, 제후들을 통솔하는 '두 명의 백(伯)[二伯]'으로 삼았다. 또한 제후의 다섯 등급을 나열할 경우, 공작(公爵)을 '상공'이라고 부르기도 한다.

◎ 서산진씨(西山眞氏, A.D.1178~A.D.1235) : =건안진씨(建安眞氏)·진덕수(眞德秀). 남송(南宋) 때의 성리학자이다. 자(字)는 경원(景元)이고, 호(號)는 서산(西山)이다. 저서로는 『독서기(讀書記)』, 『사서집론(四書集論)』, 『경연강의(經筵講義)』 등이 있다.

◎ 석경(石經) : 『석경(石經)』은 당(唐)나라 개성(開成) 2년(A.D.714)에 돌에 새긴 『십삼경주소(十三經注疏)』의 판본이다. 당나라 국자학(國子學)의 비석에 새겨졌다는 판본이 바로 이것을 가리킨다.

◎ 석량왕씨(石梁王氏, ?~?) : 자세한 이력이 남아 있지 않다.

◎ 석림섭씨(石林葉氏, ?~A.D.1148) : =섭몽득(葉夢得)·섭소온(葉少蘊). 남송(南宋) 때의 유학자이다. 자(字)는 소온(少蘊)이고, 호(號)는 몽득(夢得)이다. 박학다식했다고 전해지며, 『춘추(春秋)』에 대한 조예가 깊었다.

◎ 설문(說文) : =설문해자(說文解字)

◎ 설문해자(說文解字) :『설문해자(說文解字)』는 후한(後漢) 때의 학자인 허신(許愼)이 찬(撰)했다고 전해지는 자서(字書)이다.『설문(說文)』이 라고도 칭해진다. A.D.100년경에 완성되었다고 전해진다. 글자의 형 태, 뜻, 음운(音韻)을 수록하고 있다.

◎ 섭몽득(葉夢得) : =석림섭씨(石林葉氏)

◎ 섭소온(葉少薀) : =석림섭씨(石林葉氏)

◎ 소진함(邵晉涵, A.D.1743~A.D.1796) : 청(淸)나라 때의 학자이다. 자(字) 는 여동(與桐)이고, 호(號)는 이운(二雲)·남강(南江)이다. 사학(史學) 과 경학 분야에 명성이 높았다.

◎ 승거(乘車) : '승거'는 바퀴가 6척(尺) 6촌(寸)의 크기인 수레를 뜻하니, 군왕에게 있어서는 옥로(玉路)·금로(金路)·상로(象路)에 해당한다. '옥로'는 옥으로 장식한 수레를 뜻한다. '금로'는 금으로 장식한 수레를 뜻한다. '상로'는 상아로 장식한 수레를 뜻한다.

◎ 심정경(沈正卿) : =오흥심씨(吳興沈氏)

◎ 심청신(沈淸臣) : =오흥심씨(吳興沈氏)

◎ 악본(岳本) :『악본(岳本)』은 송(頌)나라 악가(岳珂)가 간행한『십삼경 주소(十三經注疏)』의 판본이다.

◎ 안사고(顔師古, A.D.581~A.D.645) : 당(唐)나라 때의 학자이다. 자(字)는 주(籌)이다. 안지추(顔之推)의 손자이다. 훈고학(訓詁學)에 뛰어났다. 오경(五經)의 문자를 교정하여,『오경정본(五經定本)』을 찬술하기도 하였다.

◎ 안정호씨(安定胡氏) : =호안국(胡安國)

◎ 양헌풍씨(亮軒馮氏, ?~?) : =풍씨(馮氏). 자세한 행적이 남아 있지 않다.

◎ 엄릉방씨(嚴陵方氏, ?~?) : =방각(方慤)·방씨(方氏)·방성부(方性夫). 송 대(宋代)의 유학자이다. 이름은 각(慤)이다. 자(字)는 성부(性夫)이다. 『예기집해(禮記集解)』를 지었고,『예기집설대전(禮記集說大全)』에는 그의 주장이 많이 인용되고 있다.

◎ 연평주씨(延平周氏, ?~?) : =주서(周諝)·주희성(周希聖). 송(宋)나라 때 의 유학자이다. 이름은 서(諝)이다. 자(字)는 희성(希聖)이다.『예기설

(禮記說)』등의 저서가 있다.

◎ 오경이의(五經異義) : 『오경이의(五經異義)』는 후한(後漢) 때의 학자인 허신(許愼)이 지은 책이다. 유실되었는데, 송대(宋代) 때 학자들이 다시 모아서 엮었다. 오경(五經)에 관한 고금(古今)의 유설(遺說)과 이의(異義)를 싣고, 그에 대한 시비(是非)를 판별한 내용들이다.

◎ 오복(五服) : '오복'은 죽은 자와 친하고 소원한 관계에 따라 입게 되는 다섯 가지 상복(喪服)을 뜻한다. 참최복(斬衰服), 자최복(齊衰服), 대공복(大功服), 소공복(小功服), 시마복(緦麻服)을 가리킨다. 『예기』「학기(學記)」편에는 "師無當於五服, 五服弗得不親."이라는 기록이 있는데, 이에 대한 공영달(孔穎達)의 소(疏)에서는 "五服, 斬衰也, 齊衰也, 大功也, 小功也, 緦麻也."라고 풀이했다. 또한 '오복'에 있어서는 죽은 자와 가까운 관계일수록 중대한 상복을 입고, 복상(服喪) 기간도 늘어난다. 위의 '오복' 중 참최복이 가장 중대한 상복에 속하며, 그 다음은 자최복이고, 대공복, 소공복, 시마복 순으로 내려간다.

◎ 오유청(吳幼淸) : =오징(吳澄)

◎ 오제(五帝) : '오제'는 전설시대에 존재했다고 전해지는 다섯 명의 제왕(帝王)을 뜻한다. 그러나 다섯 명이 누구였는지에 대해서는 이설(異說)이 많다. 첫 번째 주장은 황제(黃帝: =軒轅), 전욱(顓頊: =高陽), 제곡(帝嚳: =高辛), 당요(唐堯), 우순(虞舜)으로 보는 견해이다. 『사기정의(史記正義)』「오제본기(五帝本紀)」편에는 "太史公依世本・大戴禮, 以黃帝・顓頊・帝嚳・唐堯・虞舜爲五帝. 譙周・應劭・宋均皆同."이라는 기록이 있고, 『백호통(白虎通)』「호(號)」편에도 "五帝者, 何謂也? 禮曰, 黃帝・顓頊・帝嚳・帝堯・帝舜也."라는 기록이 있다. 두 번째 주장은 태호(太昊: =伏羲), 염제(炎帝: =神農), 황제(黃帝), 소호(少昊: =摯), 전욱(顓頊)으로 보는 견해이다. 이 주장은 『예기』「월령(月令)」편에 나타난 각 계절별 수호신들의 내용을 종합한 것이다. 세 번째 주장은 소호(少昊), 전욱(顓頊), 고신(高辛), 당요(唐堯), 우순(虞舜)으로 보는 견해이다. 『서서(書序)』에는 "少昊・顓頊・高辛・唐・虞之書, 謂之五典, 言常道也."라는 기록이 있다. 또 『제왕세기(帝王世紀)』에는 "伏羲・神農・黃帝爲三皇, 少昊・高陽・高辛・唐・虞爲五帝."라는 기록이 있다. 네 번째 주장은 복희(伏羲), 신농(神農), 황제(黃帝), 당요(唐堯), 우순(虞舜)으로 보는 견해이다. 이 주장은 『역』「계사하(繫辭下)」편의 내용에

근거한 주장이다.

◎ 오제(五齊) : '오제'는 술의 맑고 탁한 정도에 따라서 다섯 가지 등급으로 분류한 술을 뜻한다. 또한 술을 범칭하는 용어로도 사용된다. 다섯 가지 술은 범제(泛齊), 례제(醴齊), 앙제(盎齊), 제제(緹齊), 침제(沈齊)를 가리킨다.『주례』「천관(天官)·주정(酒正)」편에는 "辨五齊之名, 一曰泛齊, 二曰醴齊, 三曰盎齊, 四曰緹齊, 五曰沈齊."라는 기록이 있다. 각 술들에 대해 설명하자면, 위의 기록에 대한 정현의 주에서는 "泛者, 成而滓浮泛泛然, 如今宜成醪矣. 醴猶體也, 成而汁滓相將, 如今恬酒矣. 盎猶翁也, 成而翁翁然, 蔥白色, 如今酇白矣. 緹者, 成而紅赤, 如今下酒矣. 沈者, 成而滓沈, 如今造淸矣. 自醴以上尤濁, 縮酌者. 盎以下差淸. 其象類則然, 古之法式未可盡聞. 杜子春讀齊皆爲粢. 又禮器曰, '緹酒之用, 玄酒之尙.' 玄謂齊者, 每有祭祀, 以度量節作之."라고 풀이했다. 즉 '범제'는 술이 익고 나서 앙금이 둥둥 떠 있는 것으로 정현 시대의 의성료(宜成醪)와 같은 술이고, '례주'는 술이 익고 나서 앙금을 한 차례 걸러낸 것으로 염주(恬酒)와 같은 것이며, '앙제'는 술이 익고 나서 새파란 빛깔을 보이는 것으로 찬백(酇白)과 같은 술이고, '제제'는 술이 익고 나서 붉은 빛깔을 보이는 것으로 하주(下酒)와 같은 술이며, '침제'는 술이 익고 나서 앙금이 모두 가라앉아 있는 것으로 조청(造淸)과 같은 술이다. '범주'는 가장 탁한 술이며, '례주'는 그 다음으로 탁한 술이고, '앙제'부터는 뒤로 갈수록 맑은 술에 해당한다.

◎ 오징(吳澄, A.D.1249~A.D.1333) : =임천오씨(臨川吳氏)·오유청(吳幼淸)·초려오씨(草廬吳氏). 송원대(宋元代)의 유학자이다. 이름은 징(澄)이다. 자(字)는 유청(幼淸)이다. 저서로『예기해(禮記解)』가 있다.

◎ 오흥심씨(吳興沈氏, ?~?) : =심청신(沈淸臣)·심정경(沈正卿). 이름은 청신(淸臣)이고, 자(字)는 정경(正卿)이다. 자세한 사항은 알려져 있지 않다.

◎ 왕념손(王念孫, A.D.1744~A.D.1832) : 청(淸)나라 때의 학자이다. 자(字)는 회조(懷租)이고, 호(號)는 석구(石臞)이다. 부친은 왕안국(王安國)이고, 아들은 왕인지(王引之)이다. 대진(戴震)에게 학문을 배웠다. 저서로는『독서잡지(讀書雜志)』등이 있다.

◎ 왕숙(王肅, A.D.195~A.D.256) : =왕자옹(王子雍). 위진남북조(魏晉南北朝) 때의 위(魏)나라 경학자이다. 자(字)는 자옹(子雍)이다. 출신지는

동해(東海)이다. 부친 왕랑(王朗)으로부터 금문학(今文學)을 공부했으
나, 고문학(古文學)의 고증적인 해석을 따랐다. 『상서(尙書)』, 『시경
(詩經)』, 『좌전(左傳)』, 『논어(論語)』 및 삼례(三禮)에 대한 주석을 남
겼다.

◎ 왕자옹(王子雍) : =왕숙(王肅)

◎ 왕후(王后) : '왕후'는 천자의 본부인을 뜻한다. 후대에는 황후(皇后)라
고 부르기도 하였다. 고대에는 천자(天子)를 왕(王)이라고 불렀기 때
문에, 천자의 부인을 '왕후'라고 부른다. 또한 '왕'자를 생략하여 '후
(后)'라고도 부른다.

◎ 외제(外祭) : '외제'는 내제(內祭)와 상대되는 말이다. 교사(郊祀)를 가
리키기도 하며, 왕이 사냥이나 출정 등으로 밖으로 나갔을 때 지내는
제사인 표맥(表貉)과 순수(巡守)를 시행할 때 산천(山川)에 지내는 제
사 등을 가리킨다. 『주례』「지관(地官)·목인(牧人)」편에 기록된 '외제'
에 대해, 정현의 주에서는 "外祭, 謂表貉及王行所過山川用事者."라고
풀이했고, 또 『예기』「제통(祭統)」편에는 "外祭則郊社是也."라는 기록
이 있다.

◎ 유씨(劉氏) : =장락유씨(長樂劉氏)

◎ 유이(劉彝) : =장락유씨(長樂劉氏)

◎ 유집중(劉執中) : =장락유씨(長樂劉氏)

◎ 육경(六經) : '육경'은 『역(易)』, 『서(書)』, 『시(詩)』, 『예(禮)』, 『악(樂)』,
『춘추(春秋)』를 가리킨다.

◎ 육농사(陸農師) : =산음육씨(山陰陸氏)

◎ 육덕명(陸德明, A.D.550~A.D.630) : =육원랑(陸元朗). 당대(唐代)의 경
학자이다. 이름은 원랑(元朗)이고, 자(字)는 덕명(德明)이다. 훈고학에
뛰어났으며, 『경전석문(經典釋文)』 등을 남겼다.

◎ 육예(六藝) : '육예'는 기본적으로 갖춰야 하는 여섯 가지 과목을 뜻한
다. 여섯 가지 과목은 예(禮), 음악[樂], 활쏘기[射], 수레몰기[御], 글쓰
기[書], 셈하기[數]이며, 구체적으로 말하자면 오례(五禮), 육악(六樂),
오사(五射), 오어(五馭: =五御), 육서(六書), 구수(九數)를 가리킨다.

◎ 육원랑(陸元朗) : =육덕명(陸德明)

◎ 육전(陸佃) : =산음육씨(山陰陸氏)

◎ 육호(六號) : '육호'는 여섯 종류의 호칭을 뜻한다. 제사와 관련하여 신

들을 부르는 호칭 및 제사에 사용되는 물건들은 수식어를 붙여서 부르게 되는데, 이러한 수식어에 해당하는 여섯 가지 호칭은 신호(神號), 귀호(鬼號), 시호(示號), 생호(牲號), 자호(齋號), 폐호(幣號)를 가리킨다. 정현의 주장에 따르면 '신호'는 천신(天神)들에 대한 호칭을 아름답게 부르는 것으로, 상제(上帝)를 '황천상제(皇天上帝)'라고 부르는 예와 같고, '귀호'는 조상신들에 대한 호칭을 아름답게 부르는 것으로, '황조백인 아무개[皇祖伯某]'라고 부르는 예와 같으며, '시호'는 땅의 신들에 대한 호칭을 아름답게 부르는 것으로, '후토(后土)'나 '지기(地祇)'라고 부르는 예와 같고, '폐호'는 옥(玉)을 아름답게 부르는 것으로, '가옥(嘉玉)'이라고 부르는 예와 같으며, '폐호'는 폐백을 아름답게 부르는 것으로, '양폐(量幣)'라고 부르는 예와 같다고 설명한다. 정사농(鄭司農)의 주장에 따르면, '생호'의 경우 희생물의 종류에 따라서 각각 부르는 호칭들이 있는데, 소의 경우 '일원대무(一元大武)'라고 부르고, 돼지의 경우 '강렵(剛鬣)'이라고 부르며, 양의 경우 '유모(柔毛)'라고 부르고, 닭의 경우 '한음(翰音)'이라고 부른다. 또 '자호'는 기장과 같이 제사 때 바치는 곡식들을 뜻하는데, 서(黍)의 경우 '향합(香合)'이라고 부르고, 양(粱)의 경우 '향기(香箕)'라고 부르며, 도(稻)의 경우 '가소(嘉疏)'라고 부르는 예와 같다고 설명한다. 『주례』「춘관(春官)·대축(大祝)」편에는 "辨六號, 一曰神號, 二曰鬼號, 三曰示號, 四曰牲號, 五曰齋號, 六曰幣號."라는 기록이 있고, 이에 대한 정현의 주에서는 "號, 謂尊其名, 更爲美稱焉. 神號, 若云皇天上帝. 鬼號, 若云皇祖伯某. 祇號, 若云后土地祇. 幣號, 若玉云嘉玉, 幣云量幣. 鄭司農云, '牲號, 爲犧牲皆有名號. 曲禮曰, 牛曰一元大武, 豕曰剛鬣, 羊曰柔毛, 雞曰翰音. 粢號, 謂黍稷皆有名號也. 曲禮曰, 黍曰香合, 粱曰香箕, 稻曰嘉疏.'"이라고 풀이했다.

◎ 응씨(應氏) : =금화응씨(金華應氏)
◎ 응용(應鏞) : =금화응씨(金華應氏)
◎ 응자화(應子和) : =금화응씨(金華應氏)
◎ 임천오씨(臨川吳氏) : =오징(吳澄)

ㅈ

◎ **자림(字林)** : 『자림(字林)』은 고대의 자서(字書)이다. 진(晉)나라 때 학자인 여침(呂忱)이 지었다. 원본은 일실되어 전해지지 않고, 다른 문헌들 속에 일부 기록들만 남아 있다.

◎ **자성(粢盛)** : '자성'은 제성(齊盛)이라고도 부른다. 자(粢)자는 곡식의 한 종류인 기장을 뜻하고, 성(盛)자는 그릇에 기장을 풍성하게 채워놓은 모양을 뜻한다. 따라서 '자성'은 제기(祭器)에 곡물을 가득 채워놓은 것을 뜻하며, 제물(祭物)로 사용되었다. 『춘추공양전』「환공(桓公) 14년」편에는 "御廩者何, 粢盛委之所藏也."라는 기록이 있는데, 이에 대한 하휴(何休)의 주에서는 "黍稷曰粢, 在器曰盛."이라고 풀이하였다.

◎ **자제(粢醍)** : '자제'는 옅은 붉은 색을 내는 청주(淸酒)이다. 오제(五齊)에 속하는 제제(醍齊)를 뜻하기도 한다.

◎ **자최복(齊衰服)** : '자최복'은 상복(喪服) 중 하나로, 오복(五服)에 속한다. 거친 삼베를 사용해서 만들며, 자른 부위를 꿰매어 가지런하게 정리하기 때문에, '자최복'이라고 부른다. 이 복장을 입게 되는 기간에도 여러 종류가 있는데, 3년 동안 입는 경우는 죽은 계모(繼母)나 자모(慈母)를 위한 경우이고, 1년 동안 입는 경우는 손자가 죽은 조부모를 위해 입는 경우와 남편이 죽은 아내를 입는 경우 등이다. 그리고 1년 동안 '자최복'을 입는 경우, 그 기간을 자최기(齊衰期)라고도 부른다. 또 5개월 동안 입는 경우는 죽은 증조부나 증조모를 위한 경우이며, 3개월 동안 입는 경우는 죽은 고조부나 고조모를 위한 경우 등이다.

◎ **작변(爵弁)** : '작변'은 고대의 예관(禮冠) 중 하나로, 면류관[冕] 다음 등급에 해당한다. '작(爵)'자는 관의 모습이 참새의 머리처럼 생겼기 때문에 붙여진 명칭이다. 적색과 은미한 흑색이 나는 30승(升)의 포(布)로 만든다. 또한 '작변'은 작변복(爵弁服)을 지칭하기도 한다. 예복(禮服)의 경우 착용하는 관(冠)에 따라서 그 복장의 명칭을 붙이기도 하기 때문이다. '작변복'은 작변의 관, 분홍색의 하의, 명주로 만든 상의, 검은색의 대(帶), 매겹(韎韐)이라는 슬갑을 착용한다.

◎ **장락유씨(長樂劉氏, A.D.1017∼A.D.1086)** : =유씨(劉氏)・유이(劉彛)・유집중(劉執中). 북송(北宋) 때의 성리학자이다. 자(字)는 집중(執中)이다. 복주(福州) 출신이며, 어려서 호원(胡瑗)에게서 학문을 배웠다. 『정

속방(正俗方)』, 『주역주(周易注)』를 지었으나 현존하지 않는다. 『칠경
중의(七經中議)』, 『명선집(明善集)』, 『거이집(居易集)』 등이 남아 있다.

◎ 장락진씨(長樂陳氏) : =진상도(陳祥道)

◎ 장자(張子) : =장재(張載)

◎ 장재(張載, A.D.1020~A.D.1077) : =장자(張子)・장횡거(張橫渠). 북송(北
宋) 때의 유학자이다. 북송오자(北宋五子) 중 한 사람으로 칭해진다.
자(字)는 자후(子厚)이다. 횡거진(橫渠鎭) 출신으로, 이곳에서 장기간
강학을 했기 때문에 횡거선생(橫渠先生)으로 일컬어지기도 한다.

◎ 장횡거(張橫渠) : =장재(張載)

◎ 전제(奠祭) : '전제'는 죽은 자 및 귀신들에게 음식을 헌상하는 제사이다.
상례(喪禮)를 치를 때, 빈소를 차리고 나면, 매일 아침과 저녁에 음식을
바치며 제사를 지내게 되는데, '전제'는 주로 이러한 제사를 뜻한다.

◎ 정강성(鄭康成) : =정현(鄭玄)

◎ 정씨(鄭氏) : =정현(鄭玄)

◎ 정의(正義) : 『정의(正義)』는 『예기정의(禮記正義)』 또는 『예기주소(禮
記注疏)』를 뜻한다. 당(唐)나라 때에는 태종(太宗)이 공영달(孔穎達)
등을 시켜서 『오경정의(五經正義)』를 편찬하였는데, 이때 『예기정의』
에는 정현(鄭玄)의 주(注)와 공영달의 소(疏)가 수록되었다. 송대(宋
代)에는 『오경정의』와 다른 경전(經典)에 대한 주석서를 포함한 『십삼
경주소(十三經注疏)』가 편찬되어, 『예기주소』라는 명칭이 되었다.

◎ 정현(鄭玄, A.D.127~A.D.200) : =정강성(鄭康成)・정씨(鄭氏). 한대(漢
代)의 유학자이다. 자(字)는 강성(康成)이다. 『주역(周易)』, 『상서(尙
書)』, 『모시(毛詩)』, 『주례(周禮)』, 『의례(儀禮)』, 『예기(禮記)』, 『논어
(論語)』, 『효경(孝經)』 등에 주석을 하였다.

◎ 조근(朝覲) : '조근'은 군주가 신하를 만나보는 예법(禮法)을 뜻한다. 군
주가 신하를 만나보는 예법에는 조(朝), 근(覲), 종(宗), 우(遇), 회(會),
동(同) 등이 있었는데, 이것을 총칭하여 '조근'으로 부르기도 한다. 한편
'조근'은 신하가 군주를 찾아뵙는 예법을 뜻하기도 한다. 고대에는 제후
가 천자를 찾아뵐 때, 각 계절별로 그 명칭을 다르게 불렀다. 봄에 찾아
뵙는 것을 조(朝)라고 부르며, 여름에 찾아뵙는 것을 종(宗)이라고 부
르고, 가을에 찾아뵙는 것을 근(覲)이라고 부르며, 겨울에 찾아뵙는 것
을 우(遇)라고 부른다. '조근'은 이러한 예법들을 총칭하는 말이다.

◎ 조량주(趙良澍, ?~?) : 청(淸)나라 때의 학자이다. 저서로는『독예기(讀
  禮記)』가 있다.

◎ 조빙(朝聘) : '조빙'은 본래 제후가 주기적으로 천자를 찾아뵙는 것을
  뜻한다. 고대에는 제후가 천자에 대해서 매년 1번씩 소빙(小聘)을 했
  고, 3년에 1번씩 대빙(大聘)을 했으며, 5년에 1번씩 조(朝)를 했다. '소
  빙'은 제후가 직접 찾아가지 않았고, 대부(大夫)를 대신 파견하였으며,
  '대빙' 때에는 경(卿)을 파견하였다. '조'에서만 제후가 직접 찾아갔는
  데, 이것을 합쳐서 '조빙'이라고 부른다. 춘추시대(春秋時代) 때에는
  진(晉)나라 문공(文公)과 같은 패주(覇主)에게 '조빙'을 하기도 하였다.
  『예기』「왕제(王制)」편에는 "諸侯之於天子也, 比年一小聘, 三年一大聘,
  五年一朝."라는 기록이 있고, 이에 대한 정현의 주에서는 "比年, 每歲
  也. 小聘, 使大夫, 大聘, 使卿, 朝, 則君自行. 然此大聘與朝, 晉文霸時所
  制也."라고 풀이했다. 후대에는 서로 찾아가서 만나보는 것을 '조빙'이
  라고 범칭하기도 했다.

◎ 종백(宗伯) : '종백'은 대종백(大宗伯)이라고도 부른다. 주(周)나라 때에
  는 육경(六卿) 중 하나에 해당하는 고위 관직이었다. 『주례』의 체제
  속에서는 춘관(春官)의 수장이 된다. 종묘(宗廟)에 대한 제사 등 주로
  예제(禮制)와 관련된 일을 담당하였다. 후대의 관직체계에서는 예부
  (禮部)에 해당하기 때문에, 예부상서(禮部尙書)를 또한 '대종백' 혹은
  '종백'이라고도 부른다. 『서』「주서(周書)·주관(周官)」편에는 "宗伯掌
  邦禮, 治神人, 和上下."라는 기록이 있다. 또『주례』「춘관(春官)·종백
  (宗伯)」편에는 "乃立春官宗伯, 使帥其屬而掌邦禮, 以佐王和邦國."이라
  는 기록이 있는데, 이에 대한 정현의 주에서는 "宗伯, 主禮之官."이라
  고 풀이했다. 한(漢)나라 때에는 태재(太宰)라는 이름으로 관직명을
  고치기도 했다. 한편 진(秦)나라 때에는 종실(宗室)의 일들을 담당하
  는 종정(宗正)이라는 관리가 있었는데, 한나라 때에는 이 관직명을 '종
  백'으로 고치기도 했다.

◎ 종인(宗人) : '종인'은 고대 관직명이다. 소종백(小宗伯)으로 여기기도
  하며, 일반적으로 제사 및 종묘(宗廟)에서 시행되는 예법을 담당하는
  자로 여기기도 한다. 『서』「주서(周書)·고명(顧命)」편에는 "上宗曰饗,
  太保受同, 降, 盥以異同, 秉璋以酢, 授宗人同, 拜, 王荅拜."라는 기록이
  있고, 이에 대한 공안국(孔安國)의 전문(傳文)에서는 "宗人, 小宗伯."

이라고 풀이했다. 또한 『의례』「사관례(士冠禮)」편에는 "徹筮席, <u>宗人</u> 告事畢, 主人戒賓, 賓禮辭許."라는 기록이 있고, 이에 대한 정현의 주에서는 "宗人, 有司主禮者."라고 풀이했다.

◎ 주서(周諝) : =연평주씨(延平周氏)

◎ 주희성(周希聖) : =연평주씨(延平周氏)

◎ 진덕수(眞德秀) : =서산진씨(西山眞氏)

◎ 진상도(陳祥道, A.D.1159~A.D.1223) : =장락진씨(長樂陳氏)・진씨(陳氏)・진용지(陳用之). 북송대(北宋代)의 유학자이다. 자(字)는 용지(用之)이다. 장락(長樂) 지역 출신으로, 1067년에 과거에 급제하여 태상박사(太常博士) 등을 지냈다. 왕안석(王安石)의 제자로, 그의 학문을 전파하는데 공헌하였다. 저서에는 『예서(禮書)』, 『논어전해(論語全解)』 등이 있다.

◎ 진씨(陳氏) : =진상도(陳祥道)

◎ 진용지(陳用之) : =진상도(陳祥道)

◎ 징주(澄酒) : '징주'는 청주(淸酒)라고도 부른다. 삼주(三酒) 중 하나이다. 정사농(鄭司農)의 주장에 따르면, '청주'는 제사를 지낼 때 쓰는 술을 뜻한다. 정현의 주장에 따르면, '청주'는 중산(中山) 지역에서 겨울에 술을 담가서 여름쯤 다 익은 술을 뜻한다. 손이양(孫詒讓)의 주장에 따르면, '청주'는 더욱 맑은 술이며, 겨울에 빚어서 여름쯤에 익는 술을 뜻한다.

ㅊ

◎ 초려오씨(草盧吳氏) : =오징(吳澄)

◎ 축사(祝辭) : '축사'는 제사를 지낼 때 신에게 아뢰는 말이다. 축관(祝官)이 제주(祭主)의 명령에 따라 축문(祝文)을 읽게 되는데, 이것이 바로 '축사'이다. 고대의 '축사'는 경우에 따라 여섯 종류로 나뉜다. 이것을 육축(六祝)이라고 부른다.

◎ 축호(祝號) : '축호'는 육축(六祝)과 육호(六號)를 뜻한다. '육축'은 신(神)에게 제사를 지낼 때 사용하게 되는 여섯 종류의 기도문을 뜻하고, '육호'는 신(神)이나 제수(祭需)를 부를 때 아름답게 꾸며서 부르는 여섯 종류의 호칭을 뜻한다.

◎ **취면(毳冕)** : '취면'은 취의(毳衣)와 면류관을 뜻한다. 천자가 사망(四望) 등 산천(山川)에 대한 제사 때 착용했던 복장이다. '취의'에는 호랑이와 원숭이를 수놓게 되는데, 이 무늬를 종이(宗彝)라고도 부른다. 상의에는 3종류의 무늬를 수놓고, 하의에는 2종류의 무늬를 수놓게 되어, 총 5가지 무늬가 들어가게 된다. 『주례(周禮)』「춘관(春官)·사복(司服)」편에는 "祀四望山川則毳冕."이라는 기록이 있고, 이에 대한 정현의 주에서는 "毳畫虎蜼, 謂宗彝也. 其衣三章, 裳二章, 凡五也."라고 풀이했다.

◎ **친영(親迎)** : '친영'은 혼례(婚禮)에서 시행하는 여섯 가지 예식(禮式) 중 하나이다. 사위될 자가 여자 집에 가서 혼례를 치르고, 자신의 집으로 데려오는 예식을 뜻한다.

ㅌ

◎ **태사(太姒)** : '태사'는 '대사(大姒)'라고도 부른다. 유신씨(有莘氏)의 딸이며, 문왕(文王)의 처이자 무왕(武王)의 모친이다.

ㅍ

◎ **풍간(諷諫)** : '풍간'은 은유적으로 표현하여 간언을 하는 방법이다.
◎ **풍씨(馮氏)** : =양헌풍씨(亮軒馮氏)
◎ **피변(皮弁)** : '피변'은 고대에 사용되었던 관(冠)의 한 종류이다. 백색 사슴의 가죽으로 만든 모자이다. 한편 관(冠)에 따른 의복까지 포함한 의미로 사용되기도 한다. 『주례』「하관(夏官)·변사(弁師)」편에는 "王之皮弁, 會五采玉璂, 象邸, 玉笄."라는 기록이 있다.

ㅎ

◎ **하사(嘏辭)** : '하사'의 하(嘏)자는 축복을 받는다는 뜻이다. 제사를 지내게 되면, 시동이 입가심 하는 술을 받은 다음, 술잔이 오게 되는데, 그 일이 끝나게 되면 축관(祝官)에게 명령하여, 제주(祭主)에게 축복

을 내려주도록 한다. 이 의식을 '하'라고 부른다. 시동의 명령을 받은 축관은 '하'를 하게 되는데, 그 말에서는 "황시(皇尸)가 나 축관에게 명하여, 효손인 그대에게 많은 복을 영원토록 내리게 하였다. 그대 효손으로 하여금 하늘로부터 녹봉[祿]을 받게 하고, 많은 농토를 경작하게 할 것이며, 장수하여 천년만년 향유하도록 할 것이니, 폐망하는 일 없이 잘 이끌어가야 한다."라고 한다. 이것이 바로 '하사'이다. 『의례』「소뢰궤식례(少牢饋食禮)」편에는 "卒命祝, 祝受以東, 北面于戶西, 以嘏于主人曰, '皇尸命工祝, 承致多福無疆于女孝孫. 來女孝孫, 使女受祿于天, 宜稼于田, 眉壽萬年, 勿替引之.'"라는 기록이 있다.

◎ 한시내전(韓詩內傳) : 『한시내전(韓詩內傳)』은 한(漢)나라 때 한영(韓嬰)이 지은 책이다. 한영은 내전(內傳) 4권과 외전(外傳) 6권을 지었는데, 내전은 산일되어 없어졌고, 외전만이 남아 있다. 이것을 『한시외전(韓詩外傳)』이라고 부른다.

◎ 함(含) : '함'은 부의를 보낸다는 뜻이며, 또한 부의로 보내는 특정 물건을 가리키기도 하다. '함'은 시신과 함께 매장하게 될 주옥(珠玉)을 부의로 보내는 것이다. 『예기』「문왕세자(文王世子)」편에는 "族之相爲也, 宜弔不弔, 宜免不免, 有司罰之. 至于贈賻承含, 皆有正焉."이라는 기록이 있는데, 이에 대한 진호(陳澔)의 『집설(集說)』에서는 "含以珠玉."이라고 풀이했다. 또 '함'은 시신의 입에 곡식이나 화폐 등을 넣는 것을 의미하기도 한다.

◎ 합막(合莫) : '합막'은 제사를 지내는 제가 제물을 통해서 제사를 받는 귀신과 감응하고 소통함을 뜻한다. 귀신의 정기는 적막(寂寞)한데, 적막한 상태에서 제사를 지내는 자와 화합하기 때문에 '합막'이라고 부른다.

◎ 허숙중(許叔重) : =허신(許愼)

◎ 허신(許愼, A.D.30~A.D.124) : =허숙중(許叔重). 후한(後漢) 때의 학자이다. 자(字)는 숙중(叔重)이다. 『설문해자(說文解字)』의 저자로 널리 알려져 있으며, 다른 저서로는 『오경이의(五經異義)』가 있으나 산일되었다. 『오경이의』는 송대(宋代) 때 다시 편찬되었으나 진위를 따지기 힘들다.

◎ 현주(玄酒) : '현주'는 고대의 제례(祭禮)에서 술 대신 사용한 물[水]을 뜻한다. '현주'의 '현(玄)'자는 물은 흑색을 상징하므로, 붙여진 글자이

다. '현주'의 '주(酒)'자의 경우, 태고시대 때에는 아직 술이 없었기 때문에, 물을 술 대신 사용했다. 따라서 후대에는 이 물을 가리키며 '주'자를 붙이게 된 것이다. '현주'를 사용하는 것은 가장 오래된 예법 중 하나이므로, 후대에도 이러한 예법을 존숭하여, 제사 때 '현주' 또한 사용했던 것이며, '현주'를 술 중에서도 가장 귀한 것으로 여겼다. 『예기』「예운(禮運)」편에는 "故玄酒在室, 醴酸在戶."라는 기록이 있는데, 이에 대한 공영달(孔穎達)의 소(疏)에서는 "玄酒, 謂水也. 以其色黑, 謂之玄. 而太古無酒, 此水當酒所用, 故謂之玄酒."라고 풀이했다.

◎ 호안국(胡安國, A.D.1074~A.D.1138) : =무이호씨(武夷胡氏)·안정호씨(安定胡氏). 남송(南宋) 때의 학자이다. 자(字)는 강후(康侯)이고, 호(號)는 무이(武夷)이며, 시호(諡號)는 문정(文定)이다. 저서로는 『춘추호씨전(春秋胡氏傳)』 등이 있다.

◎ 황간(皇侃, A.D.488~A.D.545) : =황씨(皇氏). 남조(南朝) 때 양(梁)나라의 경학자이다. 『주례(周禮)』, 『의례(儀禮)』, 『예기(禮記)』 등에 해박하여, 『상복문구의소(喪服文句義疏)』, 『예기의소(禮記義疏)』, 『예기강소(禮記講疏)』 등을 지었지만, 현재는 전해지지 않는다. 그 일부가 마국한(馬國翰)의 『옥함산방집일서(玉函山房輯佚書)』에 수록되어 있다.

◎ 황씨(皇氏) : =황간(皇侃)

◎ 회동(會同) : '회동'은 제후들이 천자를 찾아뵙는 예법을 통칭하는 용어이다. 또한 각 계절마다 정기적으로 찾아뵙는 것을 회(會)라고 부르고, 제후들이 대규모로 찾아뵙는 것을 동(同)이라고 불러서, 구분을 짓기도 한다. 각종 회견 등을 가리키는 용어로도 사용된다. 『시』「소아(小雅)·거공(車攻)」편에는 "赤芾金潟, 會同有繹."이라는 기록이 있는데, 이에 대한 모전(毛傳)에서는 "時見曰會, 殷見曰同. 繹, 陳也."라고 풀이했다.

번역 참고문헌

- 『禮記』, 서울 : 保景文化社, 초판 1984 (5판 1995) / 저본으로 삼은 책이다.
- 『禮記正義』1~4(전4권, 『十三經注疏 整理本』12~15), 北京 : 北京大學 出版社, 초판 2000 / 저본으로 삼은 책이다.
- 朱彬 撰, 『禮記訓纂』上·下(전2권), 北京 : 中華書局, 초판 1996 (2쇄 1998) / 저본으로 삼은 책이다.
- 孫希旦 撰, 『禮記集解』上·中·下(전3권), 北京 : 中華書局, 초판 1989 (4쇄 2007) / 저본으로 삼은 책이다.
- 服部宇之吉 訏點, 『禮記』, 東京 : 富山房, 초판 1913 (증보판 1984) / 鄭玄 注 번역에 대해 참고했던 서적이다.
- 竹內照夫 著, 『禮記』上·中·下(전3권), 東京 : 明治書院, 초판 1975 (3판 1979) / 經文에 대한 이해에 참고했던 서적이다.
- 市原亨吉 외 2명 著, 『禮記』上·中·下(전3권), 東京 : 集英社, 초판 1976 (3쇄 1982) / 經文에 대한 이해에 참고했던 서적이다.
- 陳澔 注, 『禮記集說』, 北京 : 中國書店, 초판 1994 / 『集說』에 대한 번역에 참고했던 서적이다.
- 王文錦 譯解, 『禮記譯解』上·下(전2권), 北京 : 中華書局, 초판 2001 (4쇄 2007) / 經文 및 주석 번역에 참고했던 서적이다.
- 錢玄·錢興奇 編著, 『三禮辭典』, 南京 : 江蘇古籍出版社, 초판 1998 / 용어 및 器物 등에 대해 참고했던 서적이다.
- 張撝之 外 主編, 『中國歷代人名大辭典』上·下권(전2권), 上海 : 上海古 籍出版社, 초판 1999 / 인명에 대해 참고했던 서적이다.
- 呂宗力 主編, 『中國歷代官制大辭典』, 北京 : 北京出版社, 초판 1994 (2쇄 1995) / 관직명에 대해 참고했던 서적이다.
- 中國歷史大辭典編纂委員會 編纂, 『中國歷史大辭典』上·下(전2권), 上海 : 上海辭書出版社, 초판 2000 / 용어 및 인명에 대해 참고했던 서적이다.
- 羅竹風 主編, 『漢語大詞典』1~12(전12권), 上海 : 漢語大詞典出版社, 초 판 1988 (4쇄 1995) / 용어에 대해 참고했던 서적이다.
- 王思義 編集, 『三才圖會』上·中·下(전3권), 上海 : 上海古籍出版社, 초 판 1988 (4쇄 2005) / 器物 등에 대해 참고했던 서적이다.
- 聶崇義 撰, 『三禮圖集注』(四庫全書 129책) / 器物 등에 대해 참고했던 서적이다.
- 劉績 撰, 『三禮圖』(四庫全書 129책) / 器物 등에 대해 참고했던 서적이다.

역자 정병섭(鄭秉燮)

- 1979년 출생
- 2002년 성균관대학교 유교철학과 졸업
- 2004년 성균관대학교 대학원 유학과 석사
- 2013년 성균관대학교 대학원 유학과 철학박사
- 현재 『역주 예기집설대전』완역을 위해 번역중이며,
  이후 『의례』, 『주례』, 『대대례기』시리즈
  번역과 한국유학자들의 예학 관련 저작들의 번역을 계획 중이다.

예기집설대전 목록

譯註
禮記集說大全 經解・哀公問
編 陳澔(元)
附 正義・訓纂・集解

초판 인쇄 2016년 1월 4일
초판 발행 2016년 1월 13일

역　　자 | 정병섭
펴 낸 이 | 하운근
펴 낸 곳 | 學古房

주　　소 | 경기도 고양시 덕양구 통일로 140 삼송테크노밸리 A동 B224
전　　화 | (02)353-9908　편집부(02)356-9903
팩　　스 | (02)6959-8234
홈페이지 | http://hakgobang.co.kr/
전자우편 | hakgobang@naver.com, hakgobang@chol.com
등록번호 | 제311-1994-000001호

ISBN　　978-89-6071-563-9　94150
　　　　　978-89-6071-267-6　(세트)

값 : 20,000원

이 도서의 국립중앙도서관 출판시도서목록(CIP)은 서지정보유통지원시스템 홈페이지(http://seoji.
nl.go.kr)와 국가자료공동목록시스템(http://www.nl.go.kr/kolisnet)에서 이용하실 수 있습니다.
(CIP제어번호: CIP2016000022)